U0547898

潮北京

北京网红打卡地攻略

精选本

北京广播电视台 编著

北京出版集团
北京出版社
外文出版社
FOREIGN LANGUAGES PRESS

图书在版编目（CIP）数据

潮北京：北京网红打卡地攻略：精选本 / 北京广播电视台编著 . -- 北京：北京出版社：外文出版社，2024.4（2024.12 重印）
ISBN 978-7-200-18260-6

Ⅰ . ①潮… Ⅱ . ①北… Ⅲ . ①景点—介绍—北京 Ⅳ . ①K928.701

中国国家版本馆 CIP 数据核字（2023）第 174176 号

项目顾问：莫高义　杜占元
项目指导：余俊生　张爱军　胡开敏
项目负责：边　建　周　浩　许　荣
项目统筹：王曷灵　杨春燕
责任编辑：宋佩谦　高子薇
责任印制：武绽蕾
装帧设计：思梵星尚

潮北京

北京网红打卡地攻略：精选本
CHAO BEIJING
北京广播电视台　编著

出　　版	北京出版社
	外文出版社
地　　址	北京北三环中路 6 号
邮　　编	100120
网　　址	www.bph.com.cn
发　　行	北京出版集团
经　　销	新华书店
印　　刷	北京华联印刷有限公司
版 印 次	2024 年 4 月第 1 版　2024 年 12 月第 2 次印刷
开　　本	787 毫米 ×1092 毫米　1 / 16
印　　张	20
字　　数	166 千字
书　　号	ISBN 978-7-200-18260-6
定　　价	98.00 元

如有印装质量问题，由本社负责调换。
质量监督电话：010-58572393
发 行 部 电 话：010-58572371

潮北京

北京网红打卡地攻略

目录

001 古韵

五道营胡同：	市井烟火缭绕小清新	/文 毛路	002
前门大街：	六百年人间烟火漫卷到如今	/文 盛蕾	010
长城：	亲近伟大城墙的三种方式	/文 辛酉生	022
北京钟鼓楼：	在秩序之美的端点奏响时间赋	/文 葛竞	032
西打磨厂街：	大师点化后 平常化神奇	/文 小欧	044
和平菓局：	回首来时路 回味旧时光	/文 盛蕾	054

067 艺术

清华大学艺术博物馆：	无问西东开启审美之旅	/文 张郁娜	068
红砖美术馆：	艺术湿地重置生活节奏	/文 张郁娜	078
中国电影博物馆：	被收藏的光影里藏着生命的写真	/文 盛蕾	088
吉祥戏院：	百年绝代风华的接续与升级	/文 葛竞	098
阅读空间：	在流年碎影中邂逅先贤	/文 辛酉生	108
角楼图书馆：	在四季轮回中体验"最北京"	/文 小欧	119

129 活力

三里屯太古里：在年轻的潮流尖端冲浪	/文 葛竞	130
新首钢：当钢铁转身变得时尚轻盈	/文 臣光日	140
大兴机场：这只"凤凰"安放了我的身心	/文 马迟	150
隆福寺：融入市井与庙堂的天际线	/文 盛蕾	160
古北水镇：星空之下越夜越嗨越美丽	/文 盛蕾	172
北京欢乐谷：另一场梦幻之旅在夜晚启程	/文 葛竞	184

195 美食

故宫冰窖：雪飞炎海刹那变清凉	/文 周岭	196
簋街：在舌尖跳动的万千滋味与真实人生	/文 小欧	208
稻香村零号店：蘸满岁月甜香的"小确幸"	/文 盛蕾	220
前门三里河：胡同人家临花照水水穿巷	/文 毛路	232
杨梅竹斜街：热闹与安静都恰到好处	/文 毛路	238
来今雨轩茶社：在时光里重逢的入口	/文 葛竞	248

259 自然

国家植物园：它有四时之美 最宜步行体味	/文 小欧	260
温榆河：串联起长城"关"与运河"系"	/文 王毅	272
亮马河国际风情游：荡漾在流光溢彩中的夜航船	/文 葛竞	280
大运河森林公园：水波温柔处有密林繁花	/文 小欧	290
绿心公园：感受四季轮回的时间之美	/文 王毅	300

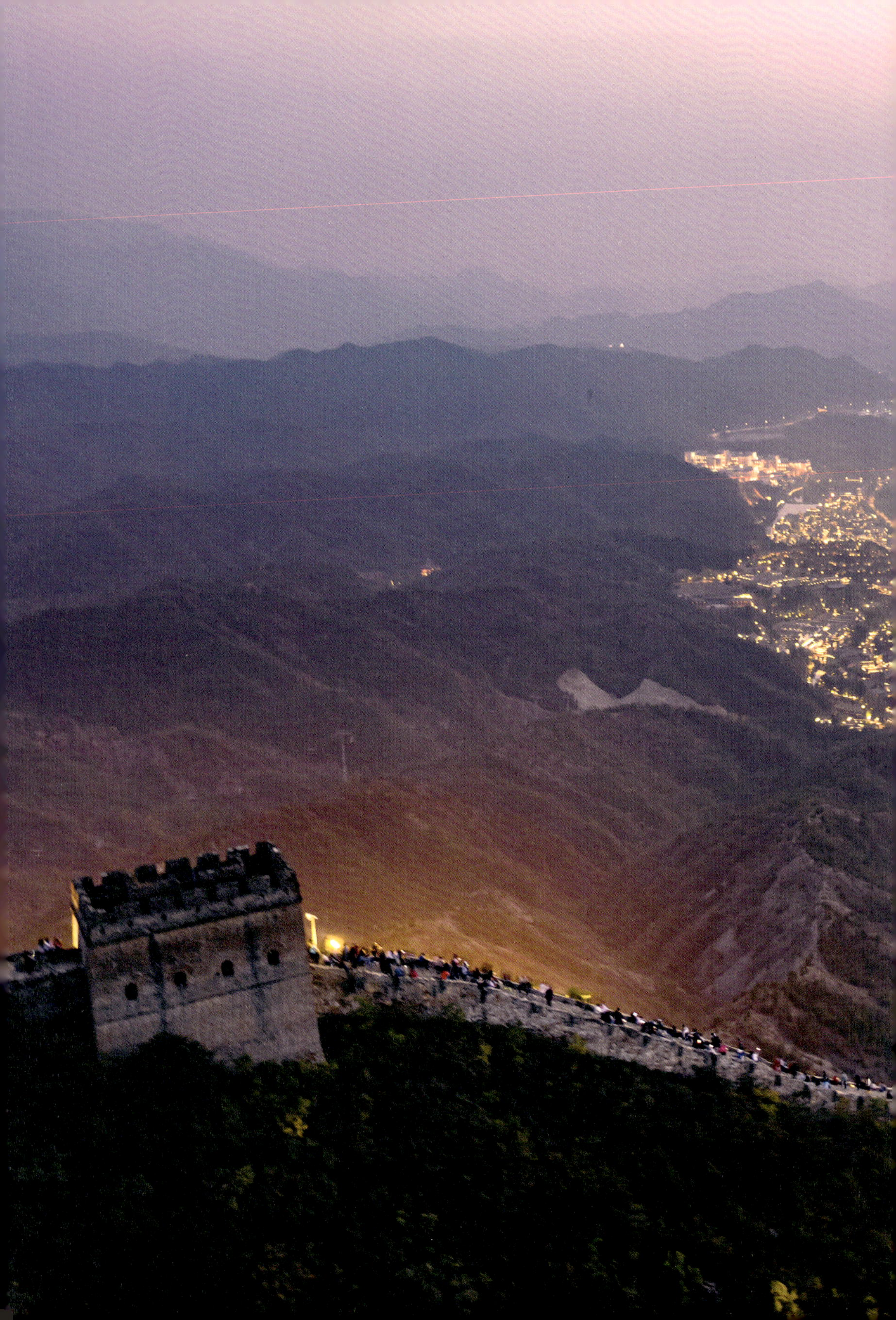

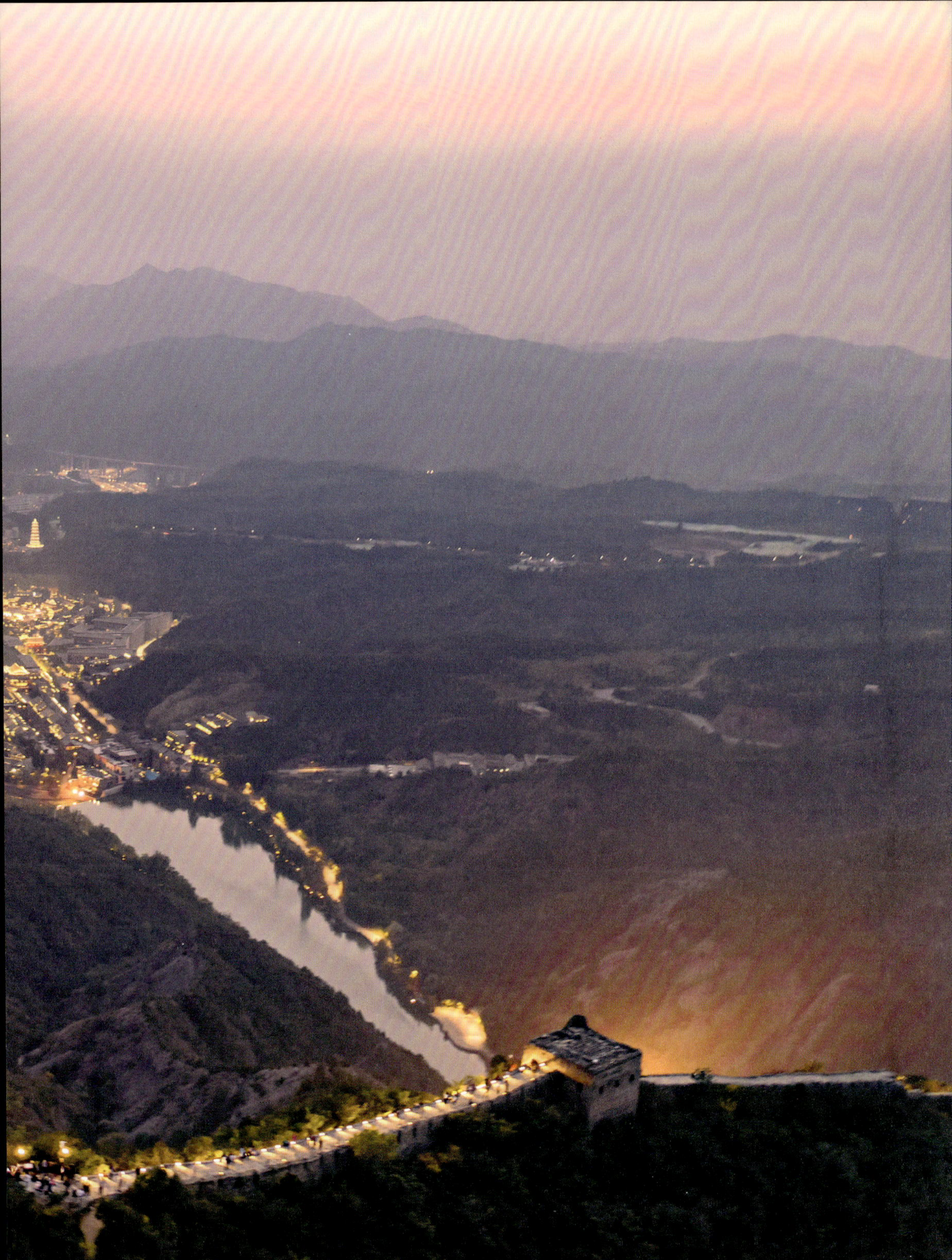

01

前门大街

五道营胡同
北京钟鼓楼
西打磨厂街
和平菓局

古韵

五道营胡同

市井烟火缭绕
小清新

文 毛路

DIO'S
WINE ROOF

Monday-Thursday
14:00-24:00
Friday-Sunday
14:00-02:00

五道营65号屋顶花园

北京的许多地名乍听都平平无奇，谈不上有什么美感，但背后往往大有来头。据史料记载，徐达攻占元大都后，为防御元朝残余势力反攻便在安定门以西修筑了一道土城墙。后来，这道城墙就成了北京城北部的边界。当时守卫安定门的部队是右军都督府下属的武德卫，于是被称作"武德卫营"。清代，满族人依照"武德"的发音改名为"五道营"。从此，五道营正式成为此胡同的名称。清朝的统治稳定之后，越来越多的居民搬到了这里居住，军营也就慢慢变成了民宅。到了民国时期，五道营的居住人口已经非常稠密。

　　和声名在外的南锣鼓巷、烟袋斜街、琉璃厂等胡同不同，

五道营胡同是一点一点"营造"起来的。大多数来北京生活或工作的外国人，喜欢住在胡同里。他们避开南锣鼓巷、烟袋斜街等热门景点，来到五道营居住，在这里开个咖啡馆或者酒吧，渐渐地，便形成了规模，嗅觉敏锐的中国店家也随之纷纷入驻。久而久之，便形成了颇具特色的胡同。

这里不像南锣鼓巷那样游客如织，也不像有的胡同业态单一。在"北京文化"的官网上，有这样一段动人的描述：

"……未开发之前的五道营，基本全是住家。清早，吃一顿热气腾腾的豆浆油条，赶个早市拎点新鲜蔬果，五道营的一天便从这里开始。大家街头巷尾地碰见，便三五成群地凑堆

儿，聊起天来，聊着聊着，下午时光也在清闲安适里逐渐过完。这里的生活藏在烟火气中。一遇喜事节庆，舞龙舞狮的队伍随锣鼓蹿进了胡同，不论男女老少，都齐刷刷拥到街巷口，把这热闹凑上一凑。"

如今这样的光景难以再寻，但在五道营仍然可见浓郁的生活气息。五道营胡同大多是前店后院的格局，早上可以看到穿着老布鞋、端着搪瓷大碗出门买豆腐脑的大妈，晚上可以见到摇着蒲扇、穿着背心散步的大爷；拐进某个胡同口，也许就能看到孩子们在嬉戏、老人含饴弄孙。

不到700米长的五道营胡同，布满了特色鲜明的餐饮小店、文艺清新的咖啡馆、小而美的酒吧、精致多样的文创店。不同于那些过度商业化的街市，满耳店员喧嚣的叫卖声以及赶集般的游客，这里一切都很慢，店铺经营者很慢，游客很慢，时光也很慢。

在雍和宫烧完香拜了佛，逛了国子监，时间来到下午，你就可以走进五道营，找家饮品店小憩，度过下午时光。

你也可以去葡萄酒屋顶花园，来一杯葡萄酒。这是一家地中海风格的清吧，蔚蓝色的门框窗户

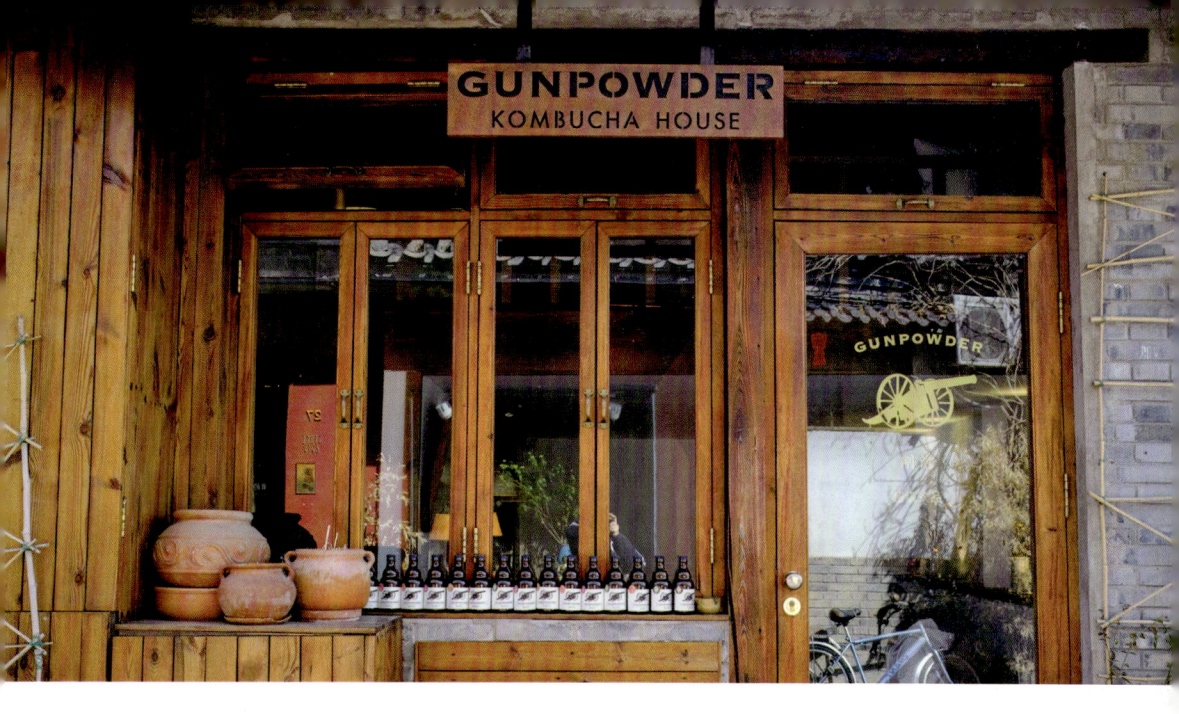

围栏、白蓝色的阳台，一股浓浓的地中海海洋风情扑面而来。这家店2008年开业，是最早进驻五道营的店铺之一，被网友们称为"门店担当"。该店最有特色的是有一整面墙的葡萄酒任顾客挑选。不懂怎么选择也没有关系，可以让老板推荐。

若你是秋天来，最好不过。挑一款小众的葡萄酒，坐在二楼临街的阳台上，任慵懒的猫咪跳上膝头，秋天温煦的阳光洒在身上，看街上人来人往。听着爵士乐，喝酒撸猫，人生快意。

有家名叫GUNPOWDER的店也不能错过。这家店主打"康普茶"健康气泡茶饮品和养生鸡尾酒。康普茶不是传统意义上的茶，它是由茶水加糖，再加入红茶菌种，经过7~20天发酵而成的带有气泡的低酒精饮品，喝起来酸酸甜甜有气泡，是一款健康养生的夏日快乐水。将康普茶与酒结合的养生鸡尾酒，也是他们家的一大特色。

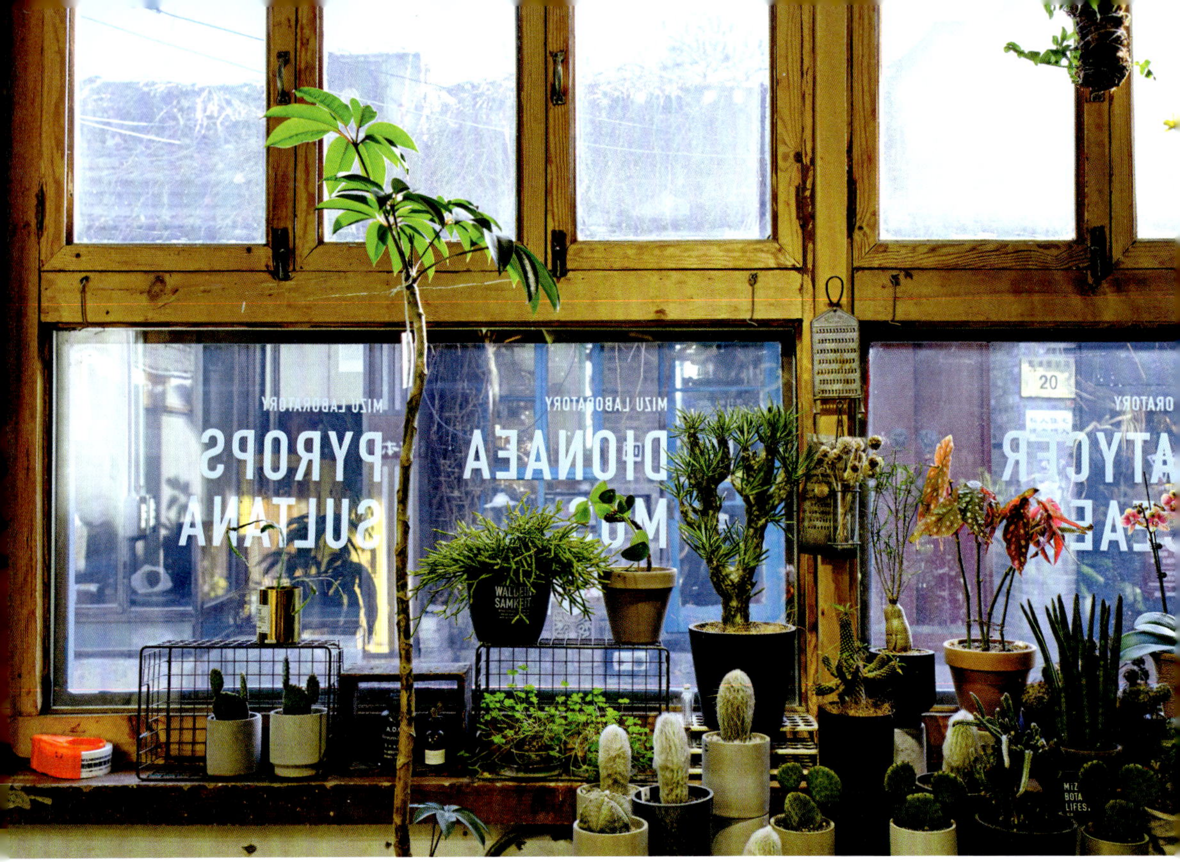

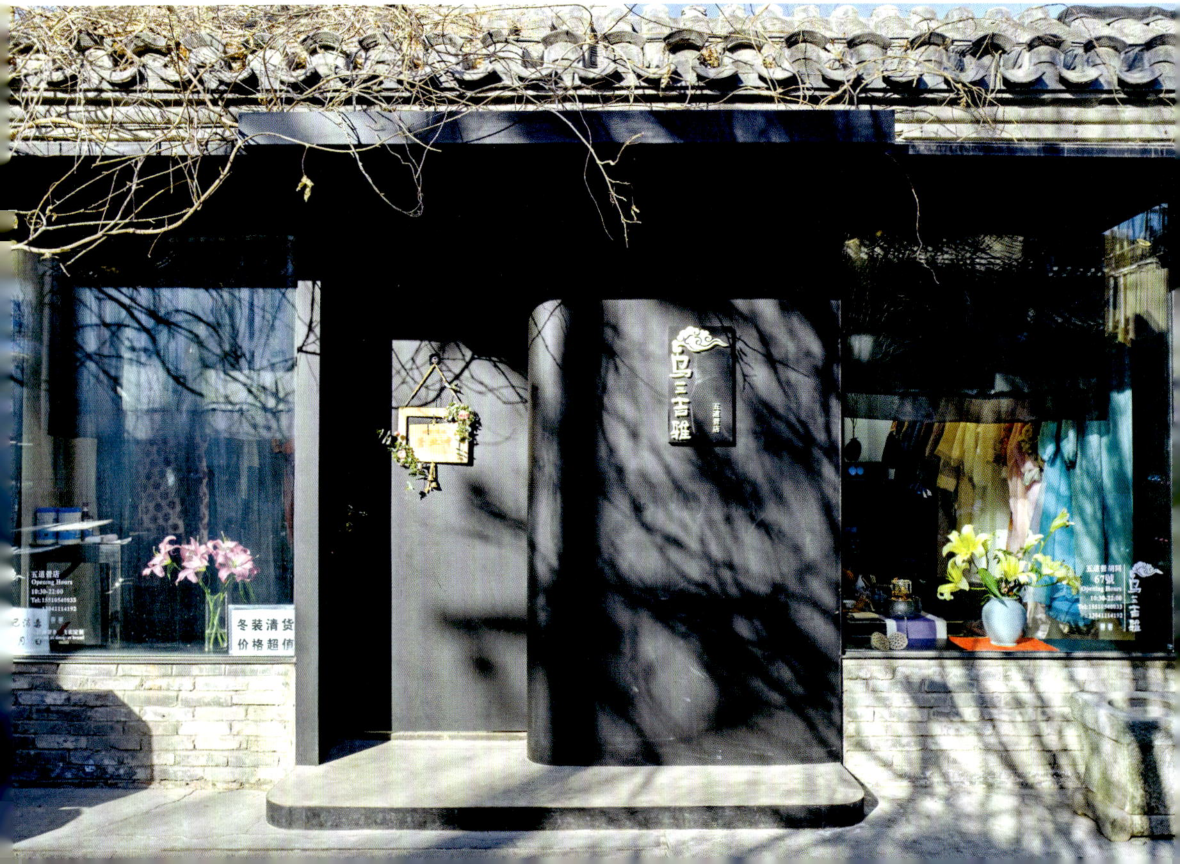
冬装清货

如果不喜酒精饮品，那么就喝杯咖啡吧。"Wake Me Up Coffee"是个不错的选择。白墙、白门，很有上海弄堂咖啡风格，店铺LOGO是一只打着蝴蝶结领带的猫头。店铺面积不大，仅设10个座位，设计很ins风。老板是个咖啡爱好者，做起咖啡慢条斯理，一丝不苟，仿佛在打磨一件艺术品。老板很健谈，和他聊天可以获得很多咖啡知识。

小歇之后，想逛文创店，买件手办回去做纪念或送人，"饼饼家"是个不错的选择。顾名思义会以为这是家做饼的店吧？错了，这是家做丝巾的DIY手工店。顾客可以自选颜料，勾画图案，然后拓到丝巾上。上色、洗涤、熨烫，一趟操作下来，非常有趣。

逛完文创手工店，到了晚饭时间，可以来灿都东南亚餐馆吃地道的越南菜。餐馆最大的吸引点是在二楼餐厅，这里可以看见雍和宫的大屋顶。一边品味着美味的菜肴，一边看落日余晖打在雍和宫红黄相间的屋顶。群鸦乍起，别有一番意境。

到了晚上，必须得来藏在五道营胡同深处的"摇滚圣地"——School。这里是代表摇滚圈摇滚乐live house的一个标志性场所——摇滚青年的聚集地。你知道的和你不知道的摇滚乐队基本上都来过这里演出，最知名的当然是老板和他的Joyside乐队。

就是这么一条短短的、不到700米长的胡同，却藏着许多"宝藏店"。每家店都会让你惊喜不已，流连忘返。

前门大街

六百年人间烟火漫卷到如今

文　盛蕾

北京城内城9门，外城7门的"凸"字形布局形成距今已有600余年历史。在这600余年历史的金戈铁马里，若要寻一处洋溢着人情世故的烟火漫卷之地，那首选前门大街——这里是北京中轴线上商贾文化、建筑文化、会馆文化、梨园文化、民俗文化最为集中的区域。

我爷爷小的时候

常在这里玩耍

高高的前门

仿佛挨着我的家……

——当这熟悉的旋律响起时,很多北京人的记忆会随着歌声被唤醒。

我小时候,曾坐在我爸二八自行车的前梁上,穿行长安街,来到前门大街,去给家乡的长辈们买点心和我爱吃的小零嘴。那个时候,前门大街对我来说,是用糖果纸、糖葫芦、小发卡和小玩具填满的"小确幸",充满了丰富、新鲜和诱惑……那个时候,我老爸问我:长大了想做啥?我脱口而出:"想开个杂货铺!嘿嘿。"

前门大街，曾被称为"皇帝门前第一街"。明嘉靖二十九年（1550）未建外城之前，前门大街是皇帝出皇宫的御道，这里走过明、清皇帝祭祀天坛、先农坛的仪仗。随着明朝扩建外城，前门大街因紧邻紫禁城，便成了北京城里寸土寸金之地。这里人来货往，商贾云集，热热闹闹地延续了几百年。《燕京杂记》中曾这样描述前门的商业景象："京师店市，素讲局面，雕红刻翠，锦窗绣户，招牌至有高三丈者。夜则燃灯，数十纱笼角灯照辉如白日。其在东四牌楼及正阳门大栅栏尤为卓越。"

北京的中轴线是北京城的"脊梁骨"，前门大街正位于北京中轴线上，北起前门月亮湾，南至天桥路口，与天桥南大街相连。全长845米，明、清至民国时皆称"正阳门大街"，1965年才正式定名为"前门大街"。每天，随着钟鼓楼的钟声敲响，底蕴厚重的前门大街老字号显露光彩，一幅老北京市井风情图便徐徐展开……

　　乾嘉时俞青源在《春明丛谈》中描绘前门大街的热闹："珠市当正阳门之冲，前后左右计二三里，皆殷商巨贾，前门大街设市开廛。凡金银珠宝以及食货如山积，酒榭歌楼，欢呼酣饮，恒日暮不休。"清末，前门大街已有夜市。光绪二十七年（1901）后，在前门箭楼东西两侧设立了前门火车站东站、西站，前门大街便成为北京同外省联系的交通枢纽。

再说说那些耳熟能详的老字号。咸丰五年（1855），这里开设了"便宜坊烤鸭店"；同治三年（1864）肉市开设了"全聚德挂炉烤鸭店"；"都一处"饭馆传说就是乾隆皇帝来这里吃了烧卖说了句夸奖的话而得名。光绪年间这里还有"致美斋"的馄饨、"九龙斋"的酸梅汤、"六必居"的酱菜、"正明斋"的满汉糕点等著名食品商店。民国以后，以卖酱羊肉闻名的"月盛斋"也迁到前门大街。放眼前门大街，一字排开的全是上百年历史的老招牌。除了上面提到的那些，还有瑞蚨祥绸布店、长春堂药店、内联升鞋店、张一元茶庄等16处老字号分列道路两侧。

但历史常有转折兴衰，所幸经过几个历史时期的重建后，这里依旧繁华。

每到正午时分，每家饭馆都有一两个伙计站在店门口招徕过往行人，吆喝声此起彼伏。前门的吃食，既有皇家御膳的精美，又有质朴实在的家常口味。两分钱的大碗茶，其貌不扬却透心爽的甘甜味儿——粗瓷碗，大叶茶，那是一段历史的记忆，飘荡着人间情意的馨香。

在这条街上，若要说几个"明星"铺位，那"老舍茶馆"是非常必要说一说的：老舍茶馆是以人民艺术家老舍先生及其名剧《茶馆》命名的，成立于1988年。当时正是中国改革开放的大门刚向世界打开不久，老舍茶馆因为浓浓的中国味道，成为外国游客了解中国传统文化的一个窗口。美国前总统布什、前国务卿基辛格，俄罗斯前总理普里马科夫，日本前首相海部俊树、中曾根康弘，泰国公主诗琳通等都曾是这里的座上客。

老舍茶馆是传统茶馆中的佼佼者，无论是在形式上还是在功能上都继承和保留了京味茶馆的韵味：古朴的环境、木制的廊窗、中式硬木家具，以及细瓷盖碗、墙上悬挂着的各式宫灯，都透着十足的北京风格。在这里不仅可以品尝到正宗宫廷细点和北京风味小吃，还可以在两个多小时的演出中，欣赏到戏曲、京韵大鼓、杂技、舞蹈等十几种艺术门类的演出。

如今的前门大街，依旧保留着旧时光在这里种下的痕迹。漫步在重开张的大栅栏步行街，道路两侧的建筑物色调、风格实现了统一，尽显古香古色，最大限度地还原和展现了前门大栅栏地区独有的传统商业特色。前门大街主干道上，穿行着百年铛铛车，大街上依旧生长着百年老字号，但同时，新时代的新地标、新元素也如雨后春笋般生长了出来——"北京坊"出现了，它在清代"劝业场"的基础上，把廊房头条西河沿这些街巷，变身成高品位的时尚商业区，统称为北京坊。这里已成为北京文化继往开来的胜地，一年一度的"北京十月文学月"主场活动在这里举办，文坛巨匠云集，是北京文学爱好者向往的文学高地。而北京坊里的Page One书店因其独特的景观视角而成为网红拍照打卡地。在这里，既可以看书享受慢时光，又可以欣赏落地窗外，正阳门箭楼、城楼、毛主席纪念堂、原前门火车站，视角无敌。

杜莎夫人蜡像馆出现了，它融合了京味儿特色与英伦风情，不仅汇聚了来自世界各地的名人巨星，更有古往今来的中国历史名人，它是架设在中国与世界之间的桥梁。

"北京大城小像"出现了，它通过打造交互式微缩景观和沉浸式声光特效，带领游客穿越1∶24比例复原的元、明、清、民国、现代的北京城……

还有很多很多属于前门大街的新生代"潮"元素、"潮"

生活在这里孕育绽放：传统文化在这里获得创造性转化，京味儿民俗在这里获得创新性展示——故宫冰窖餐厅，让最强文化IP首次走出紫禁城；天街冰冰文创冰棍掀起网红打卡热潮；吴裕泰茶叶制作的冰淇淋茶香鲜爽；独辟蹊径的香水小店，则是必须探秘的气味博物馆……前门大街古老又现代，它永远牵引着我的好奇心，让我不断地来这里体味和探秘。

走累了，可以在中国书店静静地读一本书，也可以听一场潮流音乐会，逛逛周边的博物馆，去创意国潮市集中淘宝……在前门大街，既可以为向往传统京味儿文化的心找到归宿，也可以感受时下潮流的消费生活——如今的前门大街，依旧是北京市民烟火漫卷的"脏腑之地"。

记得上大学那会儿，一位要好的闺蜜兴奋地约我在前门的中国第一家肯德基见面。那个时候，美国快餐肯德基进入中国市场不久，北京前门大街西侧的正阳市场开了全国第一家店，这在当时年轻人心中是潮流的代表。那天中午，我们如约在肯德基前门店见面了。她带着大学初恋男友出现在我面前，让我惊喜非常。那个中午的时光真是美好！15年后，闺蜜来北京出差，我们又相约在前门见面，当我们从前门大街散步到当年相聚的肯德基时，我们停下了脚步，静静伫立在那里。

"这里还是那么繁华，但这家肯德基店好像变小了啊。"

"可是，我们的青春曾在这里停留过。"

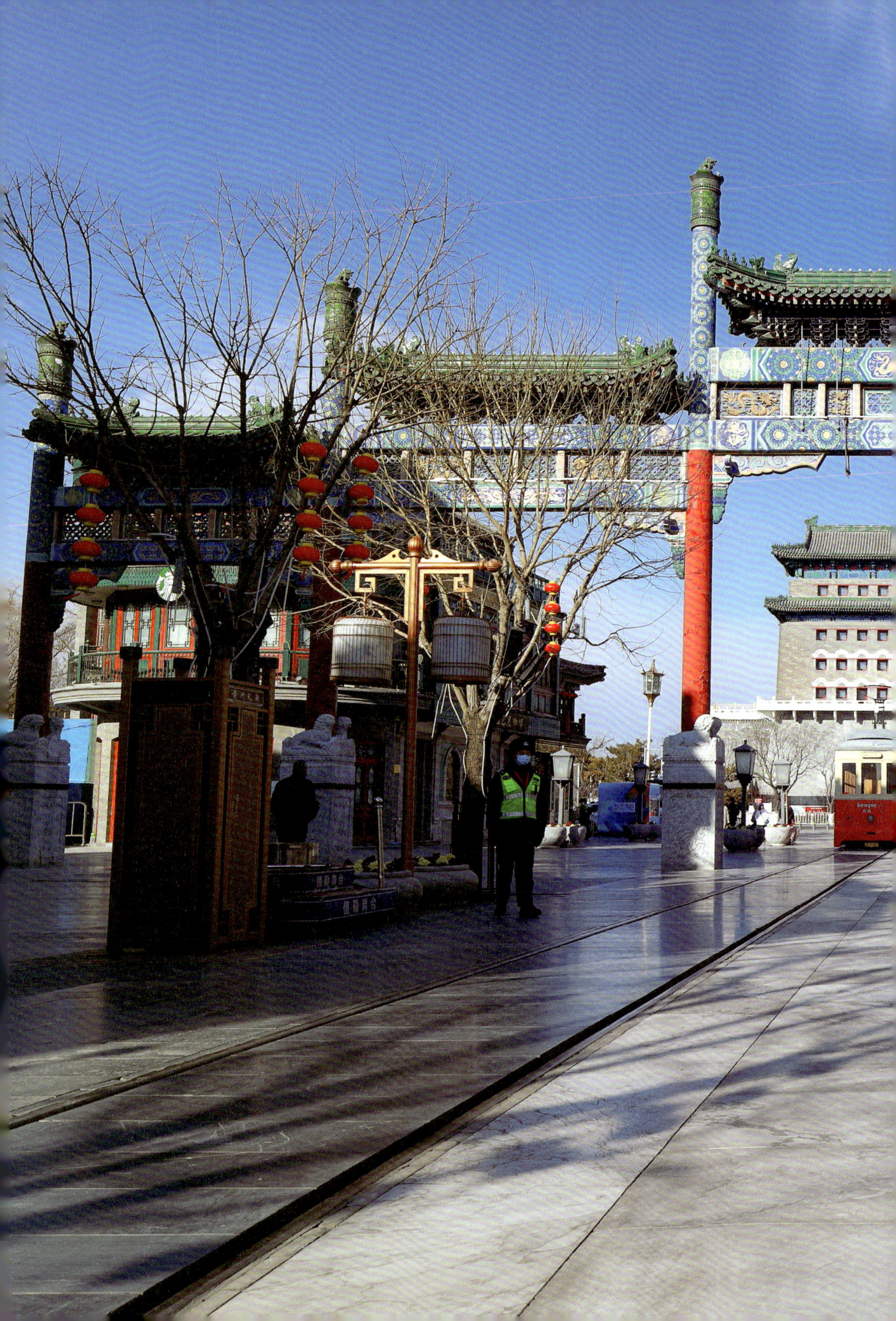

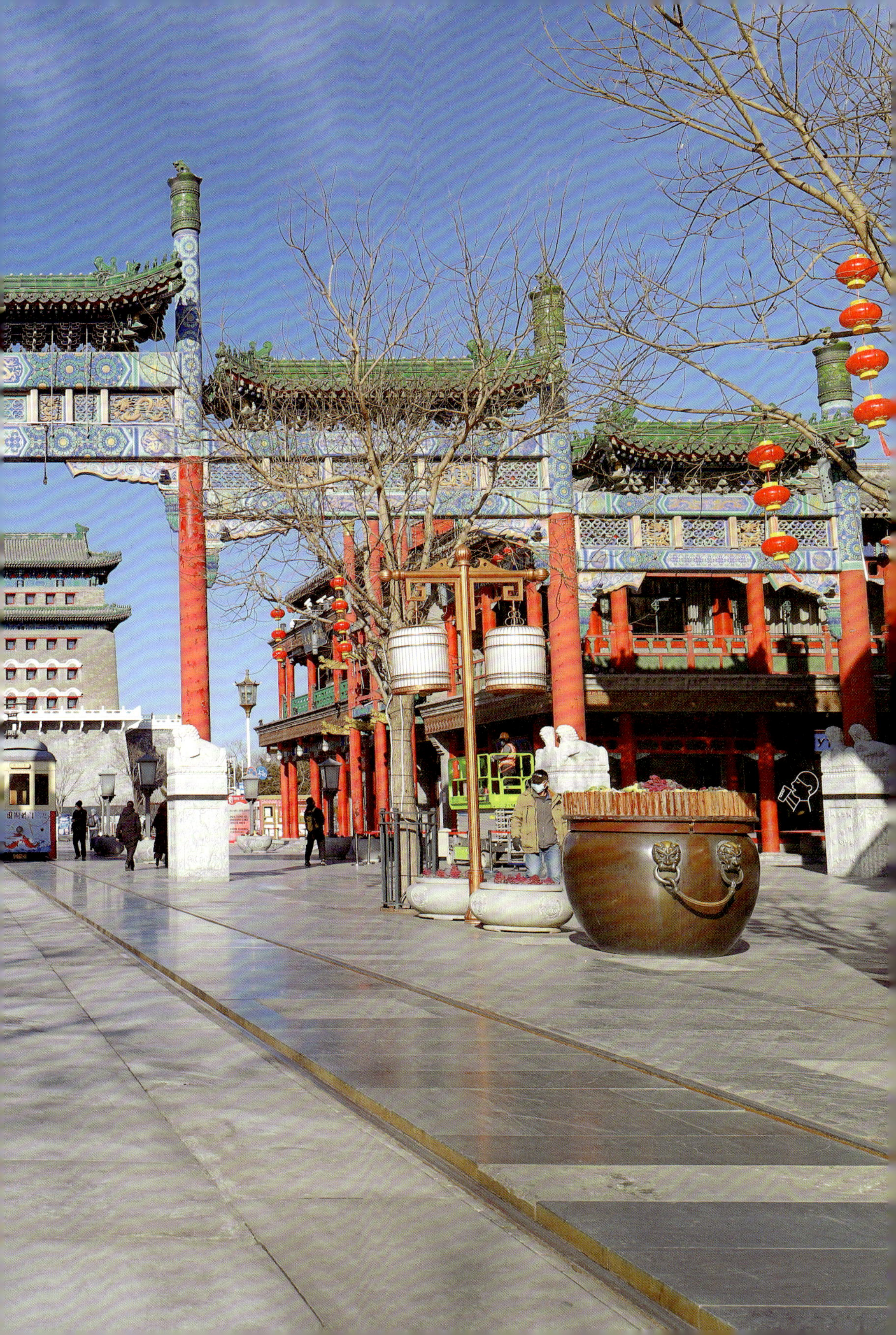

长城

亲近伟大城墙的三种方式

文　辛酉生

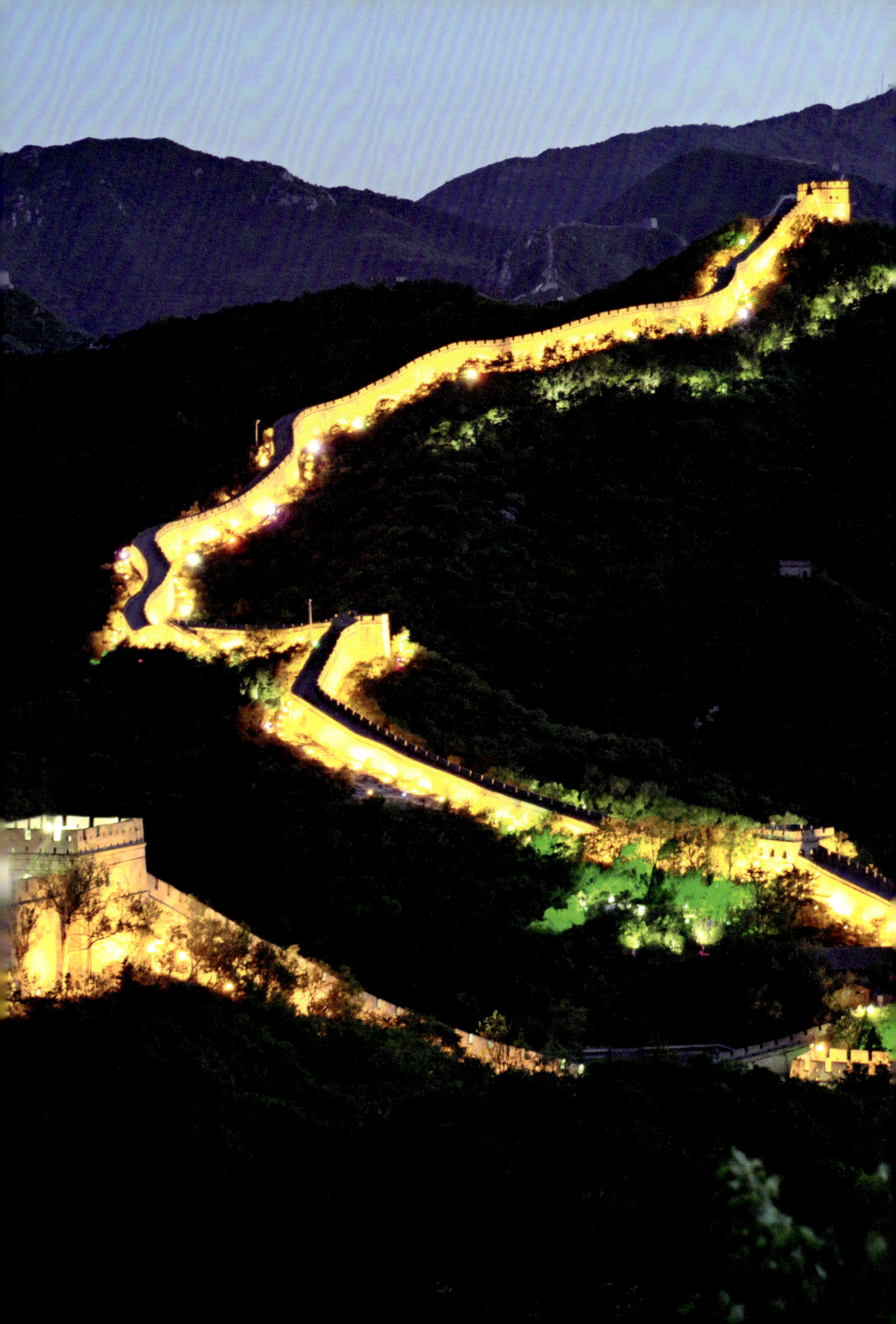

20世纪80年代，北京旅游有句口号叫作"不到长城非好汉，不吃烤鸭真遗憾"。长城和烤鸭成为北京的标志，代表了旅行中两个最重要的元素：玩和吃。不知当年有多少游客受这句话感召，爬上长城一览众山小，再饥肠辘辘赶回城里大嚼烤鸭，做完这两件事，北京一游也差不多圆满了。

1979年，美国记者詹姆斯·安丹森在长城上递给8岁的小男孩黑建涛一罐可乐，并为他拍下一张照片。小男孩在长城喝可乐的照片登上《国家地理》杂志，传遍全球。长城是古老中国的象征，红色可乐透露出现代气息，当两者同框，意味着古老的国度与世界重新接驳。八达岭长城是北京长城中最著名的一段。登八达岭长城，要先冲过八达岭高速的拥堵，然后是景区人流的拥堵。2020年夏日，我发现了一种"与长城同框"更有趣的玩法。

当红日将坠，海量车流从八达岭回城，"享受"超级晚高峰的时候，你可以逆潮流而动，直奔八达岭而去，到达景区，已是新月初升。2020年8月8日，北京长城文化节在八达岭长城开幕，活动持续两个月，每周五、周六八达岭长城向预约游客开放夜游，每天限流300人。正因为有限流，几百人散到空旷的长城上，感受分外不同。摇曳灯光下，抬头看看中天明月，听风吹过山谷，感觉格外不同。

离开景区前，一定不要忘记到"长城礼物商店"转转，这可是北京100家网红打卡地之一，特别是憨态可掬的"明小兵"玩偶，最受欢迎。

026

近年清宫戏大火，特别是胤禛和他的儿子乾隆，更是格外抢镜。如今只要赶上雪天，故宫博物院马上梦回大清，汉服爱好者们装扮的阿哥、格格、皇上、后妃在殿宇间穿梭，偌大的故宫显得快不够用了。其实不必到故宫凑热闹，当今的"阿哥""格格"完全可以到居庸关打个卡，隔着时空和乾隆对话、同框，照样能拍出大片。

乾隆有处处留诗、各地题字的爱好，曾经在此大笔一挥写下"居庸叠翠"。乾隆燕京八景：太液秋风、琼岛春阴、金台夕照、蓟门烟树、西山晴雪、玉泉趵突、卢沟晓月、居庸叠翠，均刻石立碑，留下诗文。在北海公园和卢沟桥畔还能看到乾隆亲题的琼岛春阴和卢沟晓月碑文。居庸叠翠虽景物依然，可当年乾隆御碑已不知所终。现在立在居庸关长城前的题字，是乾隆后裔末代皇帝溥仪弟弟溥杰的笔迹。

光绪三十一年（1905），一名工程师冒着风雪在八达岭和居庸关间穿梭，他就是曾经的留美学童、耶鲁大学优秀毕业生、中国铁路之父詹天佑。此时的他正在思考该如何将火车从北京通到张家口，这段路实在太难修。坚毅智慧的詹天佑设计出对后世铁路建设影响深远的"人"字形铁路，大胆开凿了八达岭隧道，使京张铁路成为中国首条不使用外国资金、人员，由中国人自行设计投入营运的铁路。

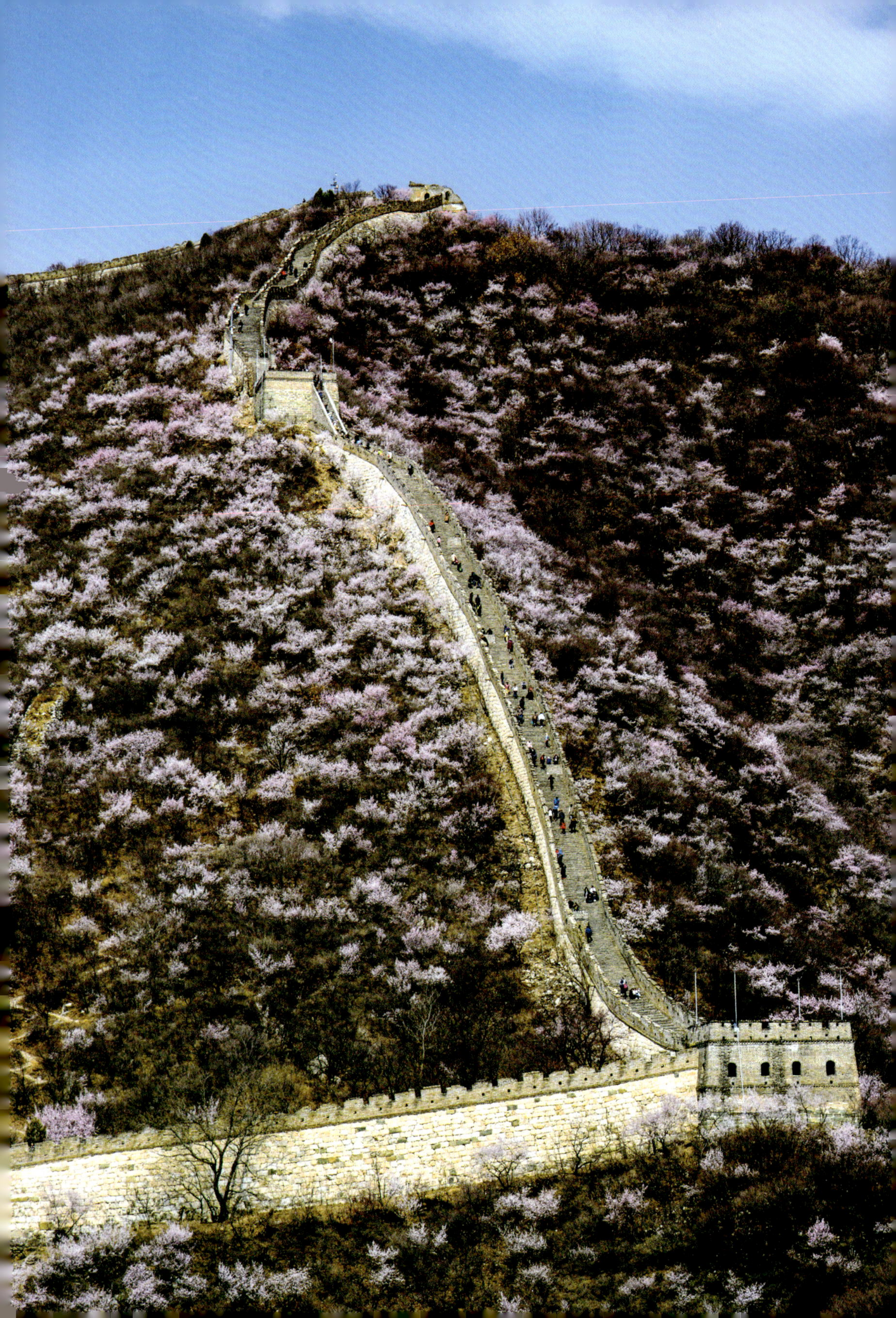

现在我们还可以乘坐北京市郊铁路S2线，穿越詹天佑当年的设计，在列车上领略沿线长城不同于登临的另一种巍峨。随着京张铁路的"姊妹铁路"京张城际铁路开通运行，我们也可以乘高铁去张家口，在高铁上看长城。

　　除了上述两种方式，还可以用更轻松的方式享受"与城同框"。司马台长城脚下的古北水镇，无疑是北京这几年最红的网红旅游景点之一，少了城市中的光污染，在古北水镇看星光更是妙不可言。

　　在古北水镇住一家风格独特的民宿，泡泡温泉，入夜的时候，这里星空格外明亮，看繁星满天，是久居城市得不到的享受。如果体力够好，可以爬上十分考验人的司马台长城，登顶之后更是"险处不需看"。天上星光、水镇灯光交相辉映。银河是黑暗天际间的一条玉带，此时的司马台长城则是光晕间的一条暗影。

　　到过古北水镇的人，并不都知道这里还有一座模仿古希腊露天剧场而建造的长城剧场。日本戏剧大师铃木忠志曾在这里演出他的名作《咔哧咔哧山》和《厄勒克特拉》。如果有机会在长城剧场看一次戏剧演出，就有可能和戏剧大师同框。

100多年前,苏州府贡生姚孟起要为大名鼎鼎的拙政园扇形亭题一块匾额。他想到苏东坡有词云"闲倚胡床,庾公楼外峰千朵。与谁同坐?明月清风我",于是写下"与谁同坐轩"5个隶书大字。与谁同坐是个问题,是清风、明月、佳人、才子,还是亲朋、挚友?

当我们出游、打卡，选择与谁同框同样是个问题。什么人可以和我同框，孟姜女、乾隆、詹天佑，还是戏剧大师或者饕餮？在长城随便照一张照片，可能曾经某位访华政要也曾在这个位置、这个角度留下过影像，我们也就间接与一位名人同框了。

相对这些选择，我建议你打开家庭相册，翻看那些泛黄的照片，可能就会有父母当年在长城的留影，也可能还有祖父辈们在长城拍摄的黑白照片。拿着这张照片，听听长辈回忆。长城历尽千年沧桑、容颜不改，尽量找到当年位置，再拍上一张照片，郑重放在相册中当年的照片旁边。如果你有了子女，也可以让他们去同样的位置拍一张照片，就这样一直持续不断。最愿与谁同框？我的答案是：最愿与家人和亲情同框。

北京钟鼓楼 📍

在秩序之美的
端点奏响时间赋

文　葛竞

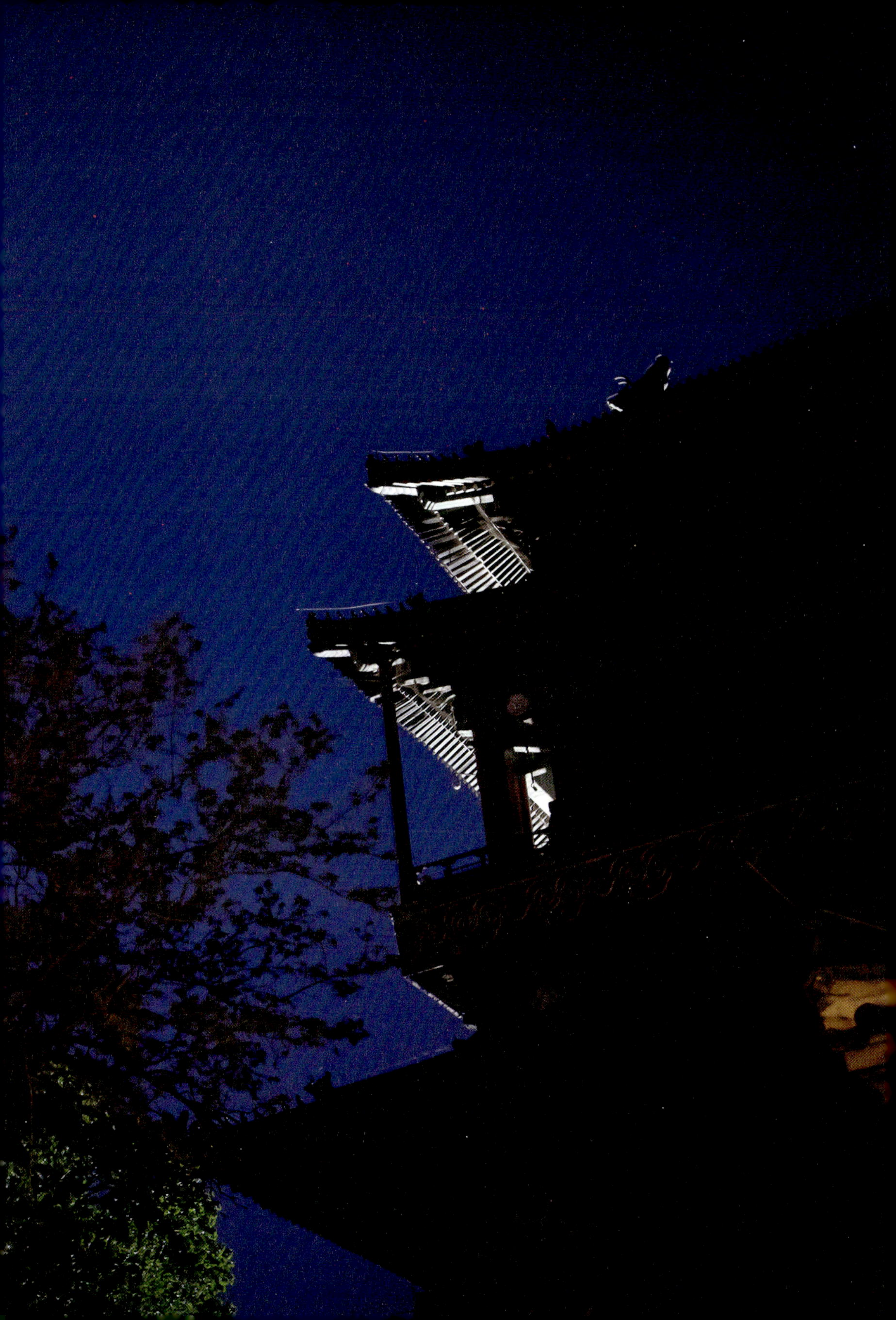

北京城为什么这么美？因为北京城有一条全世界最长，也最伟大的线——城市中轴线。

这条线以宫城为中心，自钟楼一路向南，直达永定门，左右对称，南北纵深，古代北京建设所特有的秩序之美由此诞生。建筑学家说，这是世界城市建设历史上最杰出的城市设计范例之一。

北京的中轴线从钟楼出发，北京的一天由钟声开启。

十二时辰是中国人记录时间特有的方法。寅时，又称五更，凌晨3点—5点的光景，报时的钟鼓声在京城上空荡开，天光乍现，雄鸡报晓，正是宋代诗人陆游在《晨起》中描写的场景："蟾滴初添水，螭炉旋炷香；浮生又一日，开卷就窗光。"

钟鼓楼位于北京东城区地安门外大街的北面，紧挨着后海和南北锣鼓巷。

　　钟鼓楼兴建于元初，曾被命名为齐政楼，元代两度遇火，明朝又遭雷殛，如今几经修缮，丹楹刻桷，钉头磷磷，仍旧蔚然可观。历经元、明、清三朝，披星戴月，栉风沐雨，始终忠实地履行着为城市报时的任务。

　　钟楼是砖石结构，淡褐色的墙体，黑色的屋顶，绿色镶边，有种肃穆的淡雅之感，如同其中的大钟，雄浑庄重。

　　而鼓楼则是土木结构，红墙绿瓦，廊檐下有精致的彩绘，夜色中，鼓楼会披上金红色的"灯光披风"，仿佛深藏繁华市井中的古老宫殿，又像那响亮的鼓声，明朗璀璨。

两座建筑物相守相望，就像一对进行时光之旅的老友，守护着我们的北京。

当代作家刘心武曾在文章中写道："鼓楼胖，钟楼瘦，尽管它们已经不再鸣响晨钟暮鼓了，但它们映入有心人的眼中时，依然巍然地意味着悠悠流逝的时间。"

在所有城市钟鼓楼的建制史上，北京钟鼓楼规模最大，形制最高，有将近50米。很多孩子牵着大人的手来到钟鼓楼前，总会仰起小脸发出惊呼：好高啊！看照片没想到有这么高！

这里苍翠环绕，经年有微风，天气晴好的日子里，向南望去，可以一直看到景山。

多少年来，有人写它，画它，歌唱它。

有人在墙根下晒暖，漫不经心地弹着吉他："我的家就在二环路的里面，钟鼓楼的这边，钟鼓楼吸着那尘烟，任你们画着他的脸。"

尘烟熏染下的钟鼓楼有着灰黑色的屋檐，上面覆盖着漂亮的琉璃瓦，还有20世纪绿色琉璃的剪边。墙体是肃穆的朱色，每当夜幕降临，夕阳斜照时，又会染上几分静谧的橘红。这里坐北朝南，不远处是一条涓涓细流，春日临水照花，看逝者如斯，不舍昼夜。

走进这座古老的建筑，只见钟亭在左，鼓亭在右。

钟楼悬挂的巨大铜钟铸于明朝永乐年间，是我国现存古钟里铸造最早、重量最惊人的一口，其纹样之精美、铸造工艺之高超，至今仍令无数工匠咂舌。这口古钟的钟身全部由响铜打造，撞击时声音浑厚绵长，据说"都城内外，十有余里，莫不耸听"。

登上钟楼，仰望巨钟，仿佛仍能感受到那个时代的震耳轰鸣。城市的故事穿行在古老的街巷里，让人闭上眼，仿佛还能看到永乐年间富庶繁盛的街景。

而与之相对应的，右面鼓楼的二层放置一面老鼓。这面传承自古代的旧物鼓面已破，鼓身伤痕累累，记录着它所经历的漫长岁月与曲折故事。

在它旁边，还有25面新鼓，其中的24面代表着24个节气，剩余一面主鼓则代表一整年。中国古人对时光的解读实在浪漫，为一年中的节气变化都取了名字，从立春、雨水的万物萌动，草芽初发，到寒露、霜降的天凝地闭，落雪满城。24个节气反映四时天气的变化，指引着古代农耕社会的起居生息。曾经在鼓楼里，每敲醒一面鼓，就意味着一段美丽的季节应声而响。

击鼓和敲钟的方法并不复杂，被当时的人们编作顺口溜，一直流传了下来。

"紧十八，慢十八，不紧不慢又十八。"

两遍敲下来，总共是108下：一年有24个节气，七十二候，再加上12个月份，刚好108下。一下不落，一段日子也不错过，咚咚锵锵，是岁月赋予古老民族的一首诗歌。

现在，到了时辰，人们就能再来鼓楼中观看到击鼓表演。穿着白布衫，扎着红腰带的汉子排成一排，按照老规矩敲起鼓来，气势恢宏，有节奏的鼓声沿着廊檐传出去，人们仿佛在这一刻穿越古今，游历于时光之上。

听过击鼓，回头便可以看到旁边的古代计时器展。这里就像一座属于时间的小型博物馆，圭表、日晷、漏刻、时辰香等，时间在这里有了声音，有了形状，甚至有了香气，让人不仅感叹于中国古代人的智慧，更钦佩中国人对于时间的思考、

对于生活的审美。

　　无论是古代，还是现如今，击鼓撞钟的时间都是很讲究的。从前的人把漫长的黑夜分作五更，每更约有两个小时。乾隆年间，人们在夜里会敲响两更，分别是一更和五更。一更时夜幕初临，先击鼓，再撞钟，提醒城门关闭，还在街面上的人们该回房安寝。五更则是晨露刚刚落下的时候，钟声与鼓声会提醒守卫打开城门，恢复交通。待到天边露白，日光微曦，街面上渐渐有了行人，直至熙熙攘攘，车水马龙，一座古城才算真正醒来。

　　很多年前，在这里生息劳作的百姓们，就靠这暮鼓晨钟记录天光的流逝。

千百年东升西落，云卷云舒，世事沧桑巨变，唯有钟鼓楼巍然挺立，见证着老北京城的兴衰更迭。直至1924年，京城巨变，溥仪仓皇出逃，钟鼓楼的声音也就此断绝。

故国三千里，深宫二十年，失去了报时意义的钟鼓楼，在中轴线的北端，在这一方满目疮痍的土地上，沉默地凝视着这座它踞守千百年的古城。古城内硝烟弥漫，再没有闲话家常的人们，也不见溪桥边卖花的姑娘。为了铭记历史，提醒民众勿忘国耻，钟鼓楼被改名为"明耻楼"。后来，钟鼓楼又恢复了齐政楼的名字。兜兜转转，时光留给它的，仿佛早已淡去，又好似永远也无法粉饰太平。八国联军的刀口弹痕至今残留在钟鼓楼的墙面上，像一道虽然陈旧但仍有隐痛的伤口。

到了20世纪80年代，国家拨款对钟鼓楼进行了大规模的整修，而后又成立了钟鼓楼文物保管所。1996年，钟鼓楼终于正式被列为全国重点文物保护单位。

附近居民会告诉您，在冬季，钟楼望雪是来这里最好的理由。

等到纯白落满人间，雪片如席轻轻柔柔地盖过中轴线，将钟鼓楼和周边的小胡同、四合院融融地团在一起，满目山河，落花风雨，过往的一切都如大梦远去。待到雪将化未化的时候，住在这附近的人便会三五成群地出来，在钟楼广场晒晒太阳，踢踢毽子，或是久违地牵着心爱的人，走过街边的小店铺，聊聊生活的各种滋味。等待着天边咸鸭蛋似的太阳，火红里淌着一点金色，将温温柔柔的余晖投在你身上。

确实，这是不同于南锣鼓巷和后海的热闹。在北京这样一座快节奏、多元化的国际大都市里，难得有这样一个地方，能让人慢慢悠悠地想想心事。在钟鼓楼的广场前，光阴的流逝并不叫人伤感，每当白日将尽，倦鸟归林之际，仿佛总有穿越百年的钟鼓声在耳畔响起，温润而平和，就像那首歌所唱的：

一座城听你召唤，晨起，日落，夜眠，

春秋冬与夏，沧海几千年。

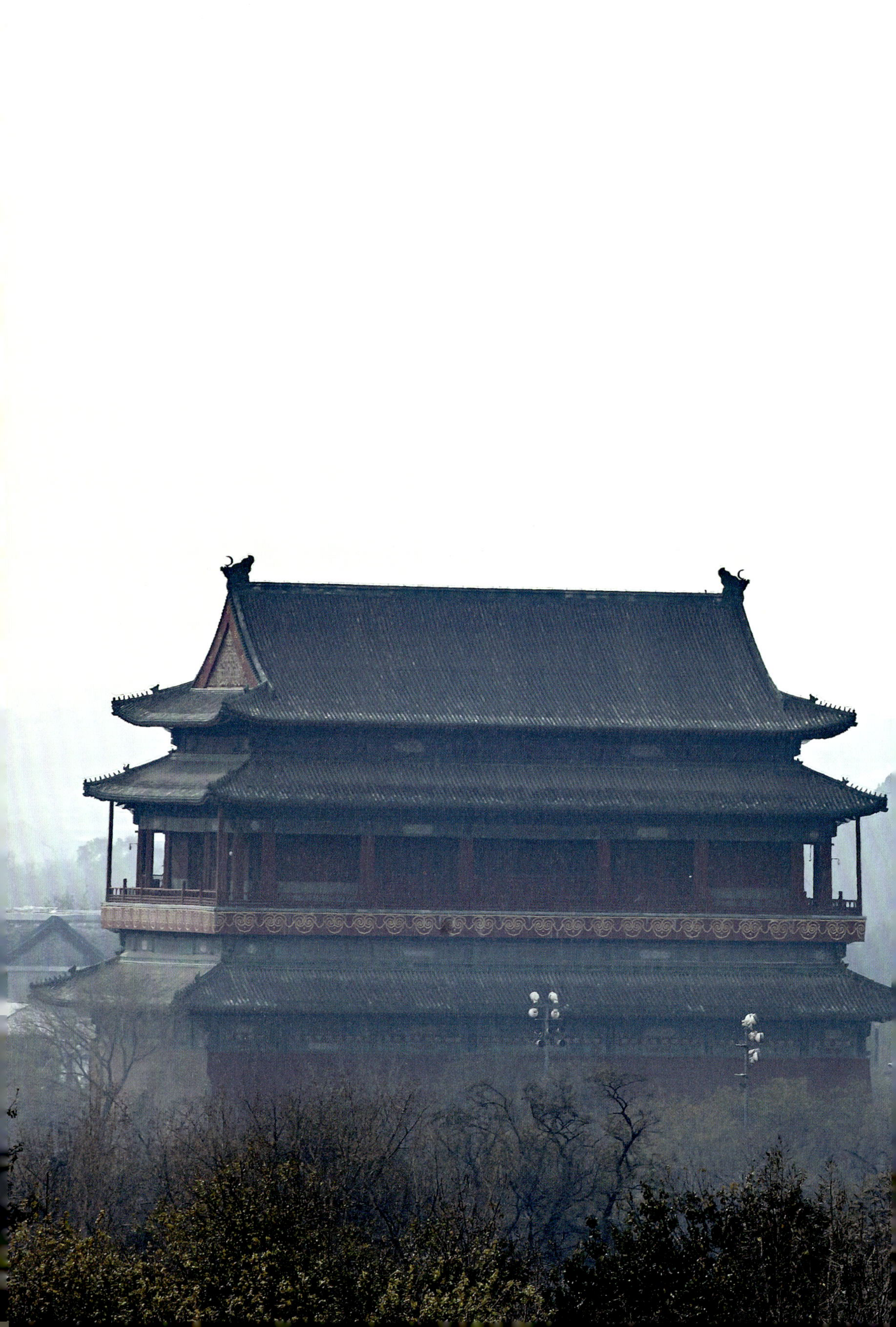

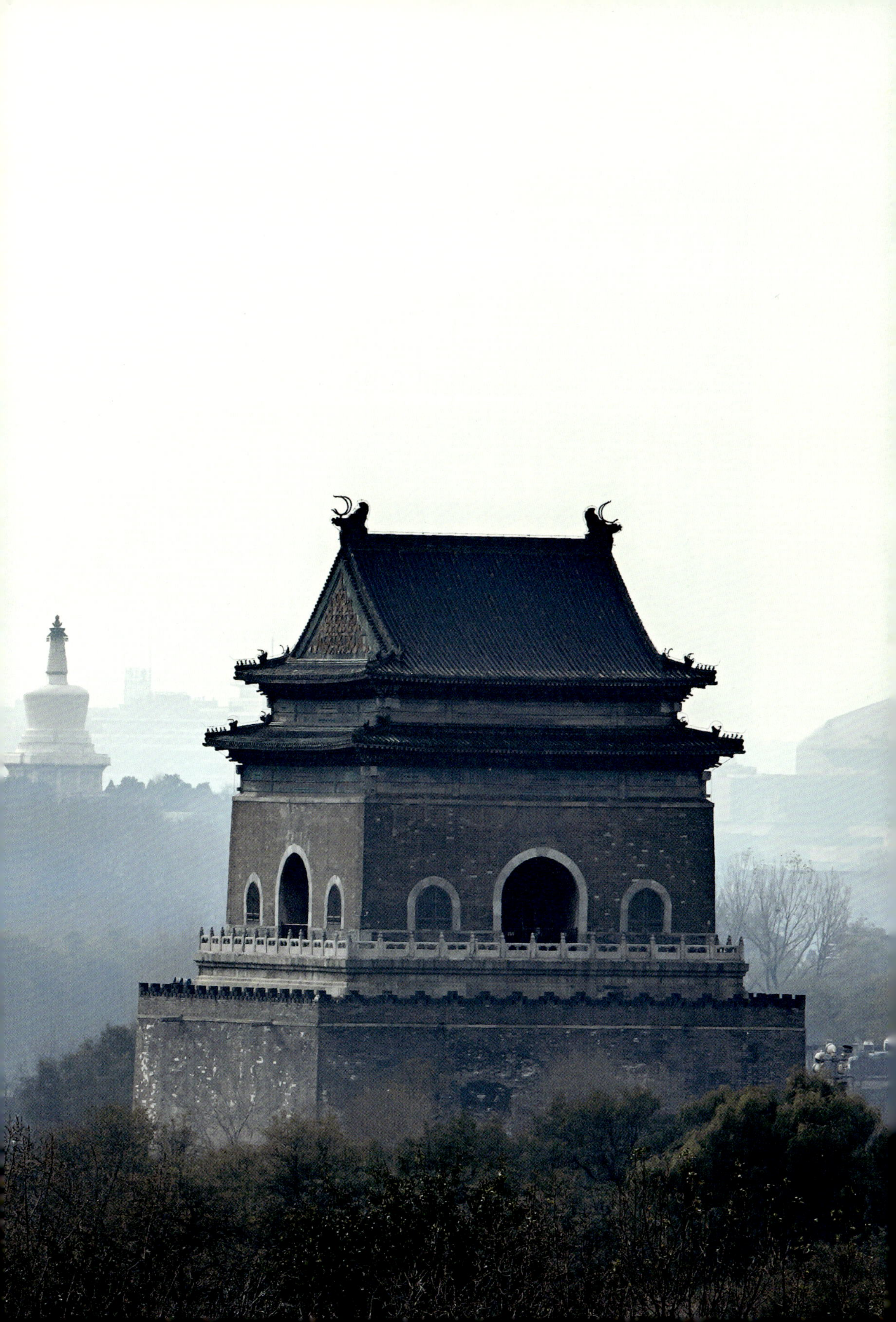

西打磨厂街

大师点化后
平常化神奇

文　小欧

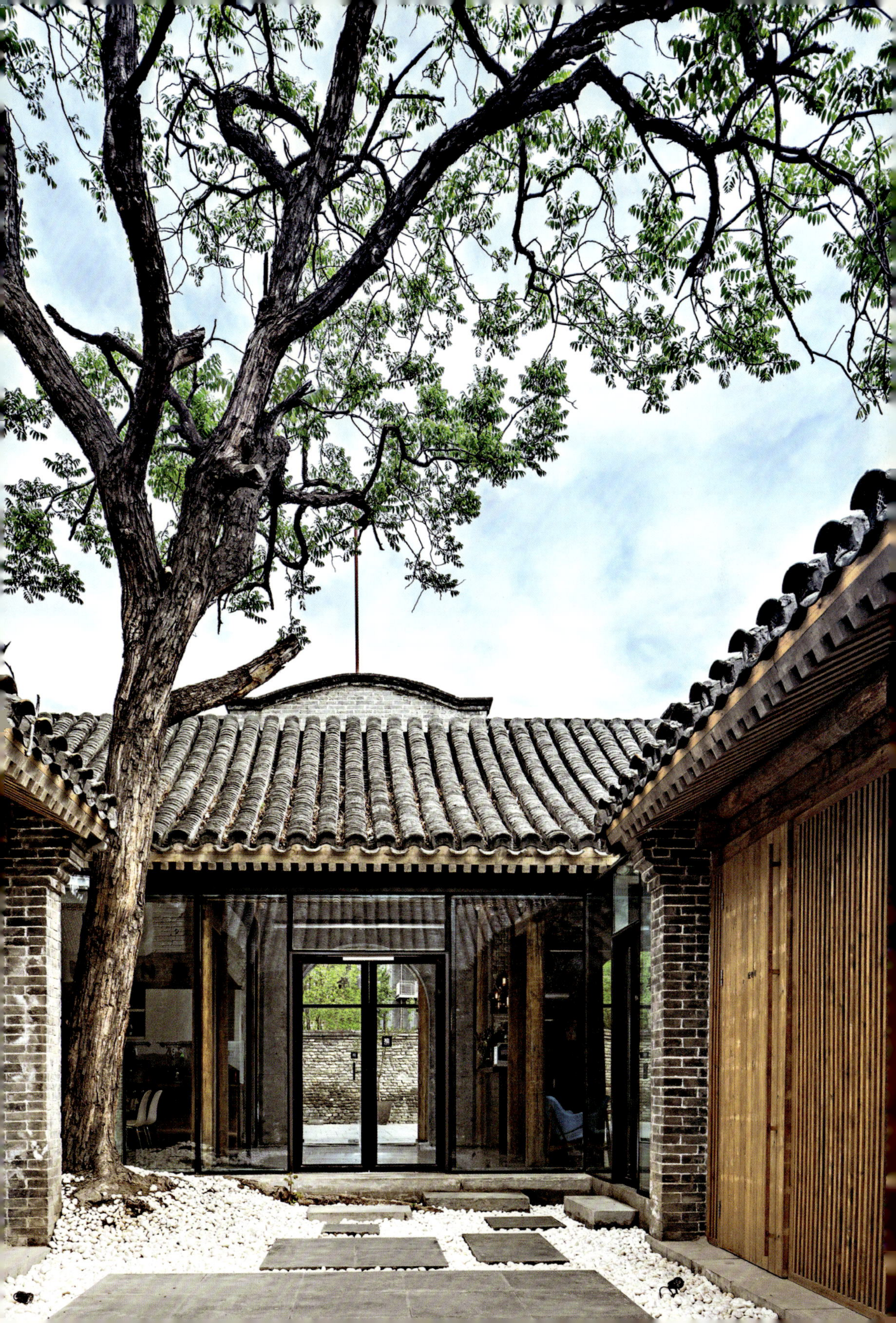

在西打磨厂街走一圈下来，就像观看了一个建筑设计展，即使是外行，也能体会到几分建筑师的心思，如何思考空间、老院落的语言、它与环境的关系，然后让它在旧址上完成一次新的生长。

最令我惊喜的是，在这里看到了日本建筑师隈研吾先生的建筑事务所改造的胡同民居。西打磨厂街220号院落，在清末时曾经是协和医院，直到后来渐渐变成了大杂院。走进改造后的院落，先是被青砖的外立墙面和网格状的铝结构吸引，不规则的铝结构修饰着院墙，使得普通的青砖墙有了一种现代的轻盈感。而背后的整体建筑，则是以通透的玻璃嵌在灰砖墙之间，同样覆以铝质半掩的格网幕墙，室内半隐半现，虚与实相间。有阳光的时候，光影错落地映在室内，于是建筑有了更多

的层次感和律动感。普通的一个民居，改动得并不算太多，然而借助材料和想象力，实现了传统和现代之间的一种充满妙趣的平衡，这种现代感与整条街道也融合得很自然，并不显得突兀。改造完成之后，隈研吾本人也很喜欢这所房子，于是将他的建筑都市设计事务所设在了这里。

打磨厂街区处在前门和崇文门之间，是北京外城里最长的一条胡同。这条始于明朝的街道，曾经是北京最著名的闹市街区之一，因汇聚了石器打磨匠人、店铺而得名。西打磨厂胡同当时也与西河沿、鲜鱼口、大栅栏几条胡同并称为"前门外四大商业街"。这里还聚居过制作铁器、铜器、刀枪、乐器、年画的各种手工匠人，大量的外地驻京会馆、旅店、饭庄、票号、邮局、药铺等，也曾经在这里相继生长与消逝。历史变迁，打磨厂街区及其往南整片区域渐渐也都变成了寻常巷陌，大杂院儿破败不堪，有历史的建筑也湮灭在了日常生活中。

2015年开始启动的老街风貌恢复与建筑修缮的改造计划，使得这条宽阔的胡同变了样，当年那些被遮蔽不见的、有着古韵的建筑肌理清晰地显现了出来。胡同里7处具有保留价值的院落，正是分别由隈研吾、马岩松、张永和、朱小地等这些在国际知名的建筑设计师来进行设计改造的。这个区域变成了一个个新的时尚地标，被人们称为"大师院"。

与隈研吾建筑事务所相邻，建筑师马岩松和他的MAD建筑事务所的改造显得更"大胆前卫"一些，这也是他风格的一贯延续。西打磨厂街218号，曾经是民国时期的医院药房。马岩松巧妙地将几个巨大的银色泡状功能空间嵌入在院落中，泡泡表面是银色的镜面材料，可以映照出周围的一切，天空、树影、院墙，整个泡泡远看又像是一颗晶莹的水滴，大家都亲切地称这里为"胡同泡泡"。"泡泡"也并不夸张，在院落外并不能被看到，只有当我们走上楼顶，才能发现它们在角落里闪闪发亮。银色泡泡和古建筑带来的冲击感，无疑吸引了很多慕名而来的年轻人，这也正符合马岩松的想法——我们总在说的街区保护，实际上最重要的，是对社区关系的保护，更多的年轻人、不同阶层和文化背景的人群融入这个社区，才是一个"活"的社区。

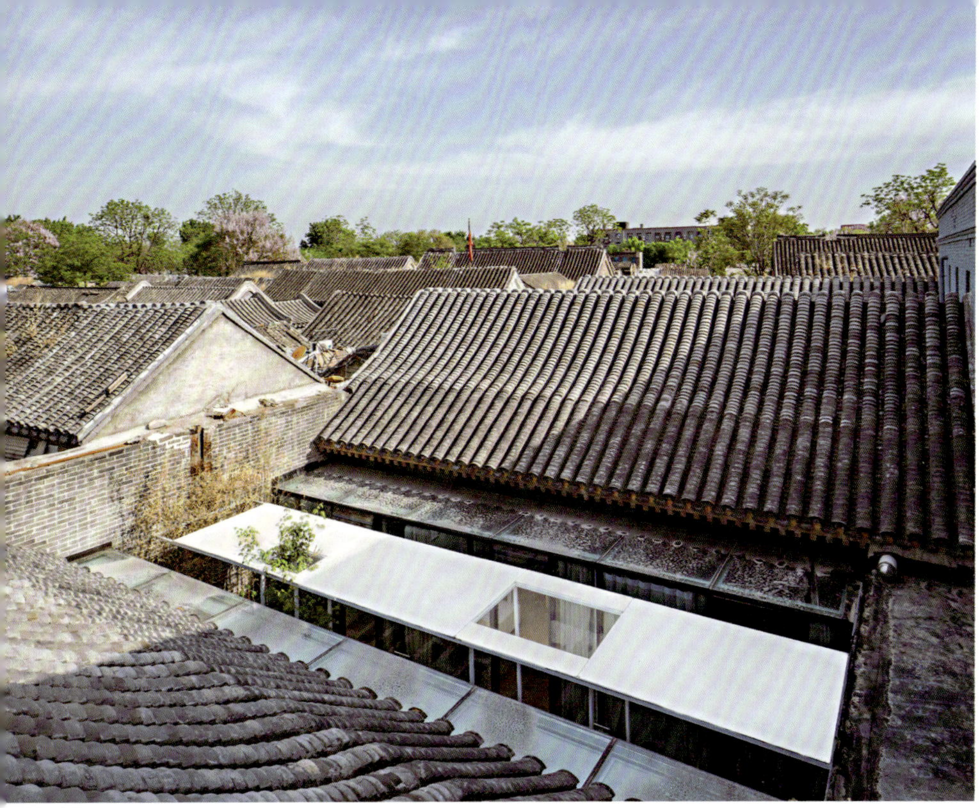

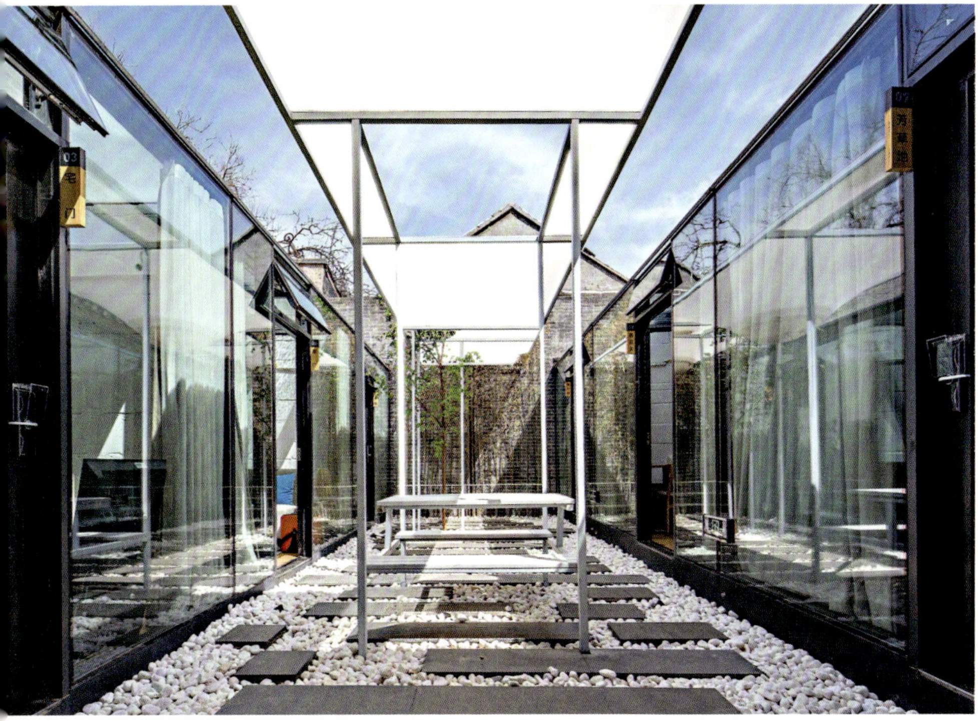

继续往西走，附近有一幢外墙显得斑驳的小院，门楣正上方的字样已经难以辨识，但两侧"靛青颜料""零整批发"的字样还能看得清楚，这是特意修旧如旧留下来的历史样貌。西打磨厂210号，曾经是瑞华染料行，现在是"打磨场·共享际"生活区的一部分。这个传统的四合院经非常建筑师事务所

的建筑师之手，变成了胡同长租公寓，临街铺面成为共享型的厨房、会客厅、洗衣房。再往里，几进院落里建起了14间Loft公寓，格局都大体相同，上层是卧室，下层为客厅和卫生间，居住环境清幽雅致。这里还经常将年轻的创意运营团队联合起来，举办一些轻松、有趣的活动。

属于"打磨场·共享际"另一部分的是旁边长巷三条1号。这里是清朝末年"义诚店"旅店的旧址,一个近代中型店铺的代表性建筑,三层重楼式格局,中间有天井,面阔八间。现在,这里被赋予了新的功能,成为一个联合办公区域。一层大堂是公共活动区,在这里时常举办小型的沙龙、座谈会,二层和三层则是新型的联合办公区域。

共享办公、共享生活,这样的尝试很符合当下的新商业模式,也有别于被开发成旅游景点、每天游客熙熙攘攘的那些胡同。小型的文创和科技创业企业在这里租用办公,胡同里的年轻人越来越多了。而这些院子之间,原来彼此隔断的夹道墙也都被打通了,连成走廊,串联起每个院子的门,大家彼此可以随意地走动。普通日常的生活并没有在西打磨厂胡同里消失,小巷深处还住着居民,门前的花草绿意盎然,院落里的香椿树高高伸出屋檐。

街区改造了,然而历史并没有被遗忘。我走到胡同的东口,在由临汾会馆腾退之后专门改建成的北京会馆文化陈列馆里,看到了被保留下来的昔日完整的南城会馆文化的历史。三进两层的四合院,山西民居特色十足,会馆里还保留着一些老旧的砖、瓦、石构件,多媒体的屏幕上可以细看当年分布在正阳门之外的各路会馆网络。

西打磨厂胡同里有"大师院",也有普通的小店。在胡同里漫游时,略觉疲倦,遂走进一家只有几平方米的名叫"PIA"

的手冲咖啡店。这个店开了两年多了，它之前的名字叫"熊煮"咖啡店。店面小小的，但咖啡店的主理人很有巧思，利用镜子来增加视觉上的空间，黑色是内部的主色调，显得硬朗而有个性。曾经有两个从别处专门过来的男孩，因为喜欢这里的咖啡豆而跟店主成了朋友，时常会来坐坐聊聊天，他们简直就像是小店的代言人。他们主动热情地跟我介绍，这位低调的主理人在中国咖啡师比赛中，连续两年都进入过前六名。

另一家很火的Metal Hands咖啡店，已经有好几家连锁店面了，它开在胡同西口改造后的一座两层的民国风格单体建筑中，外立面也尽量保留了建筑原本的面貌，通过一个开敞的庭院进入咖啡厅，从吧台向空间深处望去，就会看到三个层层相扣的拱券结构，第一层是不锈钢板拱券，第二层是混凝土拱券，保持老房子岁月的质感，第三层是和保留的外立面一致的青砖拱券。三层拱券的透视结构，让人仿佛沉浸在一种被历史包裹的氛围之中。店主人将老北京胡同生活的许多元素放在这里，缝纫机台改造的咖啡桌，以及做旧的老窗格，等等，很有意思。在这个街区，一切旧的东西，都以一种新的姿态呈现，就如同这条胡同本身。

黄昏时分，坐在咖啡店里朝向二环的位置，窗外夕阳的霞光正是一天中最美的时段，夕晖刚刚好辉映在视野中的前门楼子上，古老的城楼，现代的城，一切都静默，柔和，美好。

053

和平菓局

回首来时路
回味旧时光

文　盛蕾

录像厅

售票口

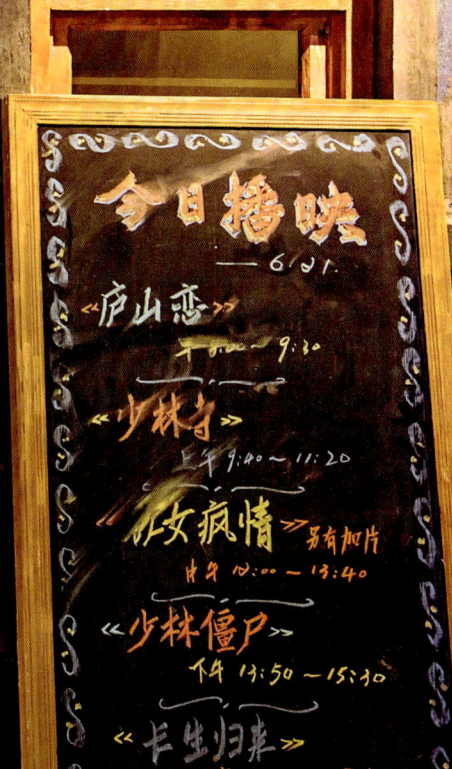

今日播映
— 6/21 —

《庐山恋》
上午 7:50 — 9:30

《少林寺》
上午 9:40 — 11:20

《少女疯情》 另有加片
中午 12:00 — 13:40

《少林僵尸》
下午 13:50 — 15:30

《卡生归来》
下午 15:40 — 17:30

好片不断大屏投影 另有加片

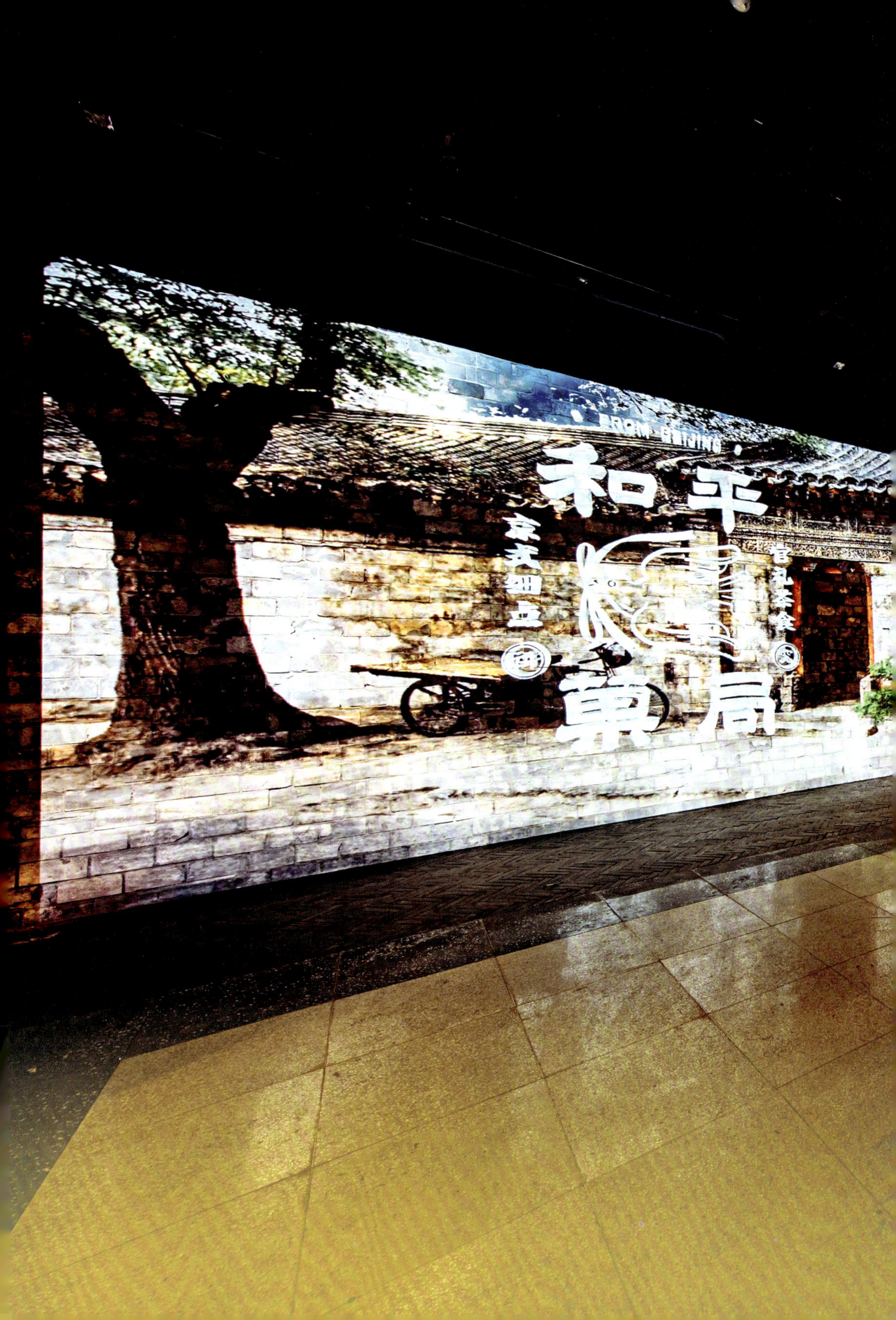
和平菓局
京式细点
官礼茶食

夏天的一个中午，本来是去王府井百货大楼躲一场突如其来的雷阵雨，不想却被和平菓局这场回忆的大雨淋湿了整个身心……

乘坐王府井百货大楼的扶梯下沉到地下二层，站在2400平方米和平菓局里的那一刻，看到如此遥远又熟悉的几十年前的场景成规模重现，那种如被雷电击中的巨大的震撼和惊喜将我整个人淹没——

面前刻着"为人民服务"正宗"毛体"门楣的前进副食店，让一股久违了的年代气息扑面而来，记忆之闸在被怀旧的情感猛烈撞击后瞬间打开，我的脑海中浮现起了当年和父母一起到这样的副食店里买点心、探望长辈的情景……惊喜的是，这家前进副食店是真的在营业，真的在卖新鲜的桃酥、牛舌饼、荷花酥、京八件这些带着旧时光的美味，挑好点心后可以自己拎走，也可以去旁边的和平邮局邮寄。

和平菓局里"菓子"这个词最早出现在唐、宋，是时人对点心的称呼，这个称呼如今在日本依然沿用。遥想在20世纪那个物资匮乏的年代，能吃上一口这样的"菓子"是一件多么幸福的事啊！

走进狭长的青砖胡同，像进入了一个时空隧道，仿佛走进20世纪80年代自己的童年，看到了小时候和小伙伴们在房前屋后踢毽子、跳房子、玩弹珠、跳皮筋儿……那个时候，家家户户门口都有信报箱，旁边都有个放奶瓶的箱子，还有旧电表。一辆小童车，摆了鸟笼和花盆，可以想象邻居爷爷奶奶一边养花一边逗娃的其乐融融。大白菜整齐地放在窗台下，搪瓷脸盆放在门口洗手洗脸，旁边停着一辆家里唯一的二八自行车。

再往前走，家家户户的门上都挂着那个年代的门帘，有松鹤图的，有花卉图案的，瞬间让我想起自己家。记得当年去俄罗斯旅行，走进一个村庄，那个村庄里有一位农妇，看到我是

中国姑娘，马上回屋里拿了一件她自己的衣服给我看，说是中国支援的料子做的。我一看，那件衣服的图案正是中国古老的寿字松鹤图……

往事如酒，走在这里，真的有种微醺的醉意……

正阳门车站、椿树书局、时间照相馆、饽饽铺、敕建小党寺、松鹤堂、全息戏院、劝业场、汲古斋、前进副食店、和平邮局、红星粮油店、明档、和平小吃街、和平戏院、北京胡同这16处构建的场景，就像16扇窗户，透过每一扇窗户，都能窥见我们自己和一个个发生在那个时代的家庭中的故事……若是在这里静静聆听，可以听到来自时光深处的叫卖声、小孩的哭声、嬉戏打闹声、邻里街坊扯着大嗓门聊天、切菜、炒菜等各种声音的碰撞回响。

"晚报，晚报，《北京晚报》！"报摊喇叭真实的叫卖声从远处飘了过来。这个八九十年代北京人下班必买的精神食粮，这次完整地连卖报喇叭一起也被安放到了这里。

060

胡同里晾衣绳上挂着两三件衣服，墙根儿底下晾晒着白球鞋，拐角处下了一半的棋局，墙上贴着居委会通知书，煤堆旁边贴着"偷煤死全家"的警示语，看完大家无不捧腹大笑……走到一个低洼处，宣传画上写着"有台阶，小心拿个摔跤冠军！"透着北京人特有的幽默。还有戴着红袖章、在"煤厂胡同"看着行人不要从出口进入的居委会阿姨，偶尔路过和你唠几句闲嗑的"糖葫芦大爷"，都让熟悉这座城市的人们倍感亲切。

　　架子上的那个方砖录放机，我们当年学外语用过，听流行歌曲用过，我还自己翻唱歌曲用它录下来过，当时自己整整美了一天，想起来真是难忘；还有成堆的小人书，我小时候存了不少，常常和小朋友们交换着看，还有贴在灯柱上的小广告……

　　据说，这里的每一个物件，都是在筹建和平菓局的时候，向市民征集来的。所以，这些都是被旧时光亲吻过的真正有历史感的旧物，都是原汁原味的实景，它们一丝不苟地还原了一个朴实无华的老北京市井生活。

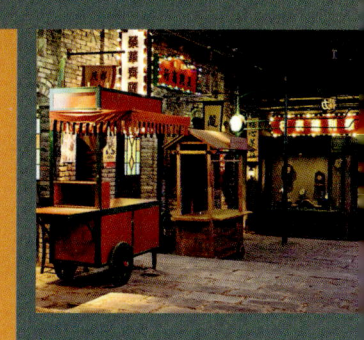

和平菓局还有一个游客打卡如织的地方，那就是写着"和平菓局←→未来"的火车站。这里真的放置了一节退役的绿皮火车，人们可以自由上下车体验乘坐当时绿皮火车的情景：你坐在火车上看风景，又会被周围的游客当成风景在看。记得当年为了买这样一张小小的绿皮火车票，要到车站彻夜排队，那种辛苦和期待可想而知！

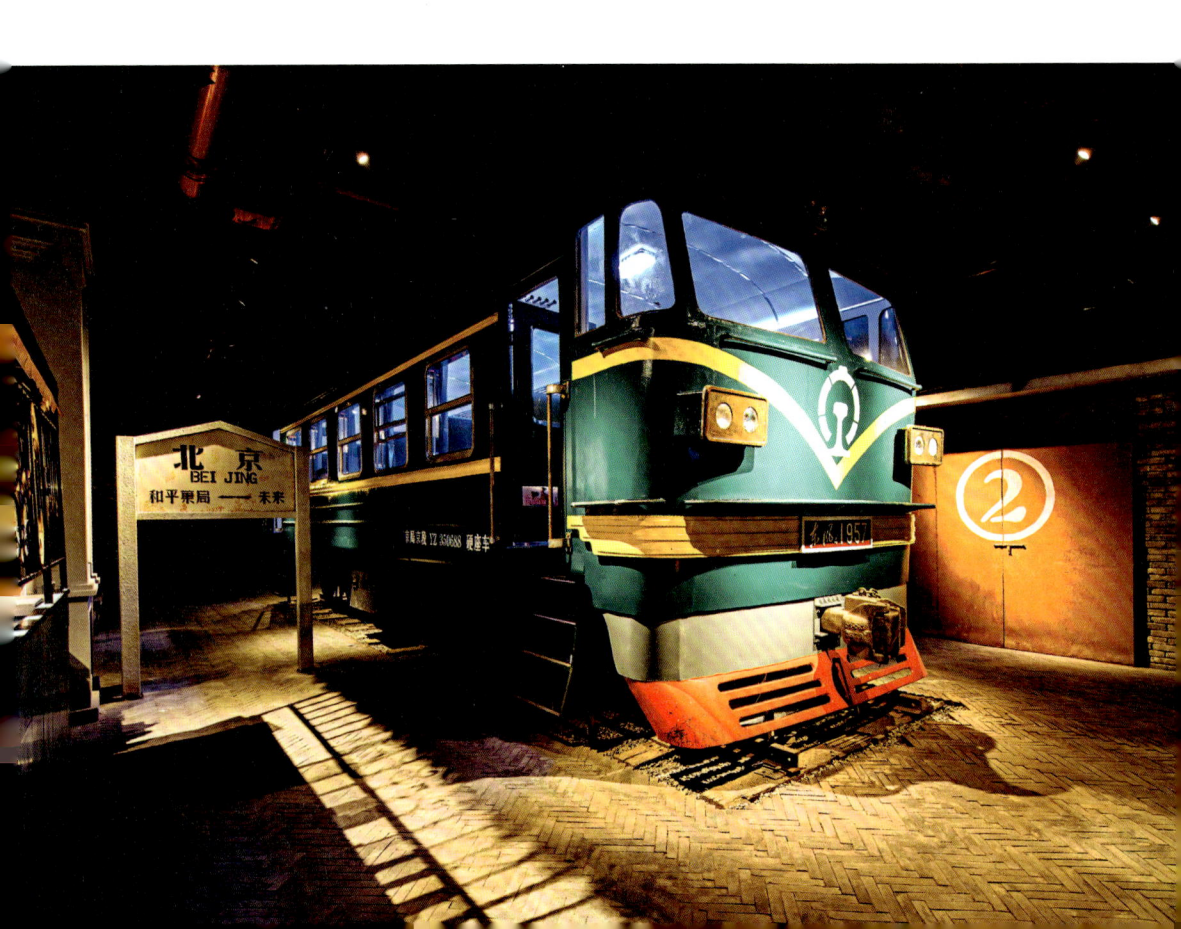

从绿皮火车上下来,到了该吃午饭的时刻了。我在美食街档口的木头桌前坐了下来,发现这和平菓局竟然也是一座不折不扣的美食宝藏城,卤煮、炒肝、爆肚、豆汁、焦圈、炸酱面、白毛煎饼、北冰洋汽水……那些回忆中的小吃应有尽有,都是舌尖上的北京记忆。

午餐后,点上一杯北京茉莉花茶,到码字人书店坐上一会儿,翻阅一本上世纪的好书,虚度午后片刻时光,是多么的惬意。之后,去老北京照相馆留下今天的影像,再怀揣着一颗旧心肠一路走过书局、集市、录像厅、和平戏院、劝业场,沿途听听老唱片机里放出的经典旋律……那一刻,旧时光和旧场景完美地拥抱在一起,竟是如此的松弛浪漫。

——这些时代的印记,让人真真相逢如同过旧居!

一座伟大的城市里,当有一处角落,可以让人们去感叹和回味旧日时光。从这些真实的过去里,从和平菓局这个小窗口里,我们看到了当年的衣食住行,看到了当年生活在那个时代背景中的自己和那些渐渐褪色的过去……有位前来观赏的游客在网络上留言:"这个真实的场景,比所谓北京微缩景观模型,更具说服力。来到北京的旅行者,在看过天安门、参观过故宫、走过北海、爬过景山之后,对地上和地下这两片天地,会产生强烈对比。虽然,和平菓局这个窗口很小,但它带来的冲击是巨大的。因为,有了它,北京才是完整的。"

和平菓局用建筑、实物构筑的物理方式，极大程度还原了老北京，创造了VR技术也望尘莫及的沉浸式体验——让北京人来这里找回忆，让外地人来这里看北京。

其实，世界许多大城市中，试图还原与再现本地旧时光的博物馆很多。和它们相比，和平菓局不仅仅是静置的、供游客凝视的图景，它是"活"的。它活在北京最繁华的王府井地下空间，活在熙熙攘攘的人们的记忆中，活在前来这里交流碰撞的游客的热情里，活在依旧旺盛的商业消费活动中……

据了解，和平菓局下一步计划投资打造一场代表北京的沉浸式戏剧，同时引入更多的话剧、音乐剧、魔术戏剧、剧本杀等年轻人喜爱的文化消费项目，并在未来举办"北京新青年戏剧文化节"，把这场北京的旧梦引向未来……

我常常想，为何我们这一代人会如此怀旧？其实这个世界上有很多地方的人是不那么怀旧的，许多土地上的人们几十年甚至上百年的生活环境都没有什么大的变化。但我们不是，我们的国家、我们的城市在短短几十年里发展迅速，我们生长的环境、我们的生活状态是发生了翻天覆地的变化的……

我们爱当下的北京，我们爱当下的生活，但回看急速后退的来时路，穿越急速消逝的旧时光，也是安顿身心的另一种刚需，这就是和平菓局的意义。

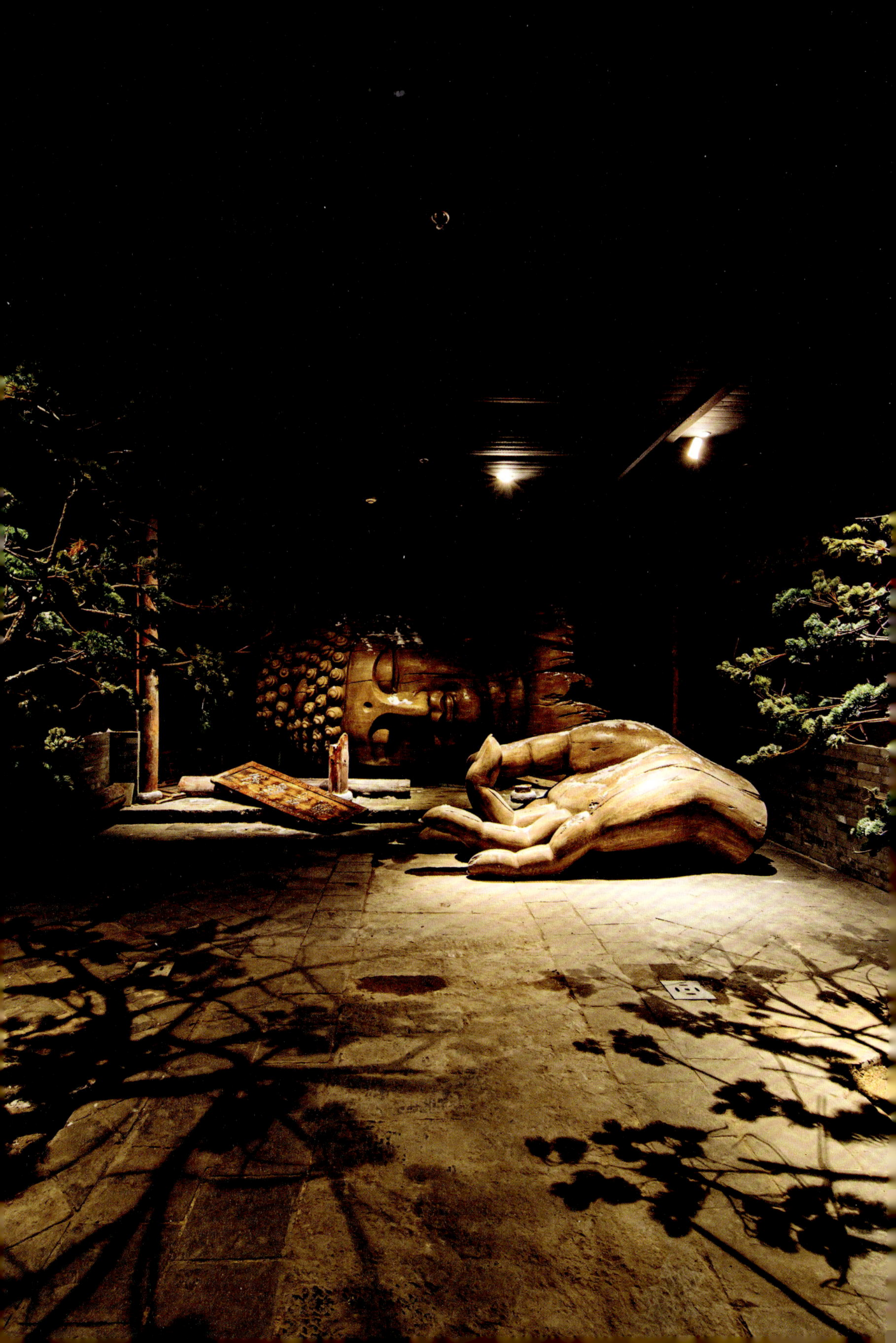

02

清华大学艺术博物馆
红砖美术馆
中国电影博物馆
吉祥戏院
阅读空间
角楼图书馆

艺术

清华大学艺术博物馆

无问西东 开启审美之旅

文　张郁娜

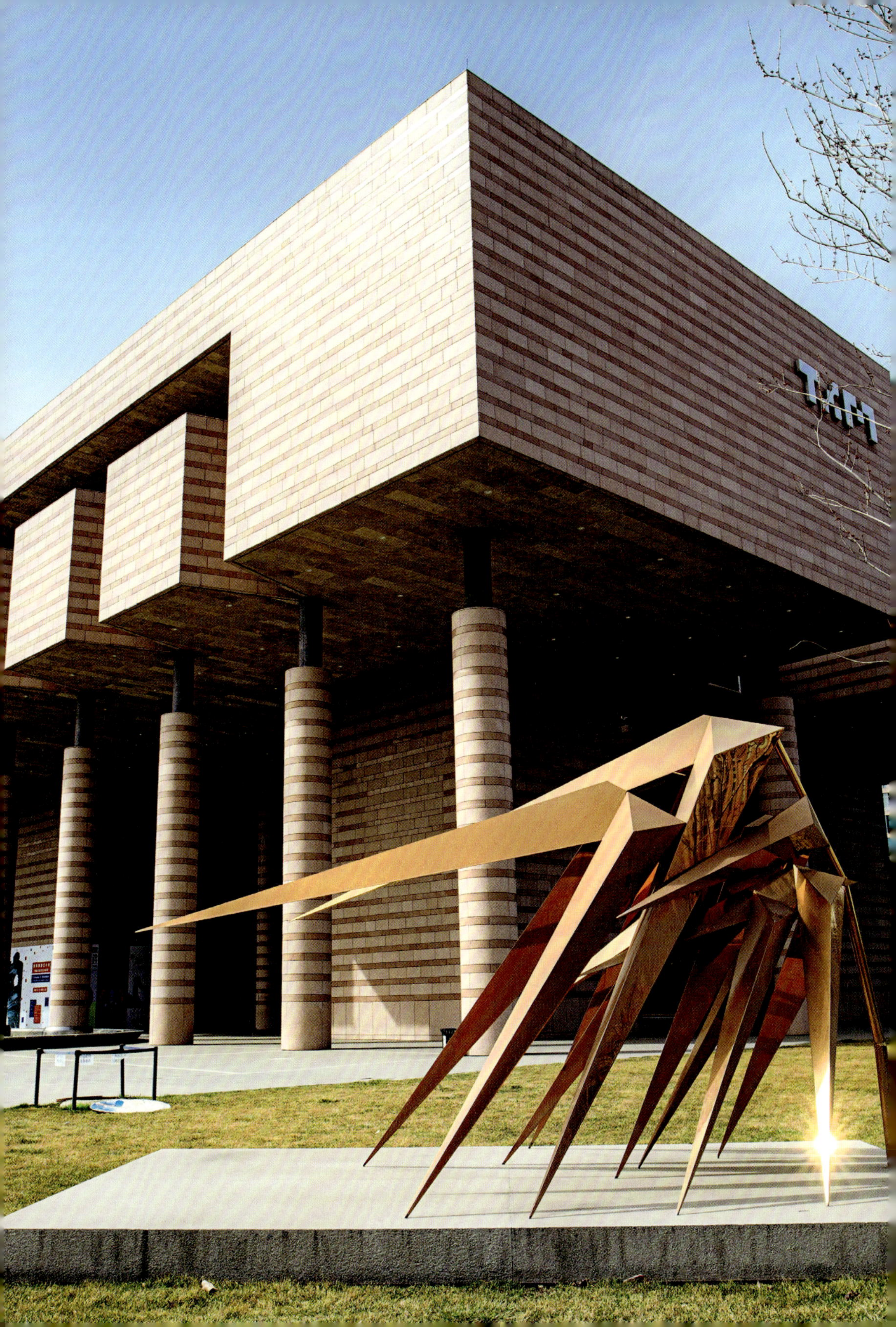

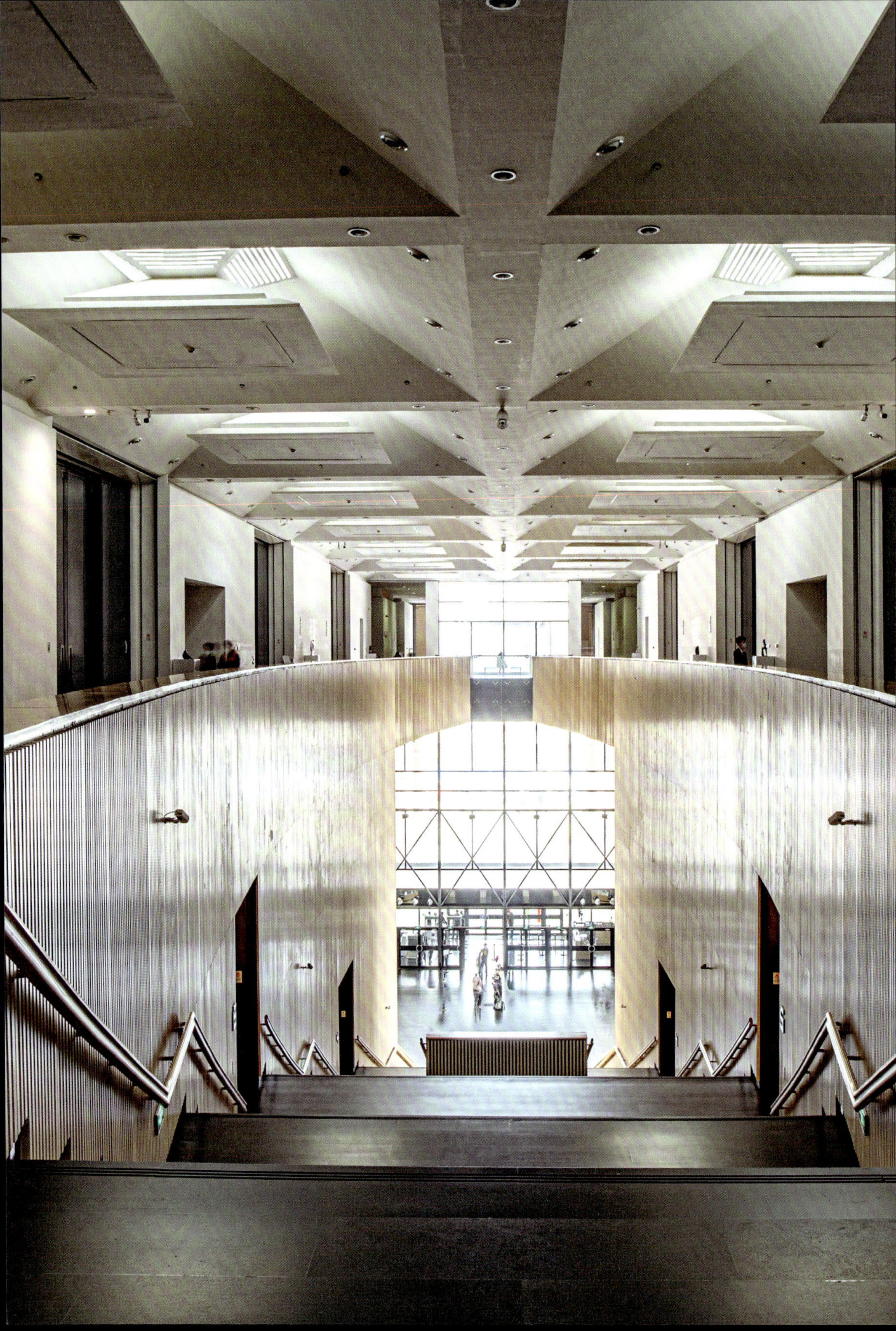

对于大众而言，清华大学有着一种只可远观的"美"。然而清华大学艺术博物馆则如一道美的桥梁，拉近了它与大众的距离，也深度参与了北京这座城市的文化生活。

从远处望过去，这座由世界著名建筑大师马里奥·博塔主持设计的艺术博物馆位于清华主楼的东西延长线上，近邻主楼的一侧如学者一样低调谦虚，而面向荷清路的一侧则是一种对公众开放的欢迎的姿态，数十根圆柱组成的门廊，将博物馆顶层撑离地面，并形成一个半开敞的室外展区。阳光穿越廊柱，包容、和谐、崇高。

整个建筑呈现出一种感性与理性兼容的美感，宁静庄重的节奏，强大而自信。

大堂内，中央的台阶自地面开始一直向上延伸，楼梯尽头是巨大的展厅。两侧金色的围墙以弧形展开，如一艘巨舰，像是要以它所承载的智性和美带领人们走向一个永恒的精神家园。

沿楼梯而上至顶层，回望金色的弧形回廊和下面的巨大空间，"独上高楼，望尽天涯路……"不正是王国维先生所谓成大学问、大事业的第三重境界吗？

作为对光着迷的建筑师，博塔把博物馆屋顶设计成一个庞大的天光过滤器，阳光透过屋顶玻璃直射到展厅内部，与空间相逢，又创造出新的"空间"，凝固成诗一般的景色。

除了建筑之美，更让人叹服的是在这里举办的一系列大展。

开馆首展即选择了"对话达·芬奇",这颇像是一场"馆"念宣言和对学子的期盼,也与清华本身的特点相当吻合。因为在人类的历史上,作为一位真正的大师,达·芬奇在艺术和科学的领域都取得了无与伦比的成就。

回溯人类历史,科学与艺术如同两翼,只有双翼强大且力量平衡,才能诞生伟大的时代,飞向更高远更明亮的未来。一流的大学,不仅要有科学探索精神,也需要宇宙般广袤的想象力。以"对话达·芬奇"开始,清华大学艺术博物馆开始精彩迭起的审美之旅。这里可以感受王国维这样的国学大师仰之弥高的学问及风骨,也可以观看忻东旺这样的当代艺术天才所呈现的"时代的肖像";可以跟随张光宇、庞薰琹、雷圭元、白雪石、俞致贞、祝大年、张仃、吴冠中等老一辈艺术家追溯"清华美院"的源流和底蕴,也可以欣赏每年美院毕业生的展览;可以从"营造·中华"了解中国建筑艺术的博大,也可以从"清华简"窥见中华文明的初期面貌。

这里也曾举办过日本杰出书法家、自称"书鬼"的井上有一迄今为止在国内最大的书法展以及美国哈格利博物馆与图书馆藏美国19世纪专利模型展"发明的精神",用专利模型体现科学技术改造世界的力量。

最让观众痛快淋漓的莫过于"西方绘画500年——东京富士美术馆馆藏作品展",那些艺术史上振聋发聩的名字携着作品以时间的顺序向我们走来:时间从文艺复兴开始,乔凡尼·贝里尼、丁托列托、小彼得·勃鲁盖尔等悉数登场,然后巴洛克时期的鲁本斯以及洛可可时期的布歇、夏尔丹紧随其后,新古典主义和浪漫主义时期的安格尔、透纳、德拉克洛瓦等人随即穿越;然后迎来现实主义的米勒、柯罗、库尔贝;印象派阵容庞大,马奈、莫奈、毕沙罗、雷诺阿、塞尚、高更;现代主义、后现代主义时期也不落人后,莫迪利亚尼、乔治·莫兰迪、胡安·米罗、玛格利特、夏加尔、安迪·沃霍尔……几十位艺术大师共聚在清华大学艺术博物馆的展厅,他们以作品的形式立于墙面,却以精神的形式游走于这个500年聚会的艺术大沙龙。而我们必须以狂喜投入这500年的艺术长河,每个人以"high嗑"艺术为借口,一天走过艺术500年,依然流连忘返。

层出不穷的高质量展览,为清华学子和社会公众看世界的

眼光做了丰富的导览，馆内的常设展览也颇有看头。

在博物馆的顶层，以馆藏作为基础呈现的常设展览"清华藏珍——清华大学艺术博物馆藏品展"就像展开一个优雅、宁静、诗意、华丽的世界，静候每一个抵达的观众。那是我们自己的文化和历史，是这个空间不变的"主人"。

清华大学艺术博物馆现有藏品近22915件，涉及书画、染织、陶瓷、家具、青铜器及综合艺术品六大类。

在常设展中，我们可以在书画作品中看到文徵明、祝允明、董其昌、吕纪、蓝瑛、陈洪绶、郑板桥、罗聘、任伯年、吴昌硕、齐白石、徐悲鸿、张大千等名家真迹；也可以看到清代康、雍、乾三朝景德镇御窑厂烧造的精美瓷器；织物皆华美袭人，清代"无量寿尊佛"缂丝佛像是清乾隆朝的内府巨制，堪称缂丝艺术的登峰造极之作；家具有明代黄花梨四面齐琴桌、黄花梨矮翘头案、黄花梨圈椅等传世精品。

这些大师的精品，让我们再度温习中国文化的原色，感受中国文化的厚度。

清华大学艺术博物馆充分发挥教育职能，开馆至今举办了一系列兼顾学术性、思想性和艺术性的公共教育活动，通过名家"系列学术讲座""手作之美""艺术实践课程""艺博映话"等形成了清华大学艺术博物馆的艺术生态圈。

当艺术和科学以审美的方式再次交会，每个看风景的人，都在悄然间拥有了看待世界的全新眼光，并以一种新的高度、新的广度奔向未来旅程。

YU-ICHI INOUE:
BELL TOLLS FROM JAPAN

红砖美术馆

艺术湿地
重置生活节奏

文 张郁娜

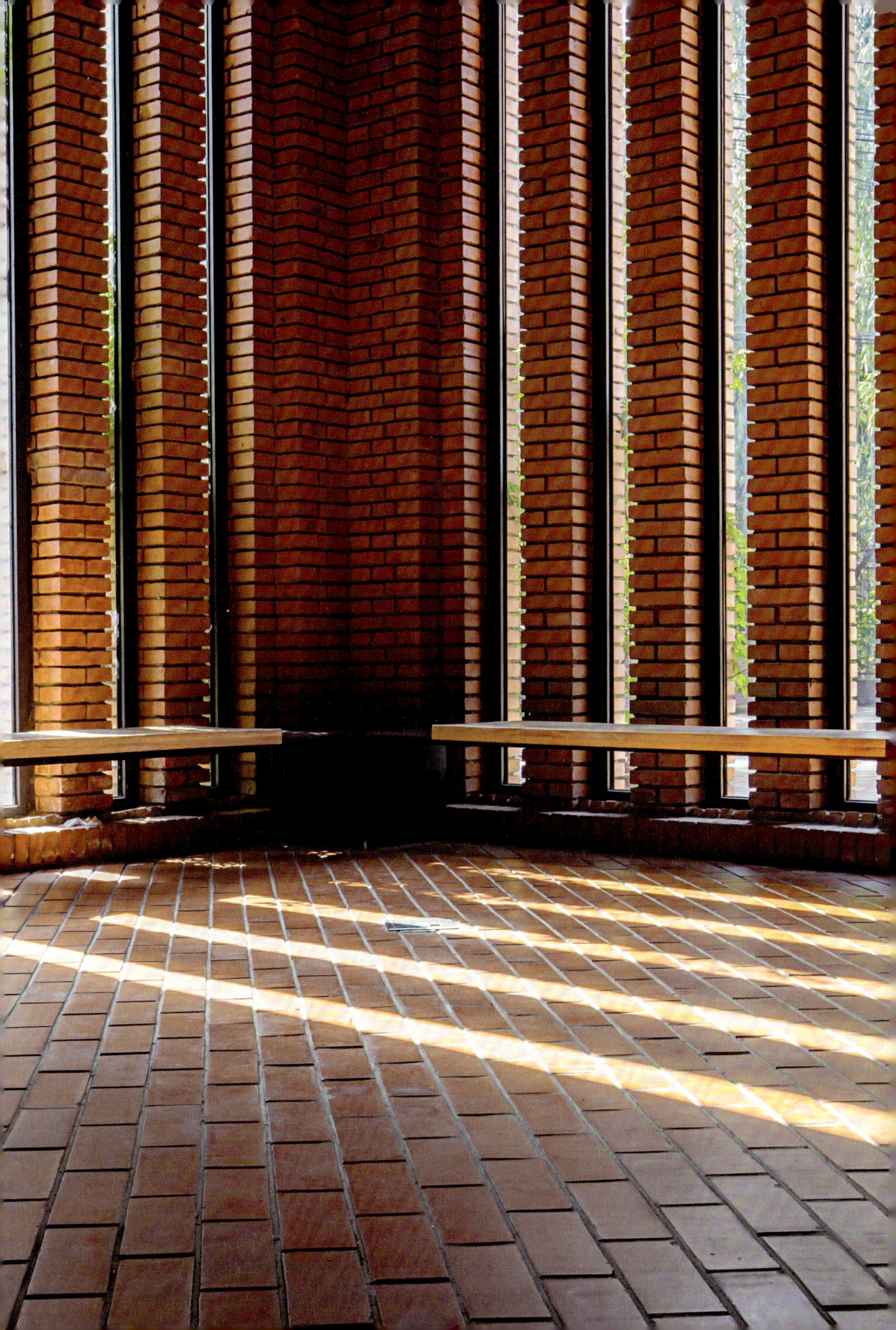

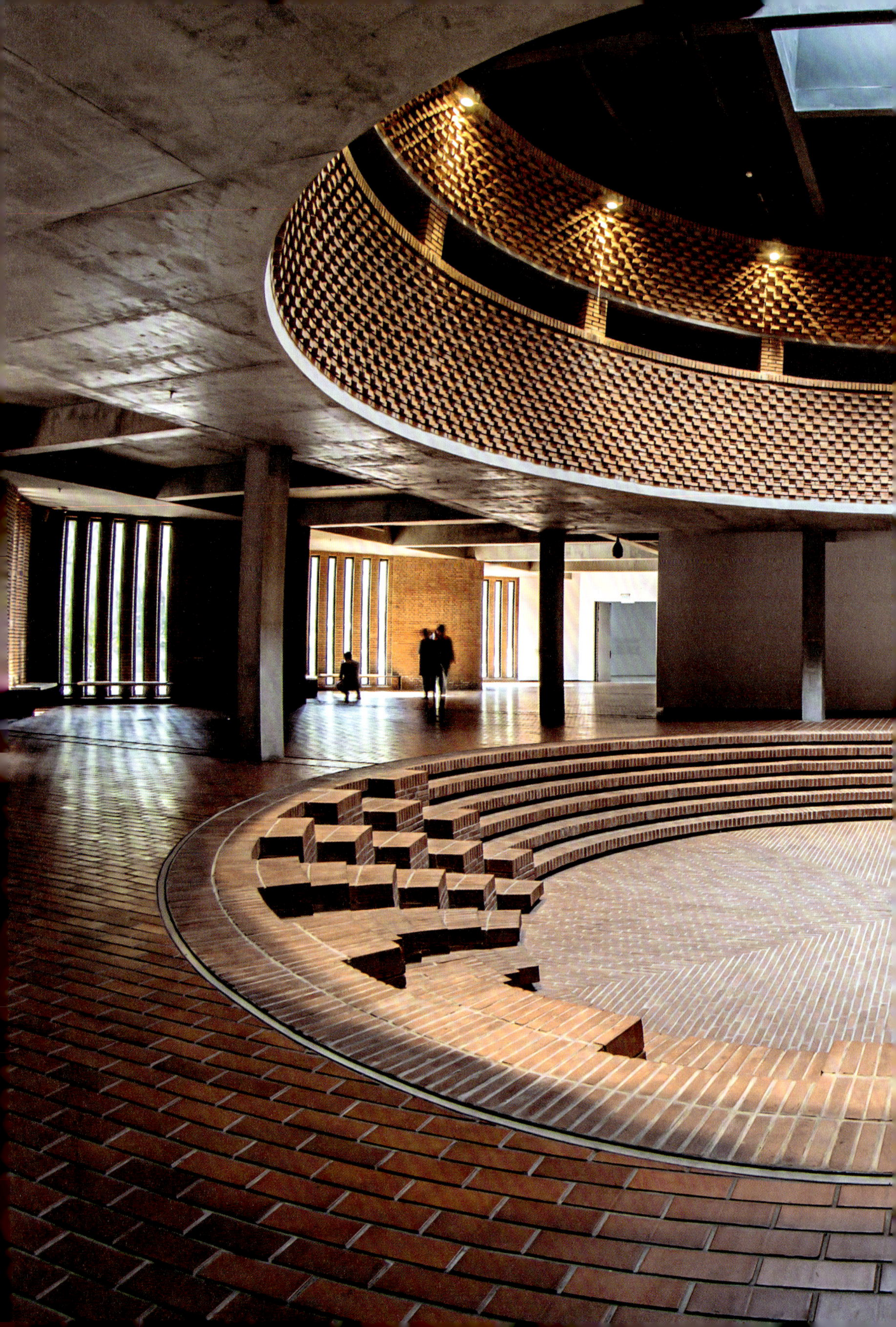

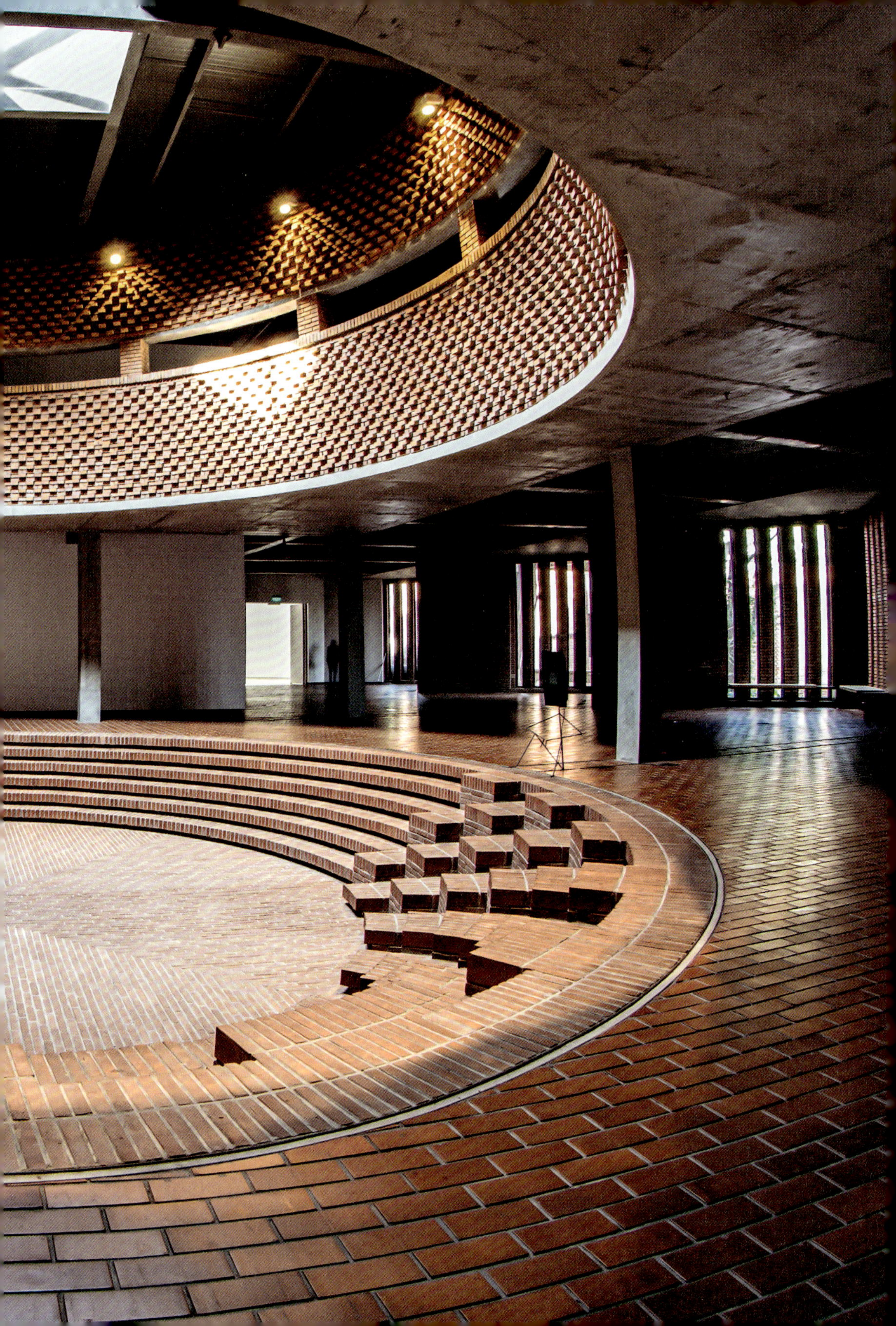

在美术馆里"游园"培养闲情逸致，在当代东方园林里看展培养审美趣味，正成为北京一种新的休闲风尚，红砖美术馆是这种潮流的引领者之一。

　　从喧闹的市中心驱车半小时，到了朝阳何各庄村便不再需要导航的指引，它醒目的红纯粹而强烈，在单一的红砖叙事之下彰显理性之美，无须确认，这就是红砖美术馆。一个仅靠颜值就引爆无数话题的地方。美固宜然，灵魂亦有趣。

　　月洞门内，"仿佛若有光"。进入中庭，竟如武陵人般惊呼"豁然开朗"。下沉式剧场，太阳的光芒从顶部垂直落下，如交响乐一样美妙。

　　光线开始登场，红砖堆砌产生的空隙，是光线流连的路径，跳跃的、沉静的、明朗的、幽暗的、温柔的、强烈的……像无声的演奏，神秘诗意漫溢出来。人置身在光线之中，有一种超现实主义错觉，邂逅美，并成为美的一部分。

　　这个下沉式剧场上演过众多艺术家的现场分享，这里最擅长的就是创造众多视觉的神话：

　　曾经，汹涌的黑色旋涡将这个空间淹没，水流不断被神秘的力量裹挟，无止境地旋转、下沉，往不可知的深渊冲下去。水流咆哮低吼，像约翰·克利斯朵夫诞生那夜的江声。它随时准备吞噬万物，而我们也准备随时被吞噬。

083

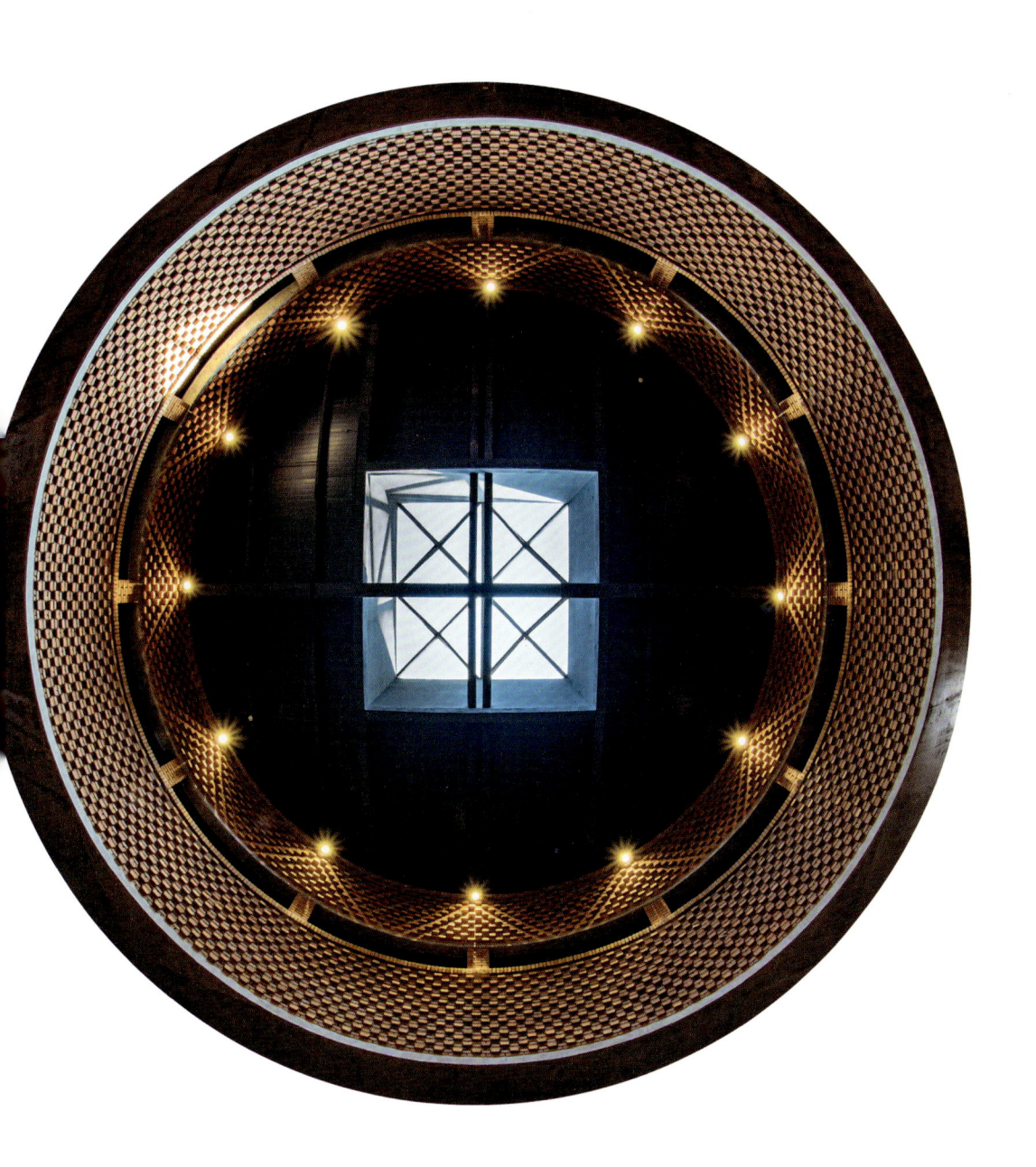

这是当代著名艺术家安尼施·卡普尔的代表作《下沉》。这个巨大的旋涡，曾流过凡尔赛宫的草坪，也曾在纽约的布鲁克林大桥公园掀起"旋涡"。2018年的秋天，它到了红砖美术馆。无论你是否懂得构图、色彩、光线，但"当你注视深渊时，深渊也注视着你"，物质、空间，你、我、众生，都被席卷在这个"黑洞"之中，无处可逃。

"一切可确定之物，事实上无一可确定"（蒙田），想象和深省，在那一刻发生了。

同样在这个下沉空间，同年春天，一根来自艺术家故乡冰岛河流里的浮木，因为磁条的包裹，它有了根据磁场的吸引改变方向的能力，它就像我们人生中的指南针。《遗失的指南针》来自红砖美术馆另一个"惊艳"京城的当代艺术大展——奥拉维尔·埃利亚松的迄今为止在中国最大的展览"道隐无名"。他如同一个借助自然力量的幻术大师，将光、雾、影、水，或对动态的、规律性以及几何性的探索，这些我们日常熟悉之物利用科技的手段变成各种奇思妙想，呈现在红砖的各个空间之中。

空旷的白色展厅，天花板如同一面巨大的天空之境，黄色的半圆自半空升起，与镜面内映射的光环，形成一个巨大的镜像的太阳。人亦在镜像之中。强烈的黄光让这个封闭的空间一切变色，失去了世界的真实。正是这种"失去"，让我们暂时摆脱了复杂的生活和矛盾的自我，在一种精神的纯粹中，享受自我"失重"的沉醉感。

神秘性布满沉浸式的空间，让观众在奔赴未知的体验中，兴奋赶场：每一个瞬间都是稍纵即逝的诱惑，每一秒都在和艺术家一起创作。

这只是红砖美术馆无数激动人心的展览之一。除了引起业内关注，也成为京城时尚达人、文艺青年、各路网红争相打卡之处，仿佛不来这个展览、没有当代艺术的"加持"，就会被"移出"时尚社交圈。

聚焦前沿的国际当代艺术，让红砖美术馆成为拥有中国当代国际艺术话语权的代表美术馆之一。展览虽以学术作为准则，但很多艺术家的作品都有强烈的"共情"性，充满哲学思考、想象力的展览很容易和参观者融为一体，并使之成为乐此不疲积极参与的一部分。

走出美术馆，红砖继续着它对空间的"统御"：不断重复与变奏，营造出迷人的、多层次的、令人震撼的视觉效果。一个如时空隧道一样的"八连洞"是这个统御的"界点"：青砖出现了，以园林的形式。中国长达千年的城市山林美学经验以现代主义语法诠释，在这里形成了一种荡漾着开朗自信的当代东方审美风度。

每一步向前，都是闯入一段别有情趣的风景："八连洞连廊"呈现出空间似乎不能穷尽的视觉效果；"槐谷"里上大下小的台阶叠出左右脚交替的帕斯卡台阶，可坐可卧可跳跃可听蝉音；"清泉石上流"的石涧宛若一线天……

在时间的厚度中，园林本身成了有生命的、可以成长的艺术品：长时间水流侵蚀之后十七孔桥开始呈现出时间久远的痕迹；藤蔓是大自然散落的调色盘，随四季变化给墙面染上不同的颜色；能飞越珠峰的斑头雁享受岁月静好，黑天鹅夫妇有了天鹅宝宝，善于抢镜的猫咪成为"馆宠"……

　　园林内的"亭子"正是两件艺术作品：丹·格雷厄姆《冲孔钢板分割的双向镜圆柱》，利用双向镜的光学原理，亭内的人可以看到外面的一切，亭外的人在镜中看到自己，却无法感知正被亭内的人"偷窥"；站在埃利亚松的《盲亭》中央，从亭内观看外部世界的视线被黑色玻璃板的排列阻挡，这座亭子便"失明"了。

在这园子里漫步，时光是慢的，在都市里被速度裹挟而荒芜的心，慢慢柔软下来。如果累了，便去西餐厅吃午餐或喝个下午茶；如果带着孩子，也可以去美术馆二层的美育空间，画画、剪纸、手作，体验亲子艺术时光。

这不过是我们生命中普通的一天，却是充满美和幸福的一天。红砖美术馆"园林+艺术湿地"的概念无疑带来了一个独立于喧嚣之外寻找美、重置生活节奏的道隐空间。

中国电影博物馆

被收藏的光影里
藏着生命的写真

文 盛蕾

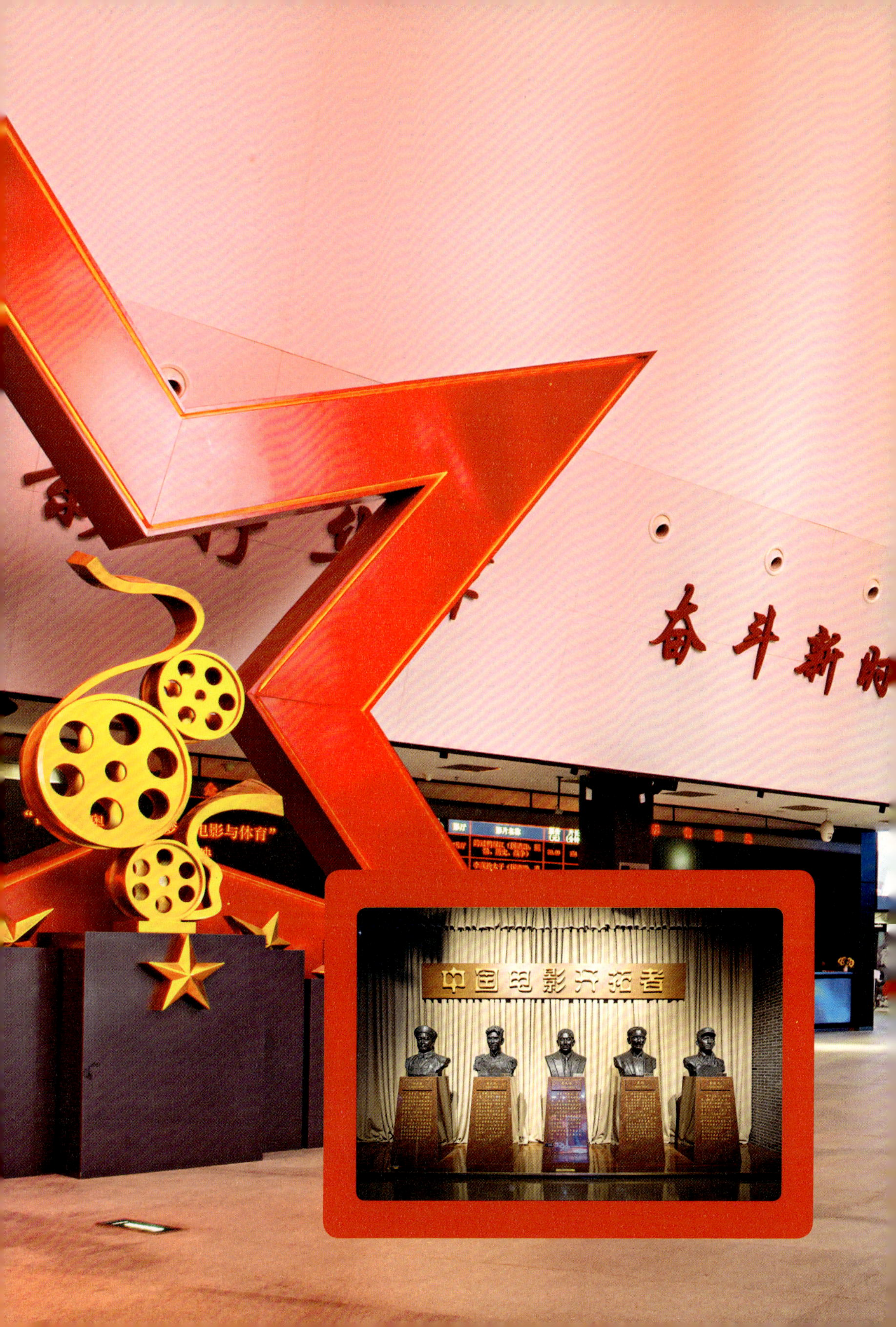
奋斗新
电影与体育
中国电影开拓者

我第一次看到电影，是在小时候的部队大院里。

夏天的黄昏，部队大院来了放映队，他们在大操场支起了设备，拉上了电线，兜起了巨大的白色幕布……不到天黑，银幕的正反面空地便全部被板凳马扎占领，每家每户都派出了"代表"坐在那里"镇守"家人的座位。等到天完全黑下来，片头的音乐响起的时候，整个操场瞬间安静。

电影放映时，大家全神贯注，忘记了身边飞舞的蚊子和夏夜里的小昆虫。随着影片故事的发展，大家情不自禁地跟着哭或跟着笑，或唏嘘不已……若这个电影已经放映过多遍，那场上的观众都会像见到了老朋友，跟着电影大声地背诵台词，或者大声和着片中的主题歌一起歌唱……我就是这样爱上了电影。以至长大后，我遵从内心的志向考去了中央戏剧学院攻读

我喜爱的戏剧影视文学专业。

走进了中国电影博物馆,感觉与小时候看电影的经历"重逢"了。

黄昏时分,我来到了位于北京市朝阳区南影路9号的中国电影博物馆。博物馆巍峨矗立在一片广阔的平地上,巨大的黑色主体结构像是一只暗盒,仿佛寓意着电影制作和放映的过程都是在黑色世界里完成的;而博物馆正大门是一颗大大的星星的形状,建筑也有很多星状的设计,据说它象征着中国电影走过100多年,群星闪耀,像璀璨星河……而广场上巨大挺立的门框形时间廊的设计,被夕阳拉出了斜斜长长的倒影,瞬间让我联想起了小时候看露天电影的巨大屏幕……

——这里是世界上最大的国家级电影专业博物馆，2007年2月10日正式对公众开放。它占地52亩，建筑面积近3.8万平方米，展线长度2970米，其中涉及电影1500余部、图片4300余张、介绍电影工作者450多位，有藏品4万余件，其中国家一级藏品8件——是纪念中国电影诞生100周年的标志性建筑，也是展示中国电影百年发展历程、博览电影科技、传播电影文化和进行学术交流研究的艺术殿堂。中国电影博物馆共设有21个展厅，介绍中国电影百年发展历程以及电影科技博览。另有临时展厅、报告厅和多功能厅。馆内还设有巨幕电影厅、数字电影厅及3个35毫米电影放映厅。

进入博物馆，宏大的视觉冲击扑面而来——中央圆厅环幕采用了近1800平方米的大间距高亮度LED灯珠，是国内最大的室内锥筒结构异型曲面内挂屏，呈现出光影交汇、气势磅礴的沉浸式场景。在这里，我们可以感受到博物馆展示最先进的表达，领略新型博物馆的艺术氛围。

电影博物馆里最震撼的放映厅应是馆内的巨幕影厅。它配备了IMAX 70毫米胶片放映系统，可放映70毫米胶片影片。七层楼高的银幕沉浸感超强，是目前国内影院的顶级配置。专门为巨幕影厅设计的声源均衡音响系统，使观众在影厅内的每个地方都能感受到无差别的音量和音质。超大的银幕、特别定制的顶级镜头、无与伦比的多声道数字音效系统，带给观众强烈的视觉和听觉冲击。——静坐在这里，让我不禁感慨：有多少少年是从电影中开始认识这个五彩斑斓的世界的？又有多少年轻人的爱情是从看电影开始的？人到中年拖儿带女来到影院，想把什么样的知识和情怀传给下一代？暮年后，我们还会携手同来看一场属于我们青春的光影吗？

电影博物馆里的藏品，粗分可分为"电影艺术"和"电影技术"两大类别。"电影艺术展览厅"位于二、三层，以展示中国电影百年历程和电影艺术家的艺术成就为主。展览区由"电影的发明""中国电影的诞生和早期发展""革命战争时期的中国电影""新中国电影的创建与发展""改革开放新时期的中国电影""美术电影""儿童电影""科学教育电影""译制电影""新闻纪录电影""香港、澳门地区电影""台湾地区电影"12个展厅组成。行走在这里，我惊喜地发现，从小到大我看过的电影都在这里：《闪闪的红星》《喜盈门》《小刺猬奏鸣曲》《牧马人》《少林寺》《庐山恋》《城南旧事》《高山下的花环》……还有观众能跟着一起背台词的《叶塞尼亚》《卡桑德拉大桥》《佐罗》，以及让我沉醉一生的奥地利译制片《茜茜公主》……这些烙印在我生命里的电影，成为我思想的一部分，潜移默化影响了我的一生。如今，这些电影静静地被收藏在这座博物馆里，如同时间廊里的坐标，默默地守护着我人生的印记……

而"电影技术博览区"则让我探秘并了解了很多小时候未

曾理解的电影之谜——如电影中经常会出现山崩地裂、惊涛骇浪、火山喷发、飞檐走壁、腾云驾雾、斗转星移、历史再现等这些谜一样的奇观，在这里终于找到了答案。这个类别位于博物馆四层，由"电影拍摄""电影美术""电影特殊摄影""传统电影特技""数字特技""电影录音""电影剪辑""电影洗印""电影动画""形形色色的电影"10个展厅组成，以展示电影制作技术和电影知识、揭示电影制作的奥秘为主要内容。

  这里有77项互动项目，参与性和互动性最是吸引观众。我在"电影合成"这个互动区，开心地坐上了特技合成成像的火车模型，人坐在其中，拉开窗帘，风景随着车厢的摆动一路奔跑，用手机拍摄如同真的乘坐火车一样；还有服装道具区的电脑合成衣服的特效，我可以挑选任何电影中的服装通过电脑合成到自己身上，非常有趣。印象深刻的还有《农家小院》的摄影棚，可以了解摄影棚是怎么工作的。参观者还可以亲自动手做录音、拍短片，体验电影制作的乐趣，从拍摄、剪辑、美术、配音、配乐到特技、洗印等整个电影制作过程，可以充分去触摸，去体验。

这里还有中国电影博物馆内部的"网红打卡地"：置景师为电影《林家铺子》搭建的主体场景"小镇商业街"。在这个充满了真实感的场景中，我们可以当一回主角，亲自体验一下以演员身份徜徉在道具景棚中的快乐。

在这座电影的殿堂里，我们可以看到电影百年一路走来的惊喜和沧桑——从电影发明者卢米埃尔兄弟放映电影的情景，到中国电影1905年开山之作《定军山》的问世，世界各国从默片时代进入有声片时代，从黑白电影进入彩色电影，战争片、喜剧片、科幻大片……这一路，我们不仅看到了电影的成长史，也看到了电影工作者的人生融入电影及时代的大潮中的峥嵘风景……

刚刚携新电影《你是我的一束光》举行完首映礼的著名编剧、中国文联副主席刘恒老师说："电影是一束光，照亮彼此的灵魂！"

与中国电影博物馆合作过《歼十出击》等多部影片的中国著名导演宁海强说："中国电影博物馆里记录着每一位电影

人的人生，而中国电影人所展示在影片中的人生也是中国人的人生。"

　　由八一电影制片厂摄制、编号为001号的纪录电影《北京在建设中》，拍摄于20世纪50年代，真实记录了在庆祝新中国成立10周年时，工业、农业、水利、文化教育和公共建筑等各方面建设的情景——这些珍藏在电影博物馆里的电影，留存着人类世界的文明。它们不仅述说着电影的历史，也诉说着国家的历史、地区的历史、人民的历史、每个人的小历史……

　　很多人都说电影是虚幻的，是"投映在银幕上的一处光斑"——那其实只是一种"物理"的说法。在我心中，电影是真实的，是我们人类内心最真实的写照：那些我们平日里无法表达的话，我们凝练后成为了电影的台词；那些我们再也回不去的人生，我们如泣如诉地把它们放进了电影里；还有那些我们对未来的期许、对宇宙的思考、对过去的怀念，我们都把它们放在了这一片光影之间……在它的律动中，留下了我们最真实的人生。

吉祥戏院

百年绝代风华的接续与升级

文　葛竞

吉祥大戲院

北京王府井乐天银泰大厦，从前也叫作吉祥大厦。光绪年间，北京城里最好、最叫座的吉祥戏院正坐落于此，2021年7月，当重建后的吉祥戏院在银泰大厦的7楼正式开业时，各地的戏迷们蜂拥而来，迫不及待地想要瞧瞧，这个曾在20世纪的动荡中鼎盛一时的老牌戏院，如今被这样颇具现代意味地重张之后，成了什么样子。

　　走进戏院大厅，首先被一排明亮的落地窗吸引了目光，这天刚好日光晴和，暖洋洋地照射进来，显得大厅更加金碧辉煌。走几步，迎面是一幅《同光十三绝》的掐丝珐琅画，布局新巧，画艺繁复，映着鲜艳的彩釉，令人忍不住久久驻足欣赏。

　　《同光十三绝》是晚清画师沈蓉圃绘制于清光绪年间的工笔写生戏画像，工笔重彩，在京剧史乃至中国戏曲史上，都有重要的史料价值。出现在画面的生旦净末丑各行当的名角

一共13位，均是清代同治、光绪年间徽调、昆腔的徽班进京后，扬名四海的著名京剧演员。他们是老生四人：程长庚（饰《群英会》之鲁肃）、卢胜奎（饰《战北原》之诸葛亮）、张胜奎（饰《一捧雪》之莫成）、杨月楼（饰《四郎探母》之杨延辉）；武生一人：谭鑫培（饰《恶虎村》之黄天霸）；小生一人：徐小香（饰《群英会》之周瑜）；旦角四人：梅巧玲（饰《雁门关》之萧太后）、时小福（饰《桑园会》之罗敷）、余紫云（饰《彩楼配》之王宝钏）、朱莲芬（饰《玉簪记》之陈妙常）；老旦一人：郝兰田（饰《行路训子》之康氏）；丑角二人：刘赶三（饰《探亲家》之乡下妈妈）、杨鸣玉（饰《思志诚》之闵天亮）。

　　与这些奠基人级别的老艺术家面对面，同京剧有关的时间隧道仿佛瞬间被打开。

吉祥大戲院

走进剧场，20世纪古色古香的老戏院如在眼前，场内主色调是古朴的朱红，共分为上、下两层，一层有将近300个座位，还有36个特意准备的古风茶座。仿佛为了应和"吉祥"之名，剧场的天花板上铺满了"万字不到头"的纹样，随处可见的装饰彩绘，都是匠人师傅们一笔一笔描画，笼罩着穿越百年的朦胧沉静之美。熟悉这里的老人说，曾经的吉祥戏院正像现在这样，张扬煊赫，富丽堂皇。

清朝年间曾有明文规定，内城不得开设戏院、会馆等犬马声色之所，因而早期的吉祥戏院便被矜持地称作"吉祥茶园"。但由于茶水甘甜，台子又搭得漂亮，渐渐地，许多梨园名角都悄没声儿地来这儿登台。

这边厢粉墨登场，水袖正翻飞，那边厢慢悠悠呷着茶，闭目听着咿呀弹唱。出了门两边都尽兴，容光焕发地哼着曲儿，路上逢人便夸：要听戏那还是得上吉祥！

一来二去，吉祥在京城中声名大噪，经营者也跟着嚣张起来，将吉祥戏院的招牌擦亮，饮茶倒成了次要的事。

国家一级编剧、戏曲评论家张永和先生曾回忆说，自己四五岁时就在吉祥看戏，那时候吉祥的对面，还有个叫"清华园"的澡堂子，有的角儿演出前后会去那儿泡澡。又因为戏院挨着"东来顺"，看戏前可以先吃涮肉，散了戏又能随意找地儿吃夜宵，孩子们都很喜欢。著名武生叶金援老先生也曾说："王府井小吃店就在戏院旁边，那儿的奶油炸糕特别好吃。"

愈是动荡的年代,愈催生灿烂的文明。吉祥戏院声名最响的时候,"四大名旦"梅兰芳、尚小云、程砚秋、荀慧生都曾在这里表演。

1915年,梅兰芳在吉祥园首演了他的第一部古装新编戏《嫦娥奔月》,随后又陆续排演了《黛玉葬花》《宦海潮》《麻姑献寿》等剧目。到最后,吉祥戏院干脆变成了梅剧团专属的排练场,连梅先生自己也说:"那几年我在吉祥园演戏的时候最多,所以排了新戏总是在那里演第一次。可以说我的舞台生活和吉祥园的关系是比较密切的。"

在20世纪中,吉祥戏院接连进行了四次大型翻建修缮,它诞生于旧王朝的末世,尽管深受人们的喜爱,却终究没能留下来。1993年,王府井东安市场即将进行改造扩建,吉祥戏院也面临着被拆除的命运。当年10月,戏剧界人士联合发起了一场吉祥戏院的告别演出。

那一天,是真正的群英赴会,满座潸然。据说最后一场骆玉笙先生演出的门票早早售罄,然而直到散场后,从各处赶来

听戏的人还久久不肯离去。仿佛是一场繁华大梦终于落幕，随着20世纪的西沉，吉祥戏院迎来了自己漫长的蛰伏期。

很长的一段时间，没有人再提起这里的故事，但许多个寂寞的傍晚，许多次哼着小调又怅然收声的瞬间，无数老戏迷和梅剧团的梅葆玖老先生始终在等待并呼吁吉祥戏院回归。

功夫不负有心人，2021年，在北京市文化和旅游局的推动下，新吉祥戏院在王府井银泰大厦正式落成。这里其实正是吉祥戏院的旧址。隔了28年，在各方的努力之下，终于续上那山河带砺、恍然若梦的弦音。

新吉祥戏院的总经理段思明说，重建的吉祥戏院"高精尖、小而美"。

这里的剧场采用了国际先进标准的设计，墙面的涂装材料十分特殊，收音效果好得惊人，有时候演员即使不戴麦克风，也能将自己的声音送到观众耳畔。坐在一层的位置上，听着演员柔润的唱腔，只觉得珠落玉盘。

几次改建过后，当年的吉祥戏院只是单纯的听戏饮茶，并没有旁的消遣，喜爱来这里的也都是些富贵闲人。如今，管理者在戏院内部增设了游戏厅、电影厅等娱乐场所，使游客们的选择变得更加丰富，也更加符合年轻人的消费期待。

如今的吉祥戏院，舞台更加高级，装潢也更加富丽精致。即便不听戏，也可以来院里坐坐，尝尝这里新推出的京味儿小吃。白天，这里经常会举办一些艺术沙龙，有时还会有一些与非物质文化遗产相关的艺术课。前段时间，戏院就邀请"泥人张"的传人姚晓静老师来给孩子们上课。听说偶尔还会有剧团来这里排演新戏，可以通过预约的方式赶来现场围观。

后期的吉祥戏院还可能推出这里特有的"戏曲剧本杀"活动，让游客们自己扮成戏曲中的人物，沉浸式地加入戏曲故事中。在装扮的过程中，工作人员还会给大家讲解，妆容为什么要这么化，某个脸谱上的元素代表的是什么。然后，在"剧本杀"的游戏环节里，还要通过还原某一戏曲的经典动作得到通关线索。这样一来，游客们既玩得开心，同时还能更加深入地了解传统文化。

百代繁华转眼过，雕梁画栋里曾上演过多少痴男怨女铁马冰河。如今的吉祥戏院已焕然一新，颇有点为往圣继绝学的劲头，耀眼蓬勃。辞旧迎新的元旦期间，吉祥戏院献上了三场精彩纷呈的大戏，元旦当天演的是《龙凤呈祥》，单听名字就红彤彤满是喜气。今后，在这个宽阔明亮的朱红色剧场中，一定会有更多的精彩等待着我们，一起期待吧！

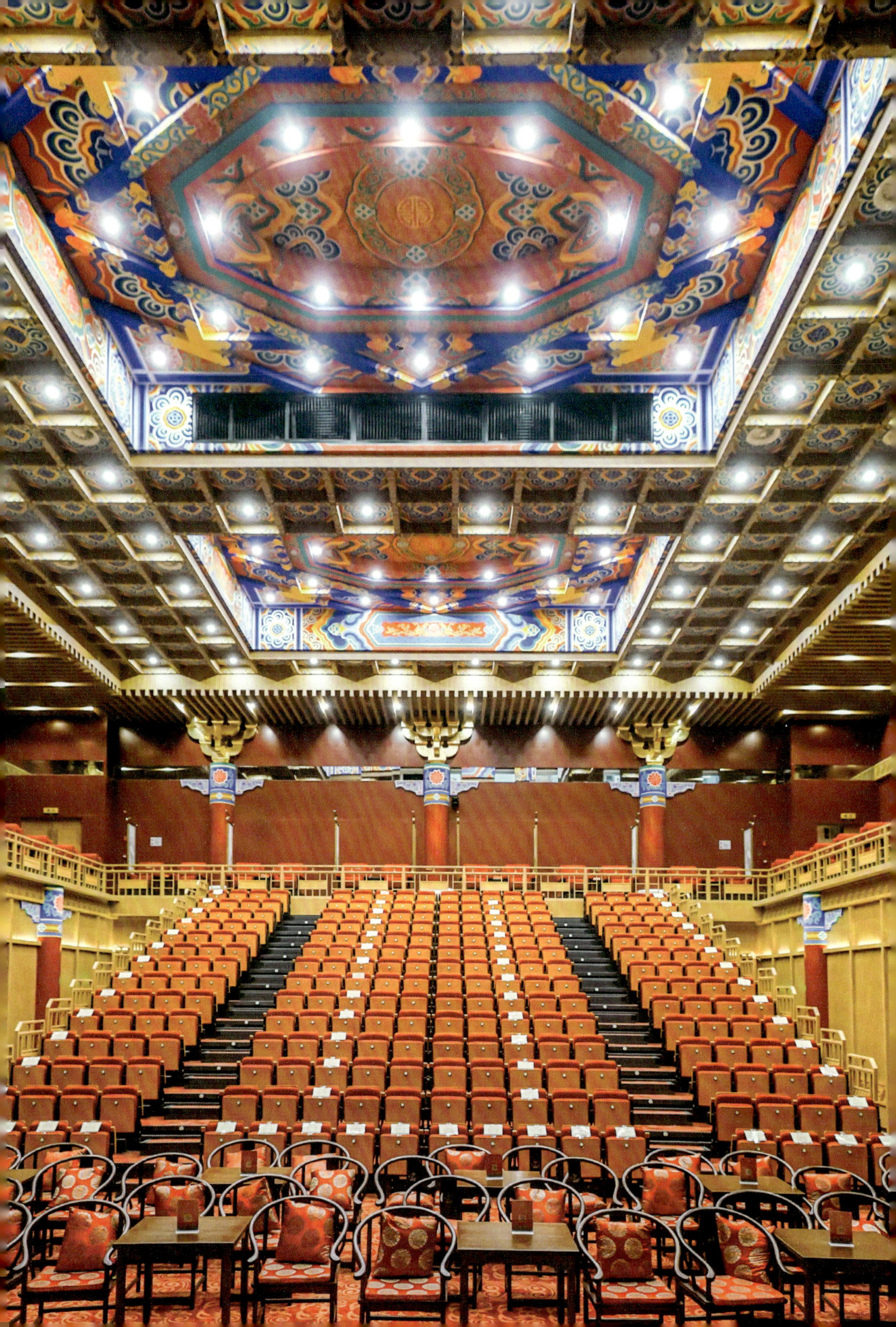

阅读空间

在流年碎影中邂逅先贤

文　辛酉生

4th ESTATE
MATCHBOOK CLASSICS
Faulkner
Updike
Nabokov
Wilson
Miller
THE ERASER
CALDER

1912年12月31日，鲁迅在日记中写道："京师视古籍为古董，唯大力者能致耳。今人处世不必读书，而我辈复无购书之力，尚复月掷二十余金，收拾破书数册以自怡悦，亦可笑叹人也。"翻阅《鲁迅日记》，自1912年到北京至1927年南下，15年里除了在教育部上班、教课之外，他人生两大事，一是到琉璃厂泡书店，另一是吃小馆。不只鲁迅，所有在北京生活过的学者、作家无一不是琉璃厂书肆的常客。

民国时期，顾客到书店先坐定，沏上茶，要什么书跟伙计一说，伙计会把书拿到你面前。如果没有，可嘱咐伙计代为寻觅。看上某种书，也可先拿回家，过几天书店伙计自会上门，喜欢付钱留下，不喜欢拿回去便是。在书店看书，有熟人来，还可聊天、探讨，伙计也会向顾客请教书籍知识。时间久了，书店伙计都成了专家。当时的书店既卖书又兼具沙龙、茶馆功能。

新中国成立后，新华书店虽然也服务热情，但经营模式已和百货公司一样，买书只能隔着玻璃柜台请服务员拿。要想在书店坐下慢慢看，只有去卖旧书的中国书店各门市部，但茶水是没有的了。

20世纪90年代中期，从老牌的王府井新华书店到后起的北京图书大厦都改为开架售书。更有三联书店独树一帜，图书销售之外，设休息区兼卖咖啡，成为北京一道文化风景线。21世纪初，依托海淀各大学，主营人文类图书的万圣书园、风入松等开业。北京书店呈现传统新华书店、大型综合书店、特色书店并立的格局。

随着网络逐渐发达，一方面图书销售逐步转向网络，另一方面阅读方式也向电子阅读转型。热闹的书店迎来巨大挑战。亏损者有之，关闭者有之，转型成为不二之选。阅读空间的概念由此诞生。不仅是卖书，文创产品展示销售、咖啡厅、活动场地功能等，共同构成阅读空间。也可以说在一定程度上，阅读空间其实是接续了北京老书肆的传统。

阅读空间提出的同时，文创空间概念亦同时兴起。诸多老厂房、胡同公房被改造为文创空间。阅读空间一部分和商业地产结合进入大型商场，一部分进入文创空间。

模范书局较早和历史建筑结合，老店所在的前门杨梅竹斜街是北京最地道的老胡同。窄小的门脸、民国初年的建筑风格和略显幽暗的店面，新旧书籍、文创和部分无法分类的旧物，成了模范书局最初的样子。严格说这还不算阅读空间，功能上仍是传统书店。此后，模范书局也进入商业地产、艺术场馆，它的大手笔是"诗空间"的建立。

模范书局·诗空间位于佟麟阁路。佟麟阁路是北京仅有的3条以近代人物命名的道路之一。在这条不长的街上有不少历史建筑。模范书局·诗空间对面就有隐藏在新华社家属院中的北洋政府议会旧址，据说墙面上还留有当年议会开会上演全武行飞台灯、飞砚台的痕迹。

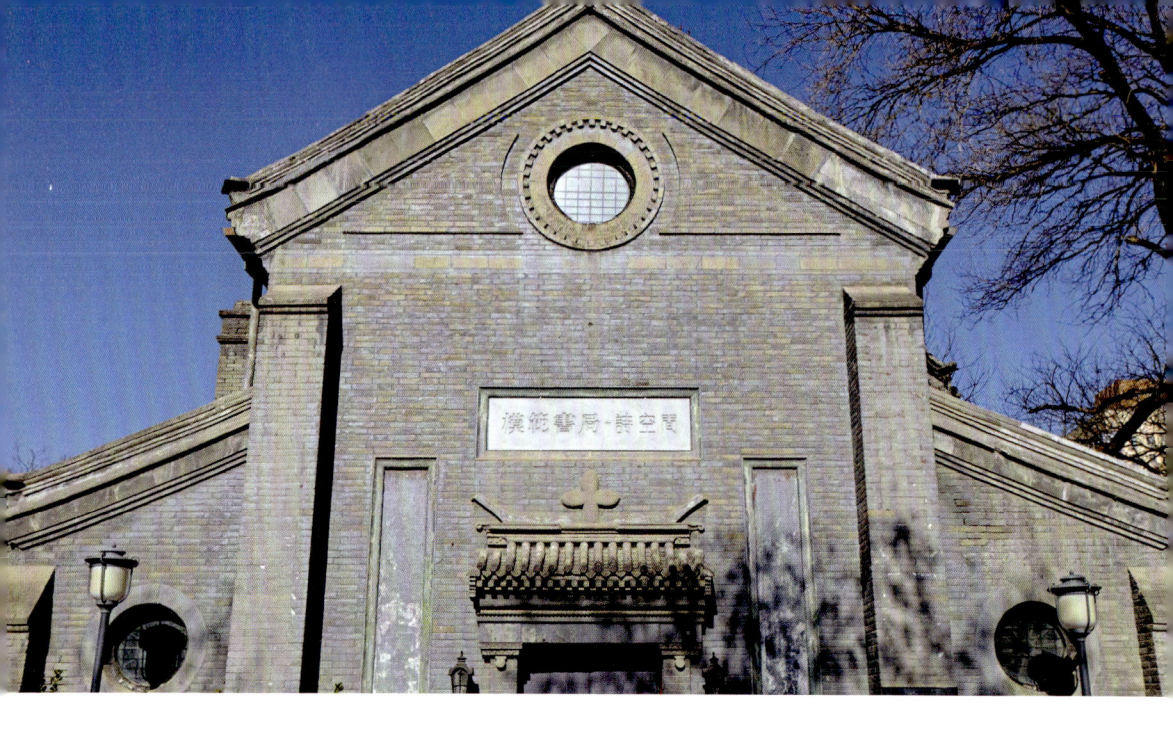

模范书局·诗空间所在地是北京中华圣公会教堂。这座教堂始建于1907年，相对于离它不到两公里的宣武门南堂，只能算北京教堂中的小弟弟。圣公会堂早已失去宗教功能，长期作为单位仓库使用。虽然是全国重点文物保护单位，却一直没有被很好利用，直到模范书局进驻。模范书局保留了教堂原有肌理和风格、花窗、原木色廊柱及穹顶。走进模范书局·诗空间，有一种不同于其他书店的肃穆感。这种肃穆既来自宗教建筑本身，又来自迎面矗立的巨大书墙。书墙几乎是阅读空间的标配，模范书局·诗空间书墙独特之处在于巧妙利用建筑本身的高大营造出震撼气氛。

　　模范书局·诗空间正中是读书舞台，既可以举办活动又能随意坐卧。四周被廊柱和书架分隔成一片片小空间，当穹顶阳光射入，呈现出迷幻的效果，在这样的氛围中找书，仿佛在霍格沃茨学院图书馆寻找终极魔法。

113

模范书局·诗空间的咖啡也不同别处，通常意义的美式、拿铁、摩卡是没有的，有的是《红楼梦》、《将进酒》、《恶之花》和《追忆似水年华》。不知饮上这样一杯咖啡，读起书来兴味是否也变得浓郁。

与模范书局喜欢利用历史建筑不同，来自新加坡的Page One，北京3家店都位于最潮流商业区，这与Page One主打外文原版书的调性相符。3家店中北京坊店本身虽然设计十分时尚，但周边氛围却无比北京，甚至许多人走进它，既在享受阅读空间，也要通过它领略别样的北京风情。

进入Page One北京坊店，依然是一面面巨大书墙，专门的文创产品展区和相当大的咖啡休息区。因为有3层楼，这里图书种类相当全，尤其一些进口画册、设计类图书，一般书店见不到。

　　从书店向南望，透过窗边一排排绿植，外面是斑驳的灰墙，墙后就是代表着北京的胡同。向东望，几座拆迁过半的旧屋，讲述着城市变迁的故事。北望，左边是交通银行旧址，不远还有盐业、正金银行旧址，20世纪初中国现代金融由此起步。三楼北向的大窗永远聚集着举着手机的人群。黄昏时分窗外的前门箭楼沐浴在夕阳中，呈现出绚丽的玫瑰红。这座销售世界

各国知识的书店，被古老的北京包围着。如果说模范书局·诗空间是借古开今，Page One北京坊店则连通古今。

三联书店原总编辑范用回忆漫画家丁聪，说丁聪每次路过三联书店总要进去买几本书，实在没的买就买一份北京地图，

以至家中地图成沓。现在当我们置身阅读空间，在享受醇美的咖啡，与友人相谈甚欢，留下青春倩影之外，有没有想带一本书回家？虽然阅读空间早不是传统书店，但让每个人爱上阅读仍是它的最终奥义。

角楼图书馆

在四季轮回中体验"最北京"

文 小欧

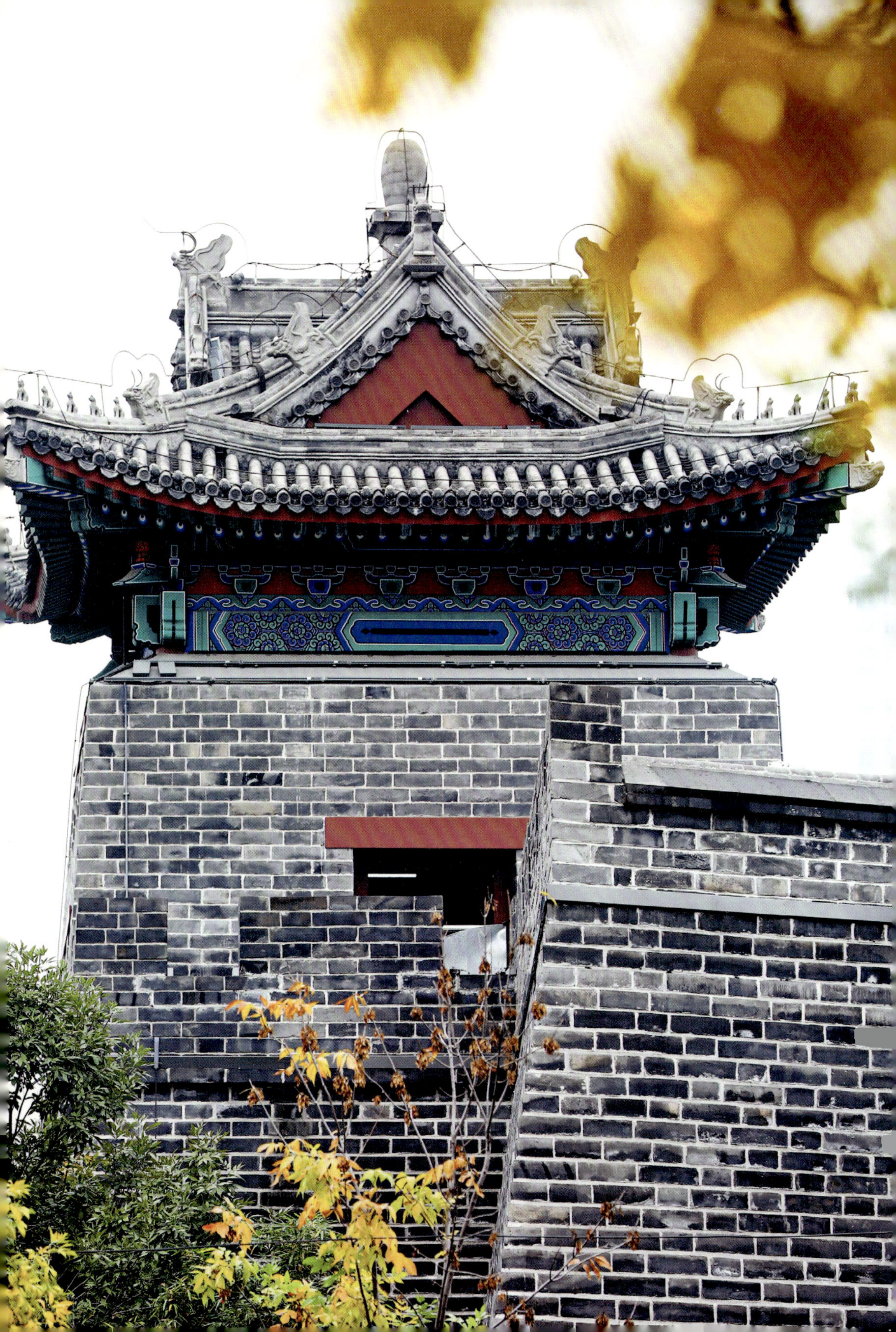

英子那双纯洁清澈的大眼睛是多么令人难忘！电影《城南旧事》是一部经得起时间考验的杰作，它能让人有深深的共鸣。作家林海音原著的写实和细腻，著名导演吴贻弓的点化，沈洁、张丰毅、郑振瑶等演员们真实生动的表演，把孩子的天真、成人命运和际遇的悲欢离合表现得可信可叹。使人难以忘却的，还有电影中呈现的老北京胡同里的生活，不仅能看到，仿佛还能闻到，也能听到一天中不同的时刻，街巷里传出的叫卖声此起彼伏，电影里的生活有着真实的质地。

电影向我们展现了那么多的民俗，剃头挑子的弹片响亮清脆，磨剪子磨刀的吆喝悠扬起伏，打糖锣、卖切糕和落花生的挑担，还有以物易物的小贩，推独轮车卖水的小贩，夏天打竹帘子，唱话匣子的留声机吸引来全胡同的孩子……

时过境迁，叫卖声迭起的老北京胡同特色渐渐消失了，但在角楼图书馆里流连的那个下午，我忽然感到好像旧日重现，

到处都是如同电影里那样往昔生活的影子,《城南旧事》如在眼前。在一楼,沿墙排列、间隔有序的透明玻璃展柜里,是一个常设的老北京器物展,展出的都是铃铛、锣、鼓、梆子等从前老北京五行八作的响器。还有一些日常生活中使用的用具,现在要同时看到这些齐全的老物件,恐怕也都不容易了。一样一样地细细品味,收古董的小鼓、吹糖人的糖锣、小孩用的铜镲、耍猴的锣、剃头用的响器指铃、女红线板、驼铃、打更用的梆子……每一样物件都有着使用过的痕迹,透过岁月的包浆,过去悠然的生活好像也被渐渐显影。

这是一家"最北京"的图书馆,这么说并不为过。身处复建的古建筑中,角楼图书馆本身也古意盎然。如果更准确地表述,这里应该是"明清时期北京外城东南角楼",因为位置离左安门近,所以渐渐地被人们称为"左安门角楼",实际上,左安门城楼并没有角楼的配置。

北京的外城始建于明嘉靖三十二年，也就是1553年，在内城城墙外加建一圈外城，这样形成一个"回"字形的结构，两圈防御，可以增强城池安全，抵御外敌入侵。然而由于资金不充足，外城只修建了南面一部分，此后就未再扩延，北京城的平面轮廓就形成了一个"凸"字形。而修建于1553年的北京外城东南角楼，就正好是在"凸"字形的右下角，它的地理位置曾经一度非常重要。

外城东南角楼的复建，专门请了文物研究部门进行了遗址

考古勘探。它当年的一部分遗址是处于现在的护城河道位置，因为河道拓宽，原址难复，于是经过专家讨论方案，把它选址在东二环的拐角处，往两边修了一个30米和10米的城墙衬托着角楼。旧时的风貌复原了，外城东南角楼与明城墙角楼、前门箭楼、永定门城楼形成了"一坛居中、四楼环绕"的景观。这里也被设计成为一个具有北京历史文化特色的角楼图书馆，不但聚集、融合了老北京文化特色，也承担着图书借阅、文化展览、文化交流的一个平台功能。

图书馆的内部设计因地制宜，又多有巧思。原本是防御用途的角楼外墙，并没有窗户，于是内部做了许多人造窗户，用多源的灯光照明。窗户的玻璃采用古代的冰裂纹，不但显得很敞亮，而且古色古香。一层是展览和活动区，在这里，时常会举办以老北京文化为主题的展览。层高不高，于是顶部设计成拉轨，展览的展板根据需要可以随意拖曳和拼搭，也可以让展览的形式随时灵活变化。

　　二楼的阅览区，风格也是古色古香，书架暗红色，配着蓝色的祥云图案。这里空间很宽敞，红木的书架桌椅勾画着蓝绿纹饰的横梁，仿墙砖的壁纸，青砖铺就的地板，藏书也都是北京本地主题的书籍，民俗、建筑、自然科学等。这里现有的地方文献图书近7000册、纸质报纸30多种、期刊100多种，如果想完整地了解北京城的历史，在这里都可以查索到有价值的资料。

在这里，甚至还能看到老舍先生《骆驼祥子》的手稿，纸页上有着密密麻麻极为认真的修改标注。看着老舍先生留下的这些笔迹，仿佛能窥见作家的写作思路。在烈日与暴雨下奔跑挣命的祥子、泼辣彪悍的虎妞、可怜的小福子恍惚间如在眼前。图书馆时常邀请与北京文化相关的作家、学者作为阅读代言人，在这里举办主题讲座。最近刚刚举办的一个讲座，就是关于北京文化的精读，讲北京的中轴线，以及古代的祭祀文化。因为特色鲜明，大家就感到很新鲜，不但年轻人被吸引过来，欢欢喜喜地拍照打卡，附近的老年人也时常沿着护城河散步时，到二楼阅览室坐一坐，翻翻报纸，看看杂志，岁月静好。

　　最值得一说的还有这里经常举办的许多活动。翻看角楼图书馆的公众号，就可以看出往年角楼图书馆策划的活动非常丰富，针对不同的人群、季节、时令，多有不同，就像是多主题的变奏。

角楼图书馆有一个传统的活动——"来角图过中国节"。这个活动是常年都持续在做的。清明时节,有名家风筝展,可以看到各样巨大又精美的风筝,还能学画风筝;端午节则是做粽子,做端午的彩绳,讲解屈原的诗作。很多非遗传承人被邀请来展示技艺,制作毛猴、兔儿爷、宫灯等。冬天最受欢迎的活动是做冰糖葫芦,现场还会给大家分享一些民俗知识。

周末,这里会有一些手作和绘本读物分享的活动,很适合家庭一起参与。去年"十一"假期期间的"角图博物季"活动就深受欢迎,网上报名的名额很快满员。这些活动因为口碑良好,经过口口相传,变得炙手可热,常常是报名方式刚一放到网上,名额立刻被"秒杀"。

这一次图书馆邀请来古生物博物馆、科技馆等七大博物馆讲座的馆长、金牌讲解员,为大家详尽地介绍博物馆,也有相应的手作游戏:在一张纸上,贴出各个星球的精确位置,直观地了解到每个星球之间的距离。

如何吸引来更多的年轻人呢?图书馆的三层是一个开敞的屋顶平台,可以俯瞰护城河,眺望北京城。夏天的时候,这里曾经举办过露营活动,参与者带着帐篷,扎营在二环边的屋顶,吹着夏夜的风,城市渐渐安静了,深夜可以看到天幕上晶亮的星星。

在角楼图书馆过端午和中秋、图书馆夜读日,让年轻读者相聚在一起分享、交流,开始了与角楼图书馆的奇妙缘分。而

"星空电影院"能从6月持续到9月，每周五的晚上都会在天台上放映一场电影。电影散场，明月高悬，在角楼灯光的映衬下，可以看得到夜空中有流云浮散。

在角楼图书馆，我有一个强烈的感受，就是"联结"，既是各种文化的联结，也是人的联结。图书馆并不是传统的功能单一的图书馆，不但空间被有效地利用，而且通过活动，将这个城市四面八方的人吸引过来。有了这样的联结，往昔胡同里那种温润的人情味儿也回来了……

03

三里屯太古里
新首钢
大兴机场
隆福寺
古北水镇
北京欢乐谷

活力

三里屯太古里

在年轻的潮流尖端冲浪

文　葛竞

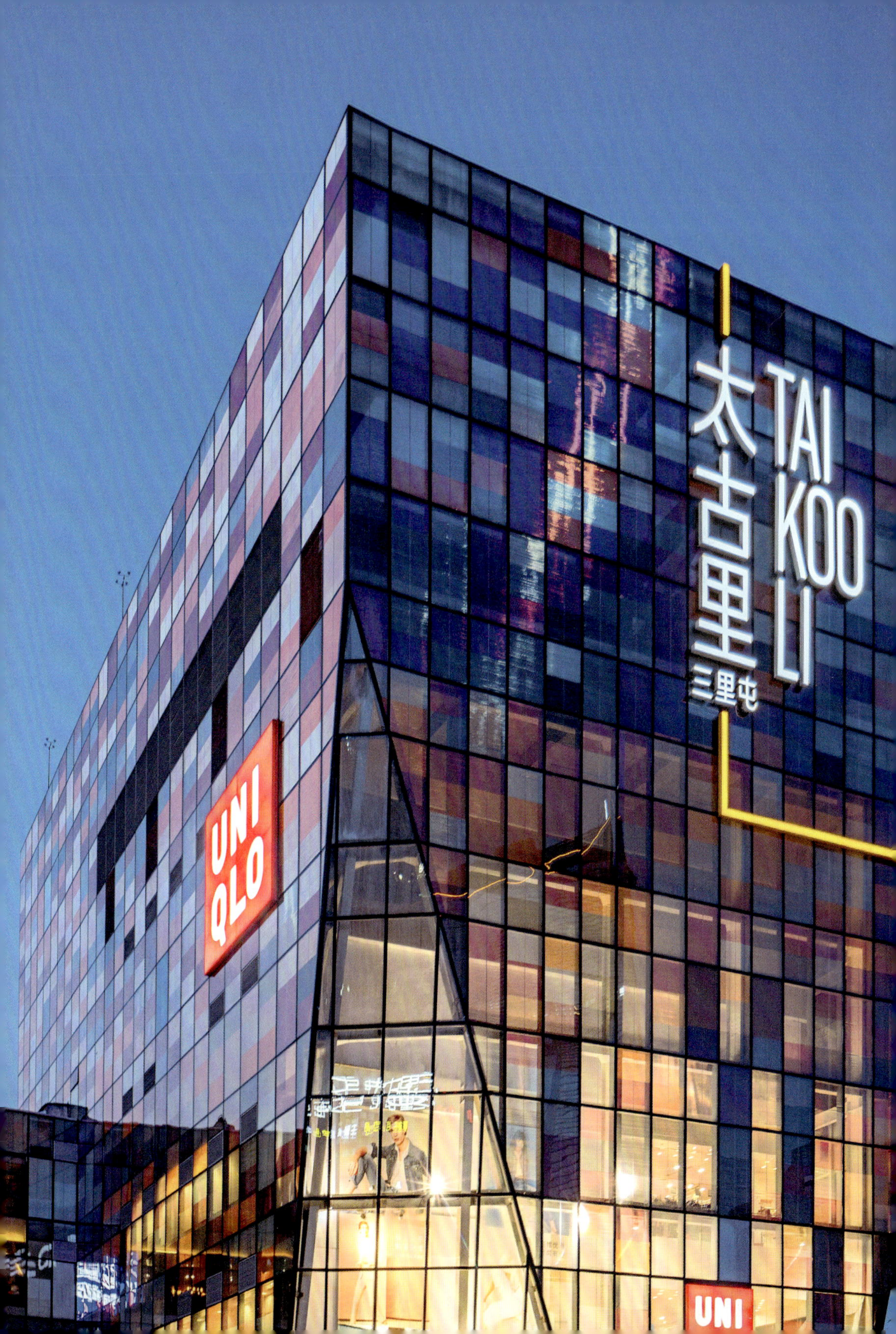
太古里
TAI
KOO
LI
三里屯
UNI
QLO
UNI

屹立于历史长河之中，阅尽沧桑却风韵更佳。随着时代的发展，万古人间的北京城已然成为世界文明汇集的中心，多元文化的碰撞、交融，也给这座千年古都注入了全新的活力。

如果你有时间，可以试着在某个暖和的冬日，乘坐10号线地铁到团结湖站，A口出，西行500米，到三里屯走走。

在这里，四通八达的胡同通向了不同的风景，艺术再度赋予古老的北京城别样的生机。浓郁的京味文化滋养了三里屯，而国际化的发展方向又赋予了它全新的面貌，使它一跃成为这一时代北京城里最具活力的先锋地标。

2022年新春开年，冬奥会在北京举行，"双奥之城"的冠冕让这座既古老又现代的城市更添光彩。举国上下的人们都沉浸在节庆般的欢乐中，一次次被健儿们敢于挑战敢于胜利的英姿折服，这其中最耀眼的莫过于那个海淀黄庄补过课、韭菜合子充过饥的北京大妞谷爱凌，小姑娘在冬奥会赛场夺得两金一银，这个活泼时尚勇敢可爱的姑娘和许多时尚的年轻人一样，曾经也在三里屯打过卡。两金一银在手的她后来在接受采访时表示："赛后一定要去三里屯逛一逛。"早在那之前，谷爱凌就在三里屯拍过一组充满活力和青春气息的照片，她对这里留下了深刻美好的印象。

或许你会好奇，北京三里屯究竟有着怎样的魅力，使得当下无数年轻人对它心驰神往？

傍晚时分，夕阳西沉，正当许多商业街、小胡同逐渐冷清下来，三里屯却开始逐渐热闹起来了。这是北京的另一张面孔，是城市灯光映照着的青春而时尚的北京。人们捧着热乎乎的糖炒栗子、糖山楂，呼朋引伴、热热闹闹地聚拢来，像游鱼靠近一片光的海。

就像这座古老大城的每一寸土地一样，这一片时尚街区当然也有它的历史过往，这里曾因"内城三里"而得名。其实在明清时期，三里屯指左家庄、朝外大街等合围地域。而到了新中国时期，随着外交公寓群的建立，三里屯一带便发展成了驻华外交大使的生活社区，慢慢开始红火起来。再到后来，酒吧街也出现了，三里屯彻底成为了北京城夜里最热闹的地方。来自世界各地的客人，每每到了北京，总惦记着要来三里屯小酌两杯，这也为三里屯这种五方杂处天下一家的文化交融的特质奠定了良好的基础，为今后的商业发展提供了无限的可能。

由于其开放、包容与国际化的商业经营理念，三里屯太古里被誉为世界"首店收割机"。2008年，奥运圣火在华夏大地上传递的同时，中国第一家Apple零售店在三里屯太古里开业，宣告着三里屯潮流商业的繁荣时代正式到来。从那之后，世界各大潮流品牌纷纷选择三里屯太古里作为首店落户。三里屯的时尚号召力逐渐自信地展露于世界的眼前。

三里屯太古里的设计灵感来自老北京的胡同与四合院，在传统的基调上融入时尚元素，赋予古老事物以新的面貌。通过几何形的造型和大胆饱满的用色，赋予每幢建筑独特的外观和

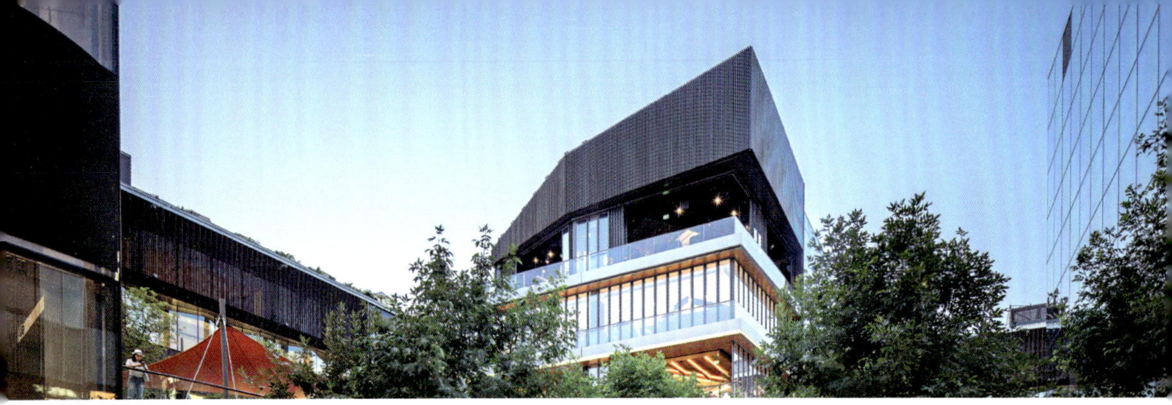

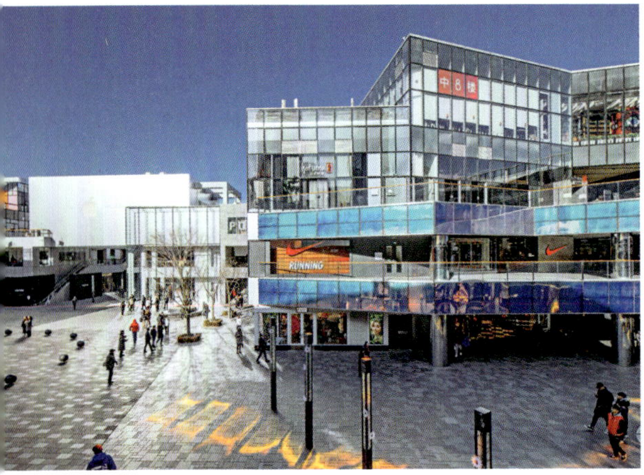
RUNNING

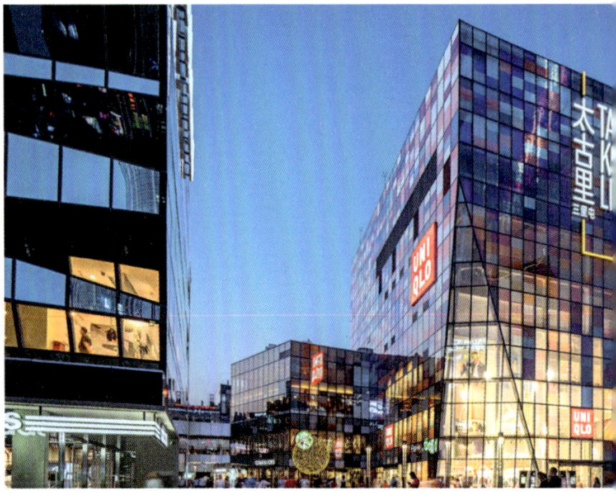
太古里
UNIQLO

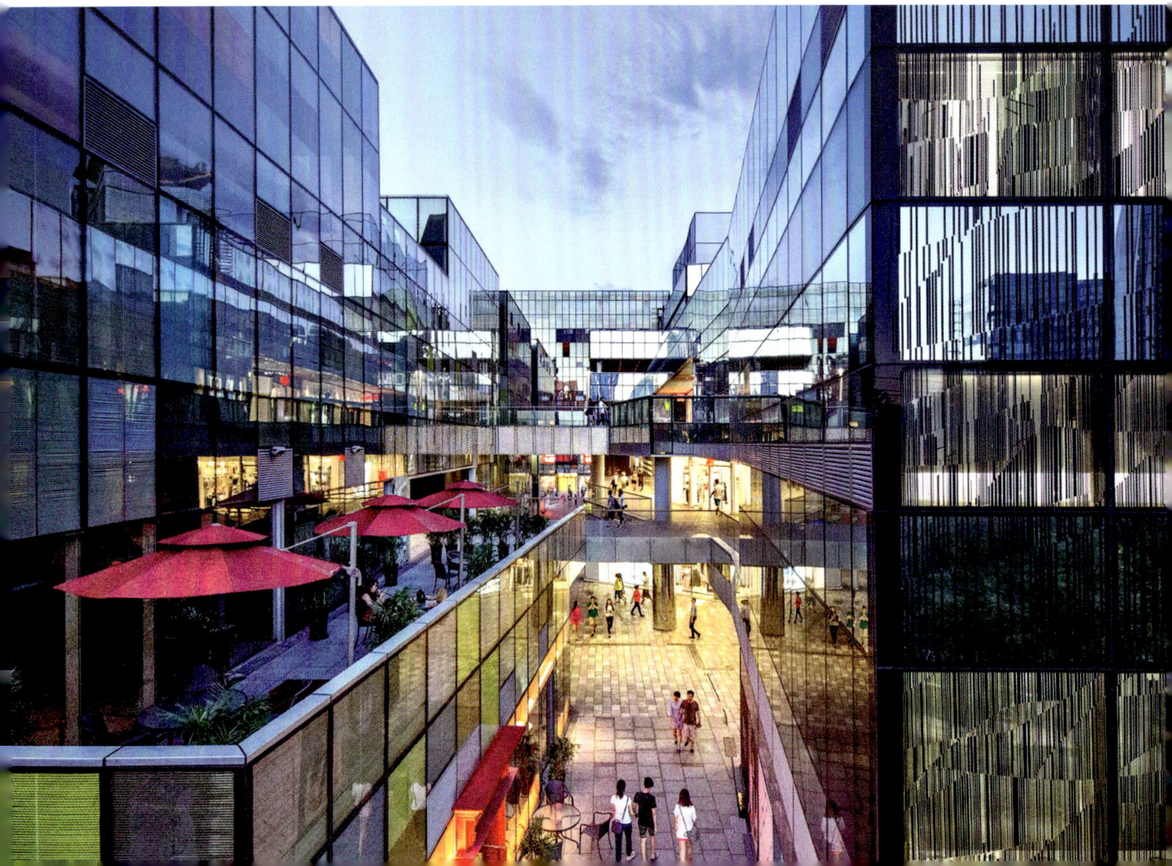

个性，打造出一种具有国际性的外观设计。

从南进入，一路向北，人们能清晰地感受到太古里南北两区的不同。南区主打时尚潮流，北区则主打奢华内敛，两者共同组成了一个具有纵深感的商业综合中心。有趣的是，太古里南北两区既规划清晰，又相互关联，它们并非是分隔而开的，而是相互"开放"，相互"映照"。

刚踏进南区，便被位于顶端巨大的裸眼三维天幕勾住了视线：飞溅而出的冰凌、活跃跳动的神兽、奔驰而来的赛车……每一幕都极具视觉冲击力，仿佛下一秒便要冲出屏幕，来到游客的眼前。鲜活的彩色建筑，耀目的灯光，搭配极具律动感的音乐，让人即使在寒冷的冬季也会忘记凛冽的寒风，情不自禁地跟着节奏舞动起来。

除此之外，南区还聚集了众多适合年轻人的快时尚品牌，从运动、服饰、美妆，到餐饮、数码、音乐……一切你所能想到的，与生活相关的，应有尽有。在这里，人们总会忘记疲乏，迫不及待地走街串巷，在不同风格的店铺中来回切换。从地下商场，到主题广场，再到多层错落的各大商店……一边寻找自己心仪的产品，一边接连打卡一个又一个拍照胜地，目不暇接，惊喜不断。

继续向北走，便会来到一条曾被戏称为"脏街"的小巷落。经过长时间的开发重建，昔日的"脏街"早已焕然一新，将南区和北区巧妙贯通。踏入这里的瞬间，一股温和舒适的生活气息迅即浸润着每一个毛孔，使人逐渐从南区的余韵中平静下来。冬日里暖色的灯光，映衬着小店铺"番茄口袋"的童话气息，藏在橱窗里的毛绒玩具、盲盒礼品、数码相机令人忍不住驻足。再向前望去，书香浓郁的三联韬奋书店将安顿躁动的人们——挑一本心仪的书籍，点一杯可口的咖啡，来到设计立体现代的阅读位落座，舒适的环境让人倍觉抚慰。

书店里聚集了许多年轻的学生，他们眉眼稚嫩专注，穿着前卫阳光。潮流与生活气息的融合，构建出片刻的安宁美好，使这一个本该困倦的夜晚变得舒适而平静。

踏出书店，心情已然平复。继续向前，映入眼帘的便是青绿色的"瑜舍"酒店。此时我们已经来到奢侈品的舞台——太古里北区。

与南区的缤纷律动不同，北区的整体氛围沉稳而大气。深色的主基调，搭配跳跃的撞色雕塑，让这里一扫旧时的沉闷，迸发出现代艺术的火花。南北两区交相辉映，是对太古里"开放、国际、包容"的多层次经营理念最好的注解。

目光转向四周，第一次过来的人们会惊讶地发现，尽管太古里与周边建筑亲密依偎，却始终保持着各自的特色。常客们都说，三里屯太古里能如今天这般耀眼，与它周围的环境密不可分。

周围的使馆区仿佛就是三里屯的背景音乐，它为三里屯的格调打下良好的基础，让许多国际友人得以乘兴而来，在很大

程度促进了三里屯太古里的多元化、国际化。而除此之外,太古里南邻工人体育场,北临亮马河。众所周知,老北京工体是中国体育事业崛起的见证人。从亚运会、中国女排到足球联赛,"工体"两个字就是新时代活力与热情的信号。不仅如此,这里举办过许多场演唱会、音乐会,无数真挚的情感、千万动人的瞬间都曾经并将会一次次地在此处汇集喷发,它们是三里屯太古里永不熄灭的青春火焰。

  完善的商业设施、永远年轻鲜活的文化氛围、具有无限可能的时尚街区,作为北京城的时尚地标,三里屯太古里仿佛永远跳动着青春的脉搏。随着近年来的不断发展,这里向世界传达的早已不只是繁华的街景,还酝酿和培育了一种明亮向上的"国际精神":这里是充满活力与朝气的三里屯太古里,敢于挑战,冲破束缚,冲破新的变化;这里是让人熟悉又陌生的北京三里屯,拥抱国际,永远年轻,一起走向未来。

137

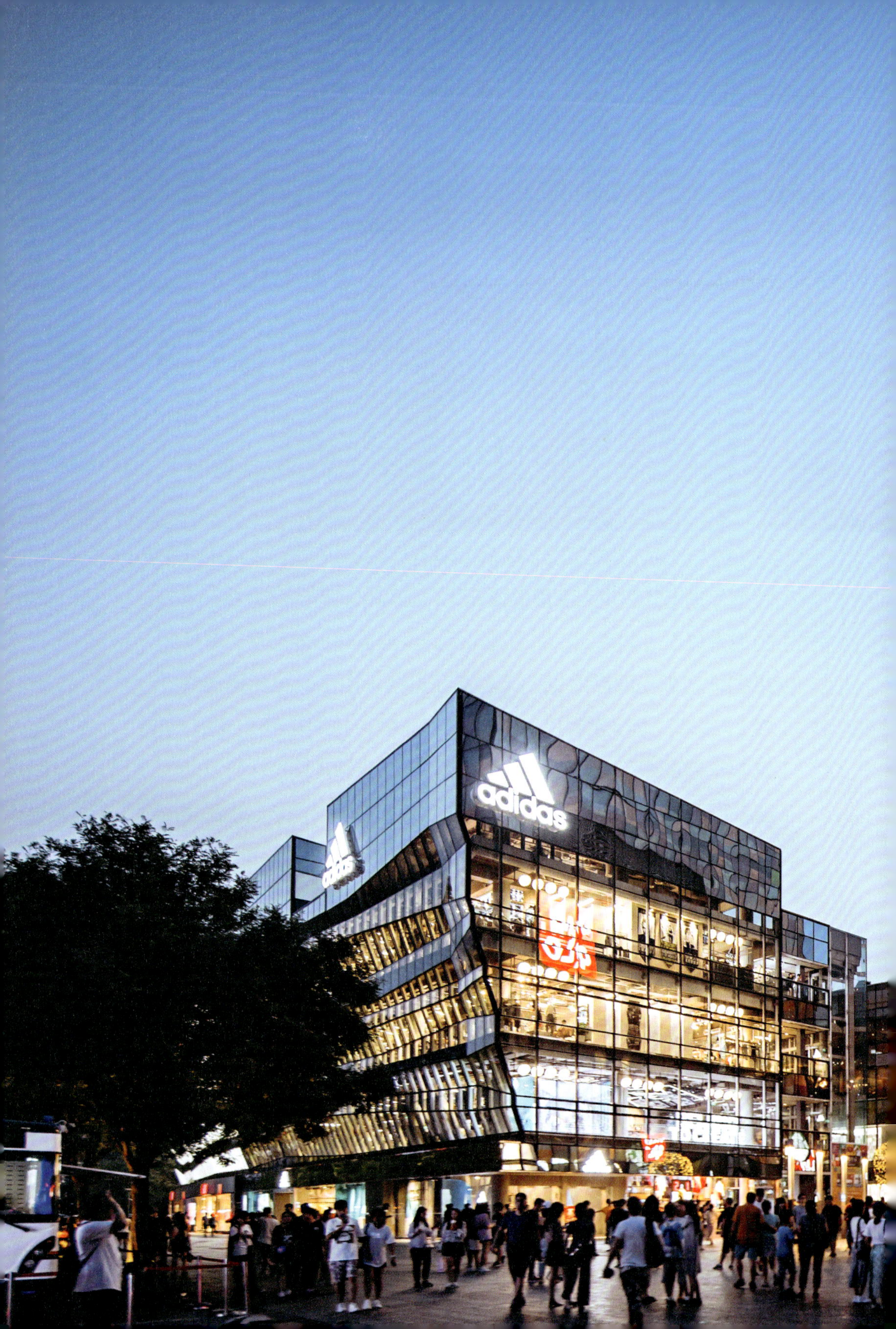
adidas
adidas

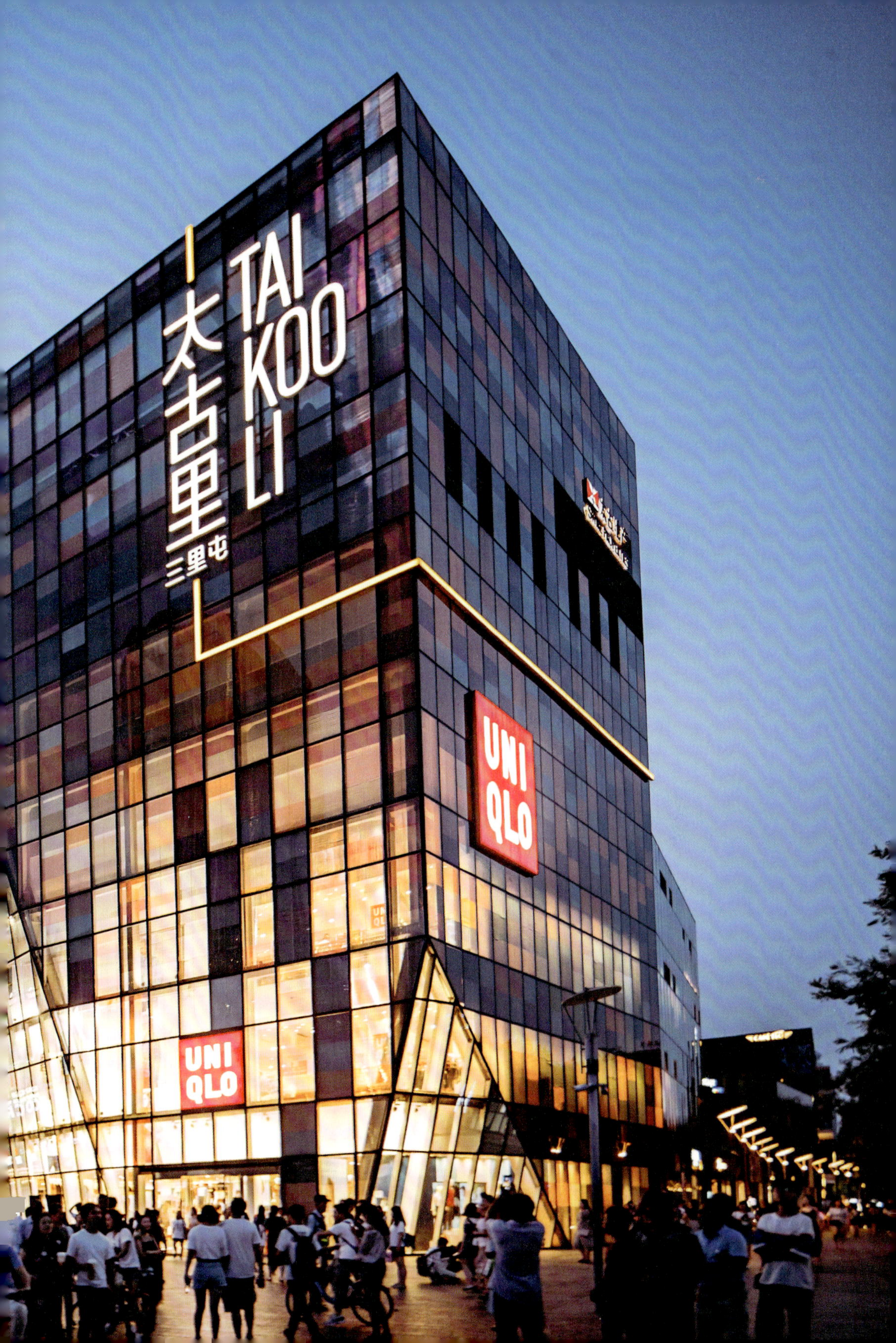

太古里
TAI KOO LI
三里屯
UNI QLO
UNI QLO

新首钢

当钢铁转身变得时尚轻盈

文　臣光曰

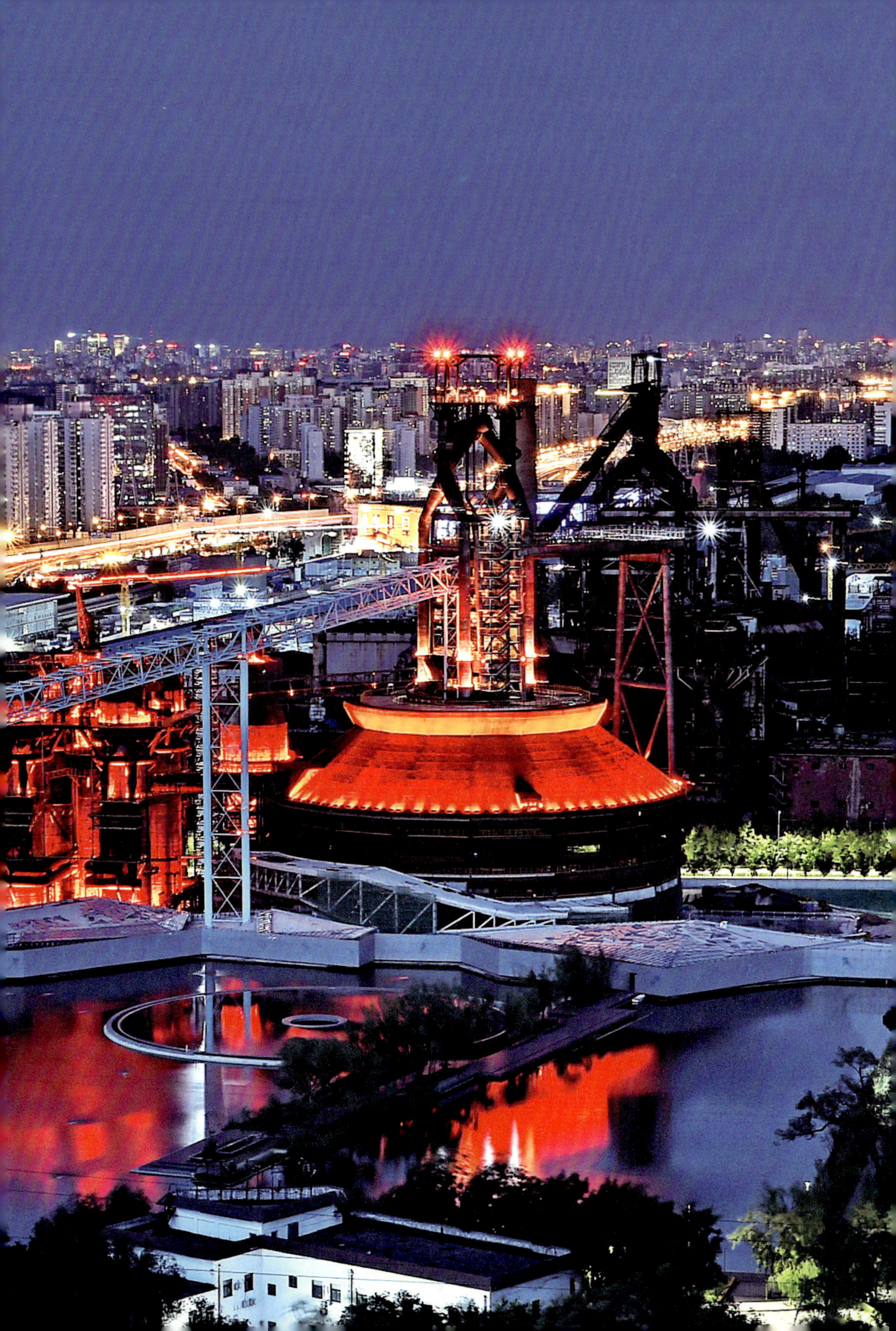

我对重工业有一种情结。小时候生活在农村,景美水甜,但得不到的,往往都觉得好,打小起,我就对城市有着很强烈的向往。在我几岁的时候,身边的哥哥姐姐不上学了,会去城里打工。那会儿服务业不发达,大部分人都进了工厂。女孩干的是纺织这类的轻工业,男孩就搞水泥、机械、钢铁等重工业。我自然就特别向往钢筋水泥的硬度与温度。

直到今天,我对长春、沈阳、太原、唐山这些传统的重工业城市仍有好感。我也喜欢反映重工业城市风貌的影视和文学作品,电影《钢的琴》我就看了好几遍。土地不会显旧,青山和绿水更不会,但是工厂会。很多影视作品里的工业背景,只剩残垣断壁,破败且荒芜,钢铁的硬度还在,但早已不再光亮。然而谁说旧的就不美?相反,它们将历史沉淀下来,带着油画般的质感。它们不以锋芒逼人,以发酵醉人。至此,我的重工业情结从发展层面上升到了审美层面。

新中国成立后,北京大搞工业化。"要站在天安门上就能看见工厂的烟囱冒烟",这是一个农业国对工业化的强烈渴望。北京作为首都,就得是工业化的先驱与重镇。首钢就是在这样的背景下不断发展壮大的。首钢在新中国成立后创造了很多个"中国第一"和"中国之最",它不仅是北京重工业化的代表,也是中国重工业化进程中的地标。

我第一次见到首钢，是在20年前的学生时代。刚刚初中毕业，难得来北京旅游，但旅游目的地里包含着一座大型钢铁厂，这在很多人看来是一件匪夷所思的事情。从长安街一直向西，远远地就能看到高高腾起的浓烟，走近一点，能闻到煤炭燃烧的独特气味，那是北方冬天开始取暖后常能闻到的。作为南方人，羡慕北方冬天的暖气，因此首钢的"煤味"在我看来也是带着温度的。那会儿的中国经济还没有转型压力，浓烟就是活力，开工就是效益，首钢的热火朝天和北京城里任何一处烟火气一样都显得可亲甚至可敬。

10多年前，来北京上学，北京的雾霾天已经渐渐多了起来，经济转型势在必行，首钢也要关停搬迁。后来听说北京冬奥组委进驻了，国家体育总局冬训中心搬到了这里，新产业园开建了。2020年底，我再一次来到这里。高炉还是那个高炉，管廊还是那个管廊，秀池还是那个秀池，但都换了一种玩法，钢铁转身拥抱时尚、科技、体育、文化，它们自己也变得轻盈起来。

　　首钢工作人员介绍说，三高炉是首钢的功勋高炉，是首钢第一座炉容超过2500立方米的大型高炉。今天的三高炉被改造成了展览展示中心，黑黢黢的外表，被敷以彩色；生产空间被改成秀场；火红的钢水被炫目的灯光取代。对三高炉的改造不是独立进行的，而是将其与周边的风景及设施打造为一体。它的西侧是山，下面是水，工业与自然和谐统一的设计理念在

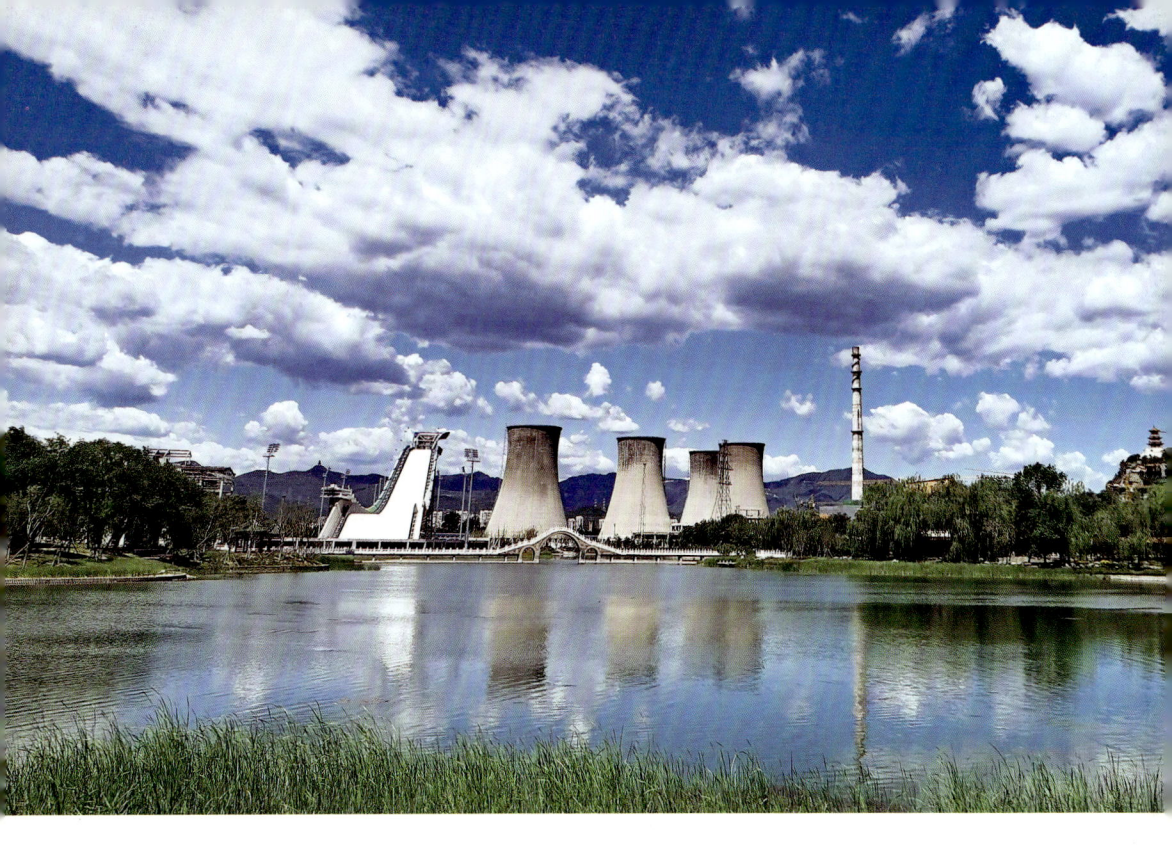

此找到了用武之地。管廊变成了步道，冷却池变成了风景，车间变成了文化创意空间，厂房变成了酒店，钢铁厂也可以这么精致、时尚。

大部分城市的重工业遗迹难逃持续萧索的命运，新首钢的价值就显得更为珍贵，它的网红之路也会更宽更广。它就在北京城区，它是北京的一部分，它浓缩着北京的一段历史。假以时日，它的价值可以媲美历史更为久远一些的古建筑。

都说博物馆是一座城市的灵魂，其实文明进步于此，城市本身就应该是一座历史博物馆，置身城中可以看到不同年代的历史与文化，建筑就是代表。国际上历史悠久的巴黎、伦敦，将历史与现代熔于一炉，既有成百上千年的老建筑，也有今人创造的新建筑。中国城市建设经历过曲折，到今天，很多城市

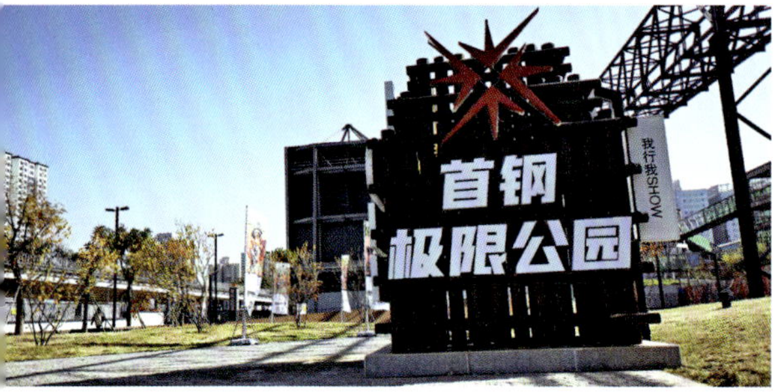
首钢
极限公园
我行我SHOW

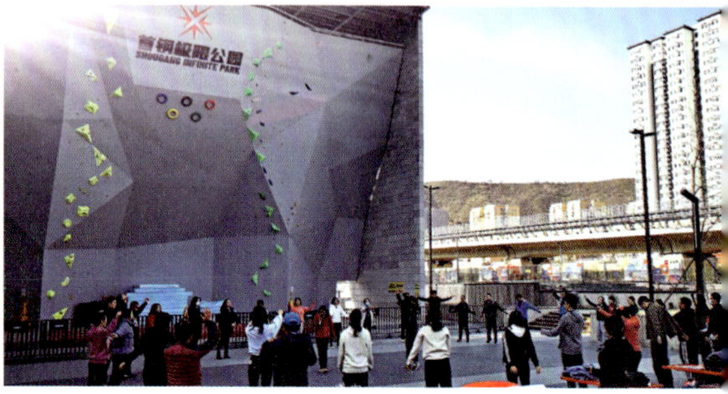
首钢极限公园
SHOUGANG INFINITE PARK

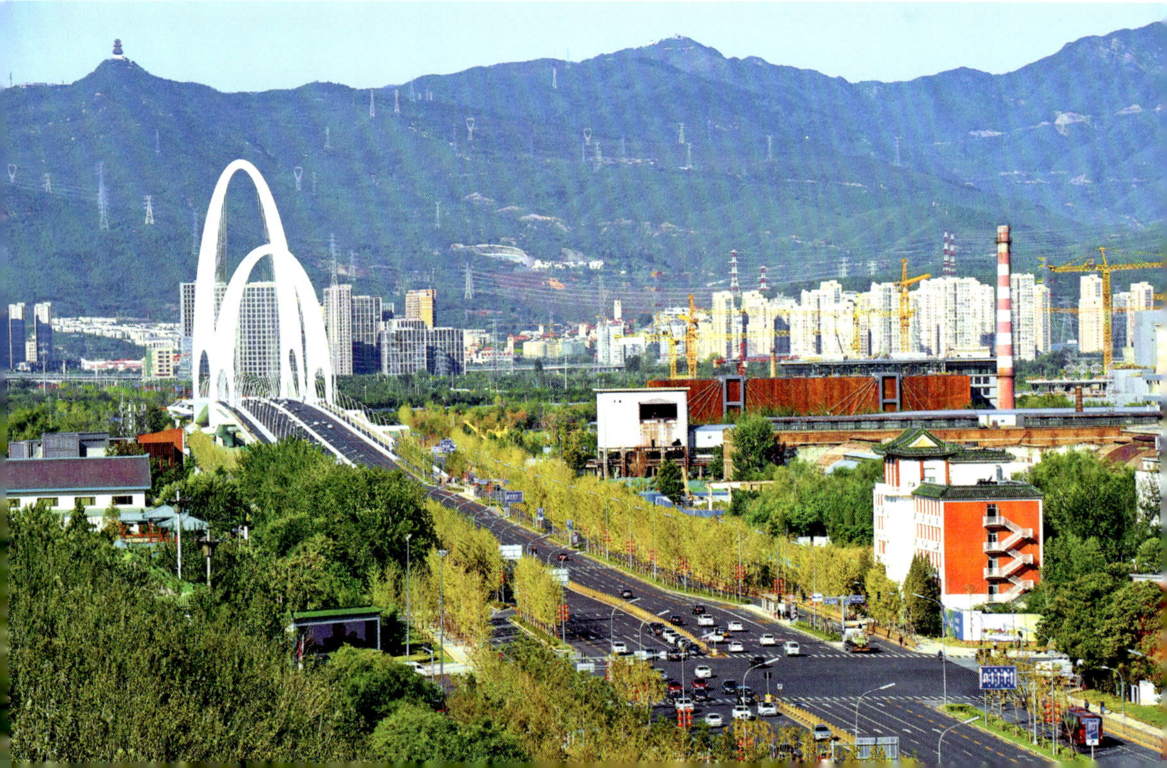

正在成为一个博物馆，有的城市则具备成为博物馆的条件。北京自是这方面最出色的一个城市，整条长安街就像一个博物馆长廊，在这里，你能看到600余年的故宫、60多年的人民大会堂、30年的国贸商务区，庆幸的是，还有屹立百年的"新首钢"。

登上三高炉的高点，整个园区都在眼底，它正在以一种新的方式生长，有着少年般的活力。从这里看向东方，是繁华的北京城；南方，是园博园大片的绿意；西边和北边则是绵延的青山；在它的身旁，永定河蜿蜒而过。新首钢园接壤绿水青山，又处于城市向山水过渡的地带，这个独特的位置还暗含着今天发展的寓意：转型升级，拥抱绿水青山。

因此，无论就其内在还是外表、自身还是周边、横向还是纵向，新首钢都是北京发展的一座新地标。2020年底，我在千挑万选之后，将家安在了新首钢附近。这里是绝佳之地，它满足了我的情结，它还代表着首都北京的未来。

尽管首钢在历史上未必是网红打卡地，更多的人也未必有像我这样的重工业情结，但首钢一定是一代人甚至几代人的希望所在，以首钢为代表的工业化托举起我们关于美好生活与富强国家的梦想。

钢铁与水泥并不比土地与庄稼更高级，更高级的是人们的梦想与创造。

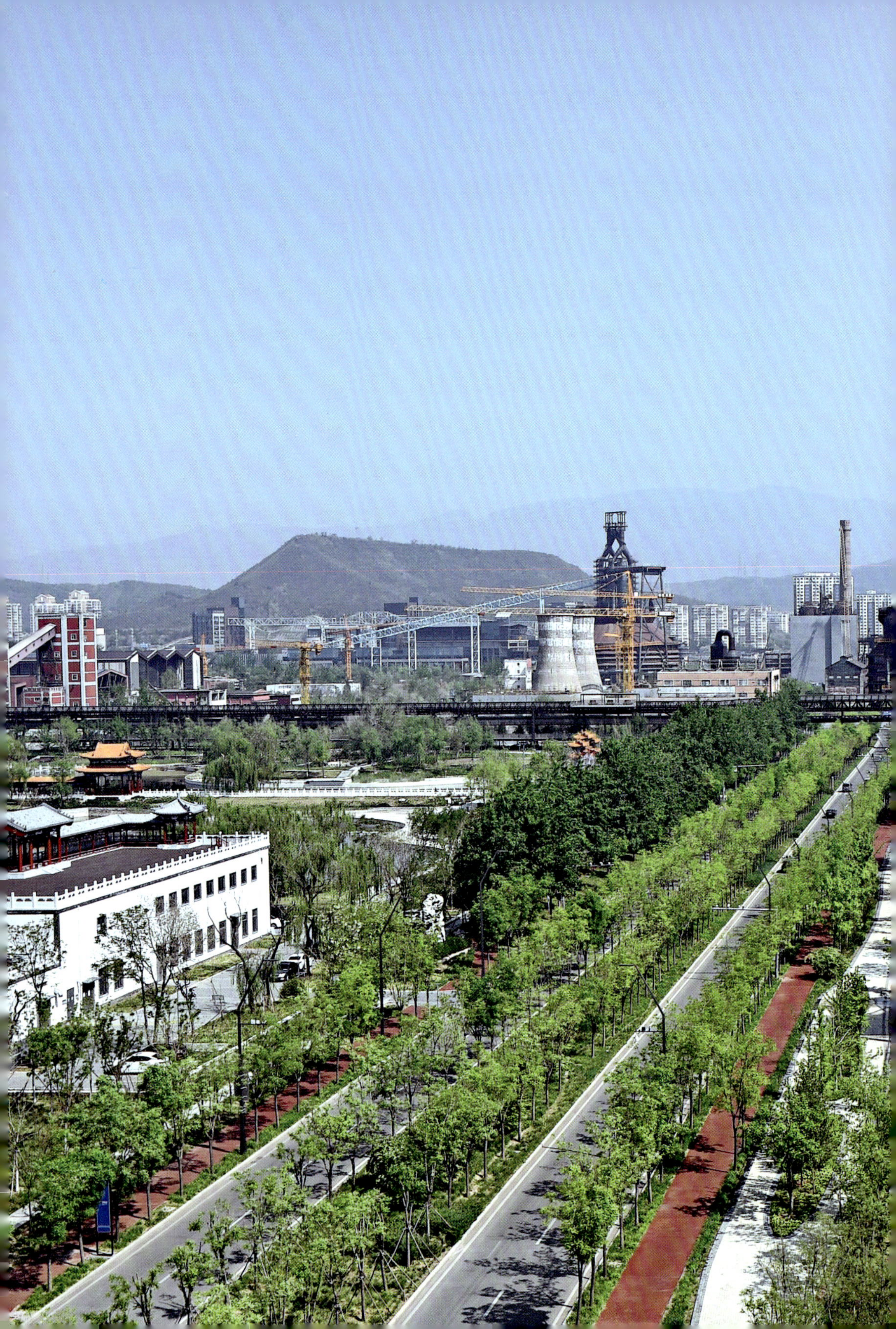

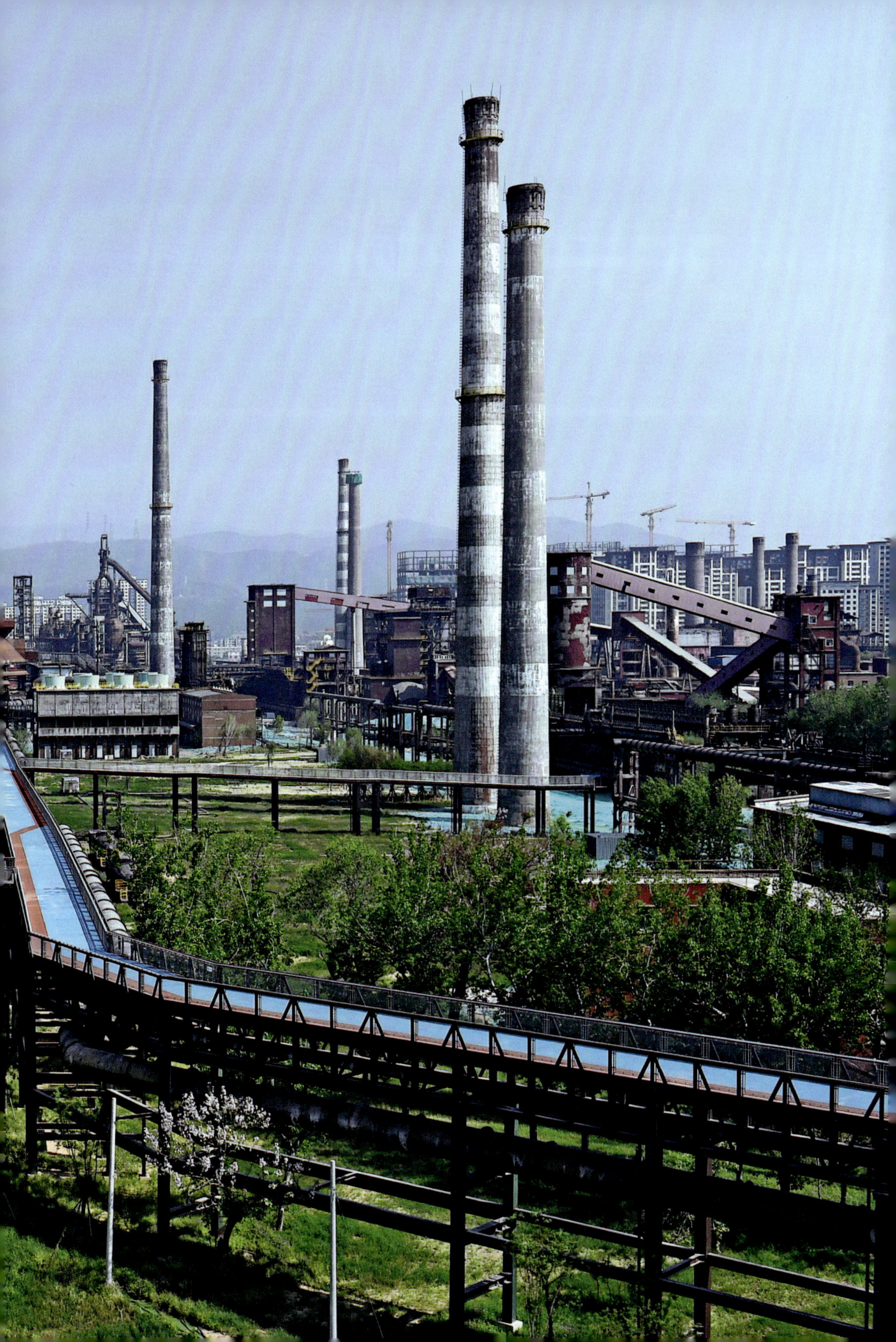

大兴机场

这只"凤凰"安放了我的身心

文 马迟

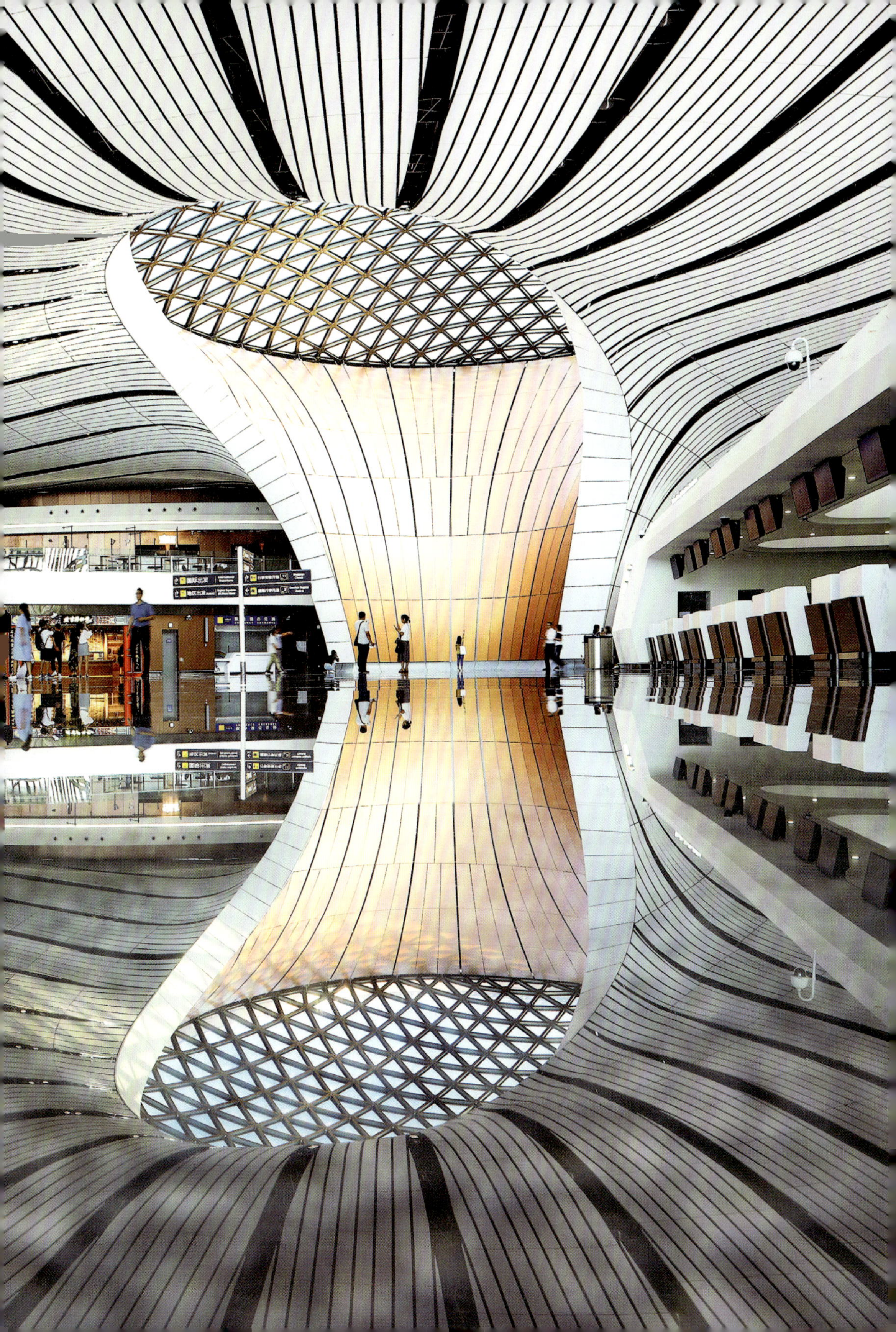

我最早接触大兴机场，是因为自己的工作。我在北京电视台播新闻，过去的10年时间里，经常会播到有关大兴机场的消息，比如2010年12月1日，机场建设指挥部成立；2014年12月26日，机场正式开工建设……

但是，那会儿的大兴机场于我而言，更多的是纸上文字，我跟生活在这座城市的大部分市民一样，停留在"听说"这个层面。

后来，大兴机场渐次成形。触动我的是，真实建起来的机场和图纸上的机场，看起来还是不太一样。尤其是通过我们的电视航拍镜头从空中俯瞰机场航站楼，其造型流畅、气势恢宏，就像一只展翅的凤凰，也像科幻电影里才有的某某"科技基地"，未来感十足。

在中国传统文化里，凤凰是百鸟之王，更是祥瑞，象征着吉祥和谐。大兴机场这只"凤凰"是经由中国的科技、建设力量将传统意象化用而成的，它一方面牵连着中国文化的根，另一方面又有一种面向未来的新气象。或许只有这样的视觉呈现，才是这个时代该有的样子。其实，从诞生到翱翔，大兴机场一直都是"网红选手"。择空去大兴机场转转，逛逛商场、看看展览、拍个vlog、发个朋友圈……成了我身边很多人节假日的新选择。

我是在一个天气晴朗的傍晚时分抵近机场的。我看到这只"凤凰"通体被夕阳染上金辉，与我身后北京城内的古代皇家宫苑交相辉映。它们相距只有几十公里，但也相隔数百年。穿梭在它们中间，有时感觉就像进入了时光隧道，有时又感觉时间从来都没有动过一分一秒，如梦如真。大兴机场带给人的冲击，妙就妙在它脱胎于古老的北京，又与古老的北京隔着一定距离，没有彼此不分的杂糅，没有交融在一起的黏稠，只有两个时代的对望。在这种对望中，人的感慨也就跟着厚重了起来。

尽管早有心理准备，但当我真的进到机场内部，还是被震撼到了——大，很大。英国《卫报》称大兴机场是"新世界七大奇迹之首"，是中国规模最大的空地一体化综合交通枢纽。官方的数据显示，机场屋盖钢架构的投影面积达到18万平方米，相当于25个标准足球场那么大。这些描述和数据都无法和我的感受画上等号，那是一种超越了人们对建筑习惯性认知的宏大。在如此庞大的"身体"里，寻不到一根传统意义上的柱子。机场只用了8根C形柱作支撑，仿佛巨大的花瓣。难怪国外网友感叹它"堪比外星人基地"。

大兴机场不仅看着科幻，用起来更是如此。说实话，最怕开车去机场，怕路堵，更发愁停车。大兴机场为旅客解决了这个后顾之忧。我们开车到机场后，将车放在指定位置，就去登机了，不用四处找车位，不用记位置，因为这一切都由停车场的"泊车小哥"也就是机器人代劳。等出差回到机场，可以在任何一个智慧停车机器前，等"泊车小哥"把车运到自己面前，前后不过几分钟。

除了停车，值机、行李托运、安检、登机，这一整套流程都包含着机场精巧的构思和设计。这次我们从办理值机到抵达登机口只用了20分钟。如此高效率，归功于机场五指廊设计，这让旅客从机场中心到每条指廊基本都是等距的，即便到最远端的登机口，搭个电梯5分钟也能到。有了这次美好的体验，后来我出远门就会尽量选择从大兴机场出发。

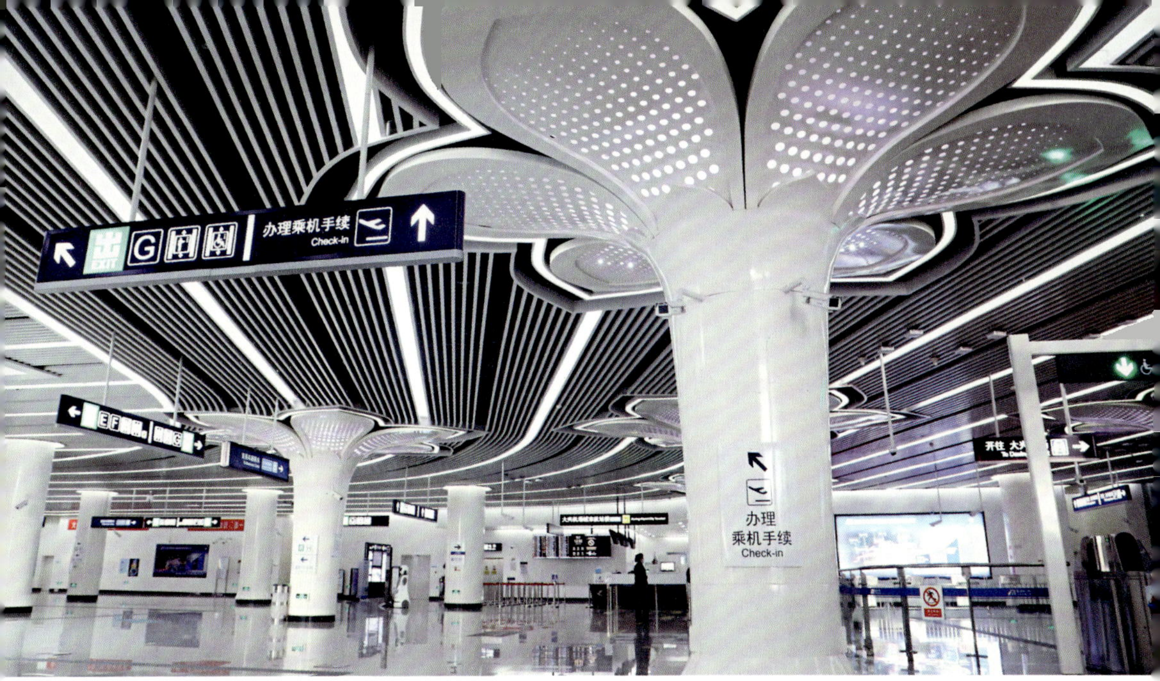

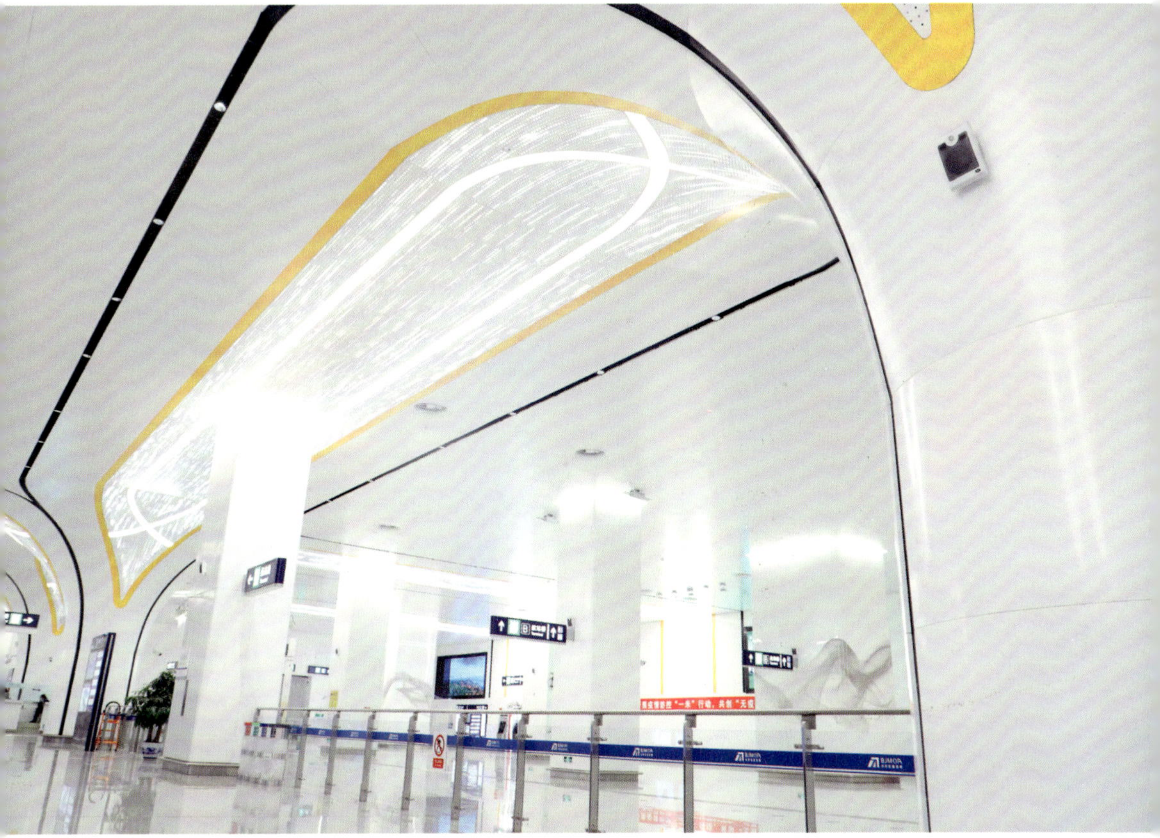

一直以来，我对美好生活的向往，是在天津与北京之间展开的。我是一个天津人，在天津出生，在天津长大，但祖籍是北京，北京也有很多亲戚朋友，小时候就经常要往返京津两地。在今天看来，京津并不远，但在20世纪80年代，没有私家车，没有高铁，两地之间的绿皮火车要走4个多小时。因为火车慢，那时京津之间还有飞机通航，但价格可不是普通人家所能承受的，因此那会儿我觉得京津隔得好远。

后来离开天津，到北京上学、工作，看似回到了祖籍地，但血液里仍流淌的是天津的海河水。等再回天津，感觉自己又已经在北京扎了根。于是在文化上，我就成了一个"没有故乡的人"，找不到一个可以安放自己心灵的框架。直到国家提出"京津冀协同发展"战略，我认为这为我从根本上校准自己的文化身份提供了可能，我不是北京人，也不是天津人，我是"京津冀人"。

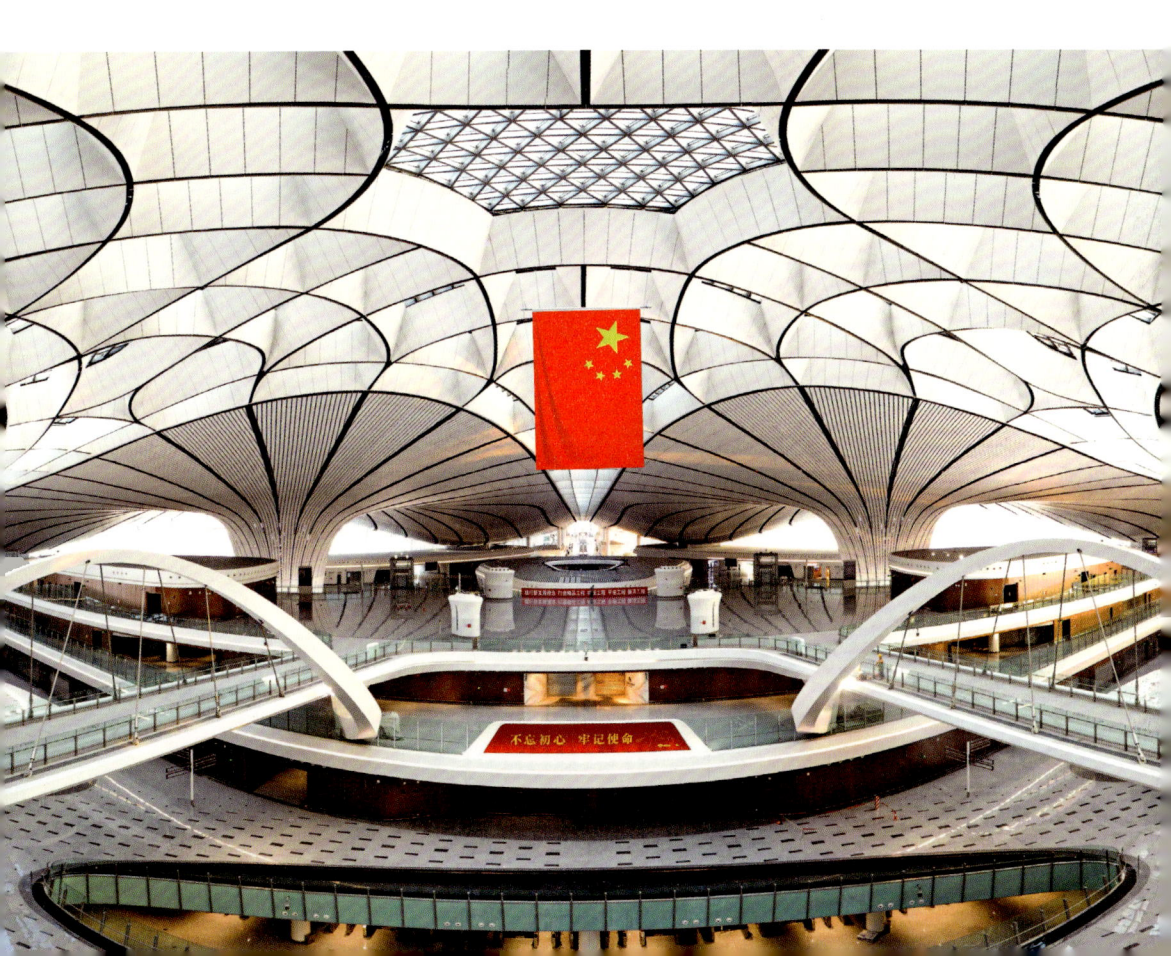

大兴机场也是在"京津冀协同发展"的背景下诞生的。据说当初规划师们挠破了头皮，得打破"一亩三分地"的思维，得在京津冀的大格局下努力实现空域、规模、经济性的最佳平衡。如今，大兴机场处于北京、雄安、天津组成的等腰三角形的正中心，河北雄安新区和北京城市副中心连线的正中点。与北京首都机场、天津滨海机场形成"品"字形布局，三者互不相扰，还为未来发展预留空间。

大兴机场是北京的，也是京津冀的。当然，还是中国的、世界的。它还为我编织了一个梦，在这个梦里，我一直所苦恼的京津距离不复存在；在这个梦里，可以安放我的身与心。正在享受"京津冀协同发展"成果的很多人，可能都对这样的一个梦深有体会。

当我第一次站在大兴机场航站楼的中心位置，抬头仰望，穹顶曲面自由弯曲、曲线肆意张扬，整体看上去和谐优雅、流畅灵动。这是建筑界"女魔头"扎哈·哈迪德的极致作品，也是她的遗世绝唱。

是的，凤凰于飞，见则天下安宁。

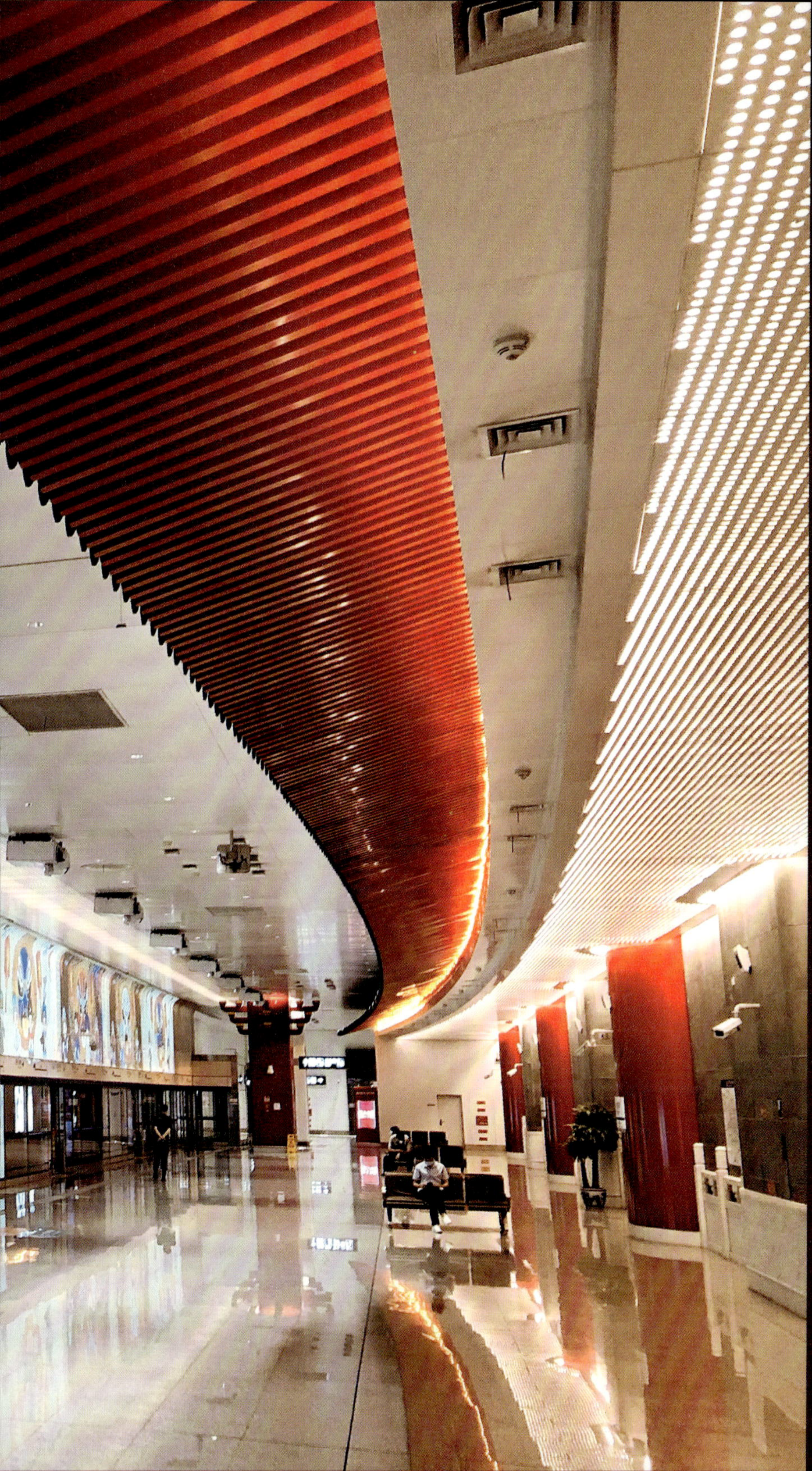

隆福寺

融入市井与庙堂的天际线

文 盛蕾

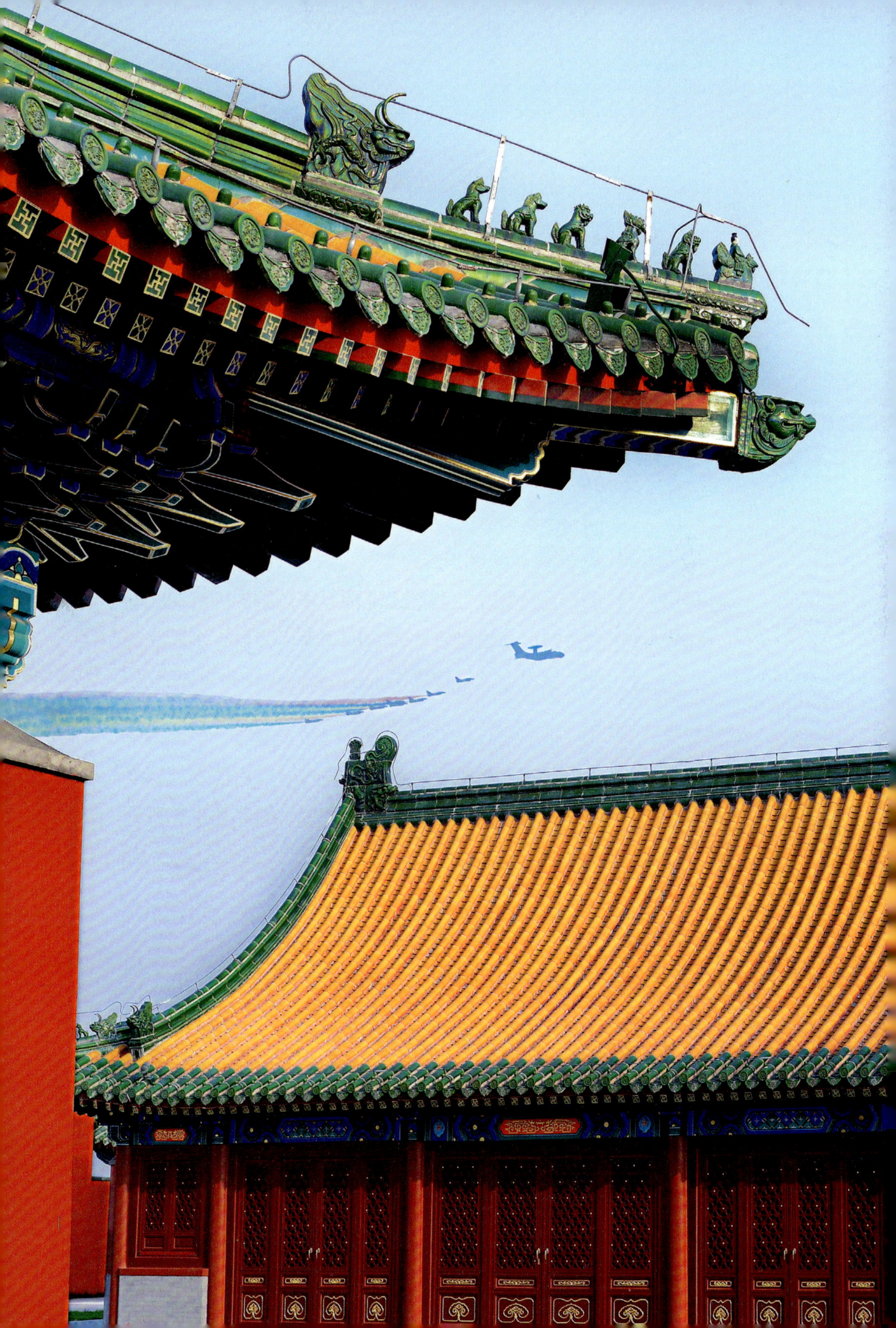

"天哪……这里还是隆福寺吗？"

2021年的最后一天，当我登上隆福大厦顶层的天庭花园看夕阳时，不禁被眼前美景震撼到说不出话来：昔日大名鼎鼎的隆福大厦，顶层如今是一片崭新的纯中国风建筑群，整齐而耀目的红砖碧瓦古代宫殿、红色的围墙，两面围墙中间分别是镂空的天台景观设计——夕阳晚照，万里蓝天白云，配着灿烂蔓延至天际的霞光，在极具设计感的宫墙景框中俯瞰整个北京新旧城区，如同身在天庭……

被这绝美景色击中的我，静默地在这天台伫立了很久。

我的视线停留在下方不远处某个明清时期的胡同里，那里有我的大学——20年前，这里生长着我的青春。

我的大学时光是在距离隆福寺两站公交车程的中央戏剧学院老校区度过的。那是在20世纪90年代末，当时的周边还很安静，最热闹的地方就是学校不远处我现在脚下的隆福寺地区。这里曾经是我们这些学生的快乐天堂——我们经常在"体

验生活"这个教学环节去这座大厦下面的小街里观察这里熙熙攘攘的人群，周末也会和同学结伴去逛这里热闹的集市。有时观察累了，便和同学翻兜掏出为数不多的零用钱一起去小吃摊大快朵颐。如果有外地同学来玩，我们就一定会请他们去隆福寺最正宗的"白魁老字号"撮一顿……那个时期的隆福寺，是大家体验市井生活的重要地点。

　　而隆福寺街口的三联书店，则充当了我大学生活的另一个图书馆。因为是学生，口袋里没多少钱，买不起特别贵的书，我就经常周末一个人去那里席地而坐，抱起几本书一看就是一天……那个时候，三联韬奋书店的工作人员看到我们这种捧着书或倚墙而立或席地而坐的学生，都默不作声视而不见，从来没有因为我们光看不买而下逐客令。后来，他们还贴心地在书架旁和靠墙的地方安放了小凳子，之后又做成了不显眼的连凳。这些小小的暖心的细节让我感受到北京这座城市的包容、体贴，也让我看到它尊崇文化的底色。

收回望向母校的目光，迎着夕阳，让目光重新出发——从西侧观景平台望去的远方，是古老北京的景山、北海白塔、美术馆、故宫紫禁城，日朗风清时，目光所及还能远望西山环抱；而从东侧观景平台远眺，则是高速发展、高楼林立的国贸CBD、中国尊等现代派新北京的天际线大全景——当此际，天与地、近与远、繁华与宁静、古老与现代……就这样魔幻地交融了我们此刻的身心，而红墙中"挖洞"镂空的景观设计，则让人在东方美学的典雅中，通过一种"透视"取景器的设计感将远古中国的庭院美学链接到了眼前，而"景框"边专门设计栽种的迎客松，则画龙点睛。这让身为中国人的我，从心底自豪我们的文化传承，不禁在心中对设计师高高竖起了大拇指。

据了解，整个隆福大厦改造方案由国内知名建筑师、中国建筑设计研究院总建筑师崔愷院士主持设计。而此时我所站立的位于隆福大厦屋顶层的隆福文化中心，则是聘请了古建专家王世仁团队进行设计。屋顶的仿古建筑最初是在1998年重建隆福大厦时修建的，当时是为了举办空中庙会。而今，升级改造后的隆福文化中心作为国际文化交流平台，正在举办融古通今的瓷器等中华传统文化的展览。二殿中设有一尊密宗代表的大日如来佛，是1997年从广济寺"请"来的。隆福寺在雍正年间曾经是雍和下院，所以请来一尊密宗地位最高的佛，代表有求必应，这也让隆福寺真的有了寺庙的灵光。许多高品质、多元化的文化交流活动，也常常在此举行。

　　隆福寺地区自然是以隆福寺而得名，隆福寺始建于明景泰三年（1452年），当时这里是京城唯一的番禅合———和尚和喇嘛同驻的寺庙。清雍正九年（1731年）重建，成为纯喇嘛庙，为雍和宫下院。从大清至民国，这里的庙会曾是京城最重要、最热闹的庙会之一，并因其以书籍和高端艺术品交易为特色而被称为"文庙会"。

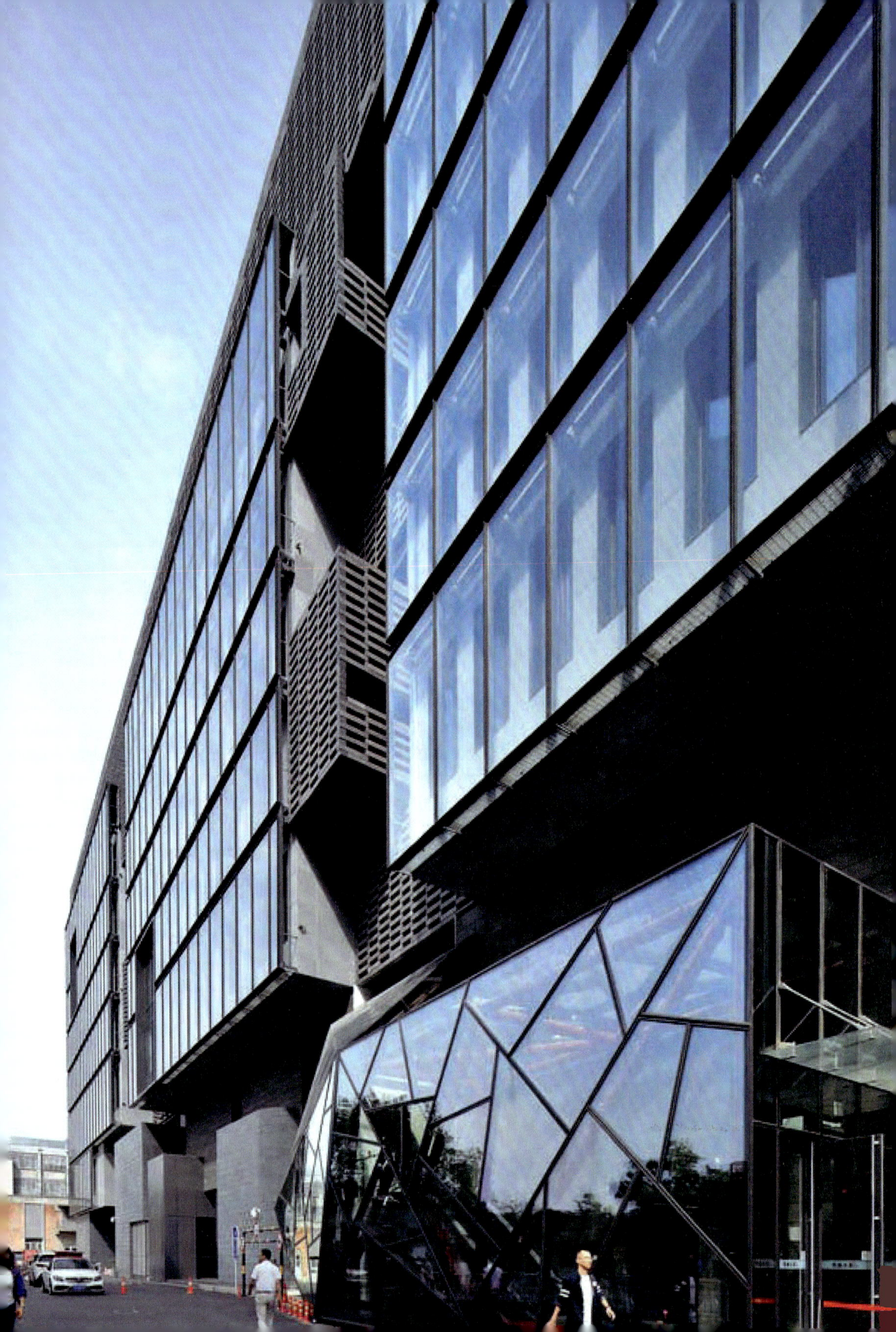

新中国成立后，隆福寺地区建成东四人民市场，成为北京的核心商业区之一。1988年隆福大厦建成营业，它是当时北京第一家使用自动扶梯、中央空调和计算机收银的、最先进的百货商场，与西单商场、王府井百货、东安市场并称为"京城四大百货"，是改革开放后百姓购物的最主要场所。此外，隆福寺地区还聚集了长虹、东宫和明星三家影院，是当时北京影院最密集的区域——记得当年上学那会儿，有同学还曾无比羡慕那些拉着手进长虹电影院看电影的情侣——白衣苍狗，一晃已经过去了20年。

今天再次来到这里，真的是"人是物非"了——隆福寺地区的升级改造，就像被魔术师的"金手杖"点化过一般，这个北京城区最核心的地点焕发了继往开来的蓬勃生机：当初热闹且凌乱的隆福寺门面房一条街消失了，有特色的好的品牌都被"请"进了隆福寺地区：北京特色书店"更读书社"吸引着许多青少年和文化人士；联合办公WeWork、知名华人建筑师张永和的建筑事务所等文化机构提升着这里的专业素养；国际滑雪板领导品牌Burton的中国旗舰店、HALF COFFEE等众多"网红"打卡店吸引着各路的购物达人……而特别吸引年轻人的还有一样，那就是这里的特色美食文化：定位为艺术高级中餐厅、在艺术圈有相当知名度的宴锦堂；国内最早一批经营精酿啤酒、2019年被嘉士伯投资的已发展成树立独特文化且酿酒技术和创意走在前列的国内精酿品牌京A；北京最知名的越南

菜餐厅之一、得奖无数的"SUSU"等，这些特色餐厅和精品酒店吸引了越来越多的年轻人，隆福寺再次成为了年轻人、时尚潮人常常光顾的文化消费新地标。

"古今隆福、开放首都、国际地标、文化四合"是整个隆福寺地区改造升级的定位新标签——二期升级改造包含隆福寺南坊、长虹影城、隆福寺东院，2020年3月已实现全面开工，预计2023年底完工。隆福寺东院将与国际知名博物馆开展合

作，打造国际文化交流体验区。三期升级改造则为四合院风貌区，未来将打造以博物馆、设计师工作室、国学馆、书吧等复合功能为主的四合文化慢生活区，满足首都市民对美好生活向往多样性的文化需求。在面向世界、面向未来的时空维度里，隆福寺地区将成为老城保护的典范，打造"北京老城复兴金名片"，成为"传统文化与现代文明交相辉映、中华文化与世界文明协调共融的首都文化新中心"。

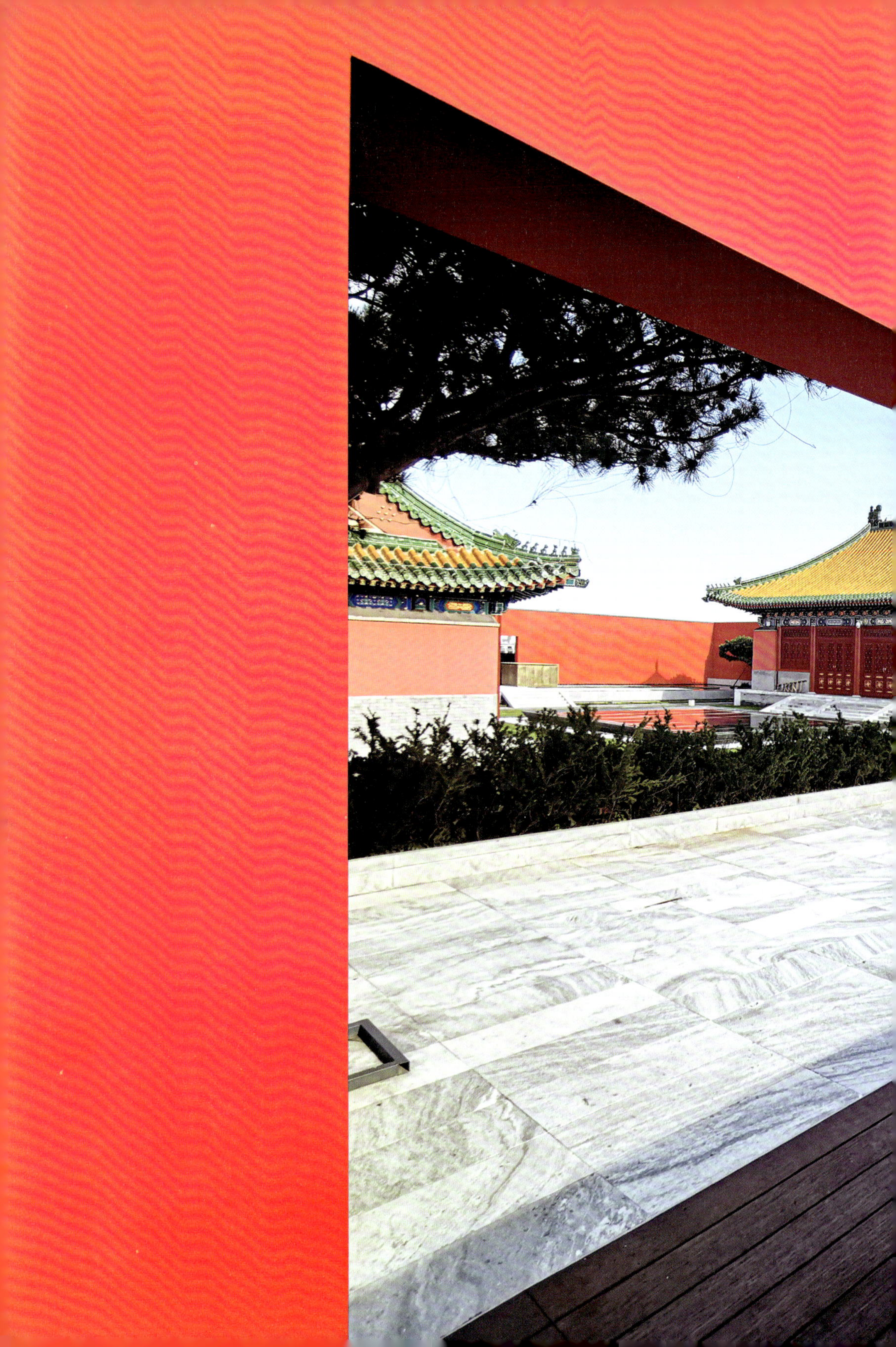

隆福寺地区是当今时代北京万千复兴地标中的一个缩影，它历经沧桑浴火重生，以人类无限的创造力不断地更新着，生长着……

如果有空，请常来这里走走。如果傍晚时分来这里，相信你也会如我体会过的那样，将惊艳的时光和人生的感慨一起融入这市井与庙堂的天际线……

古北水镇

星空之下
越夜越嗨越美丽

文　盛蕾

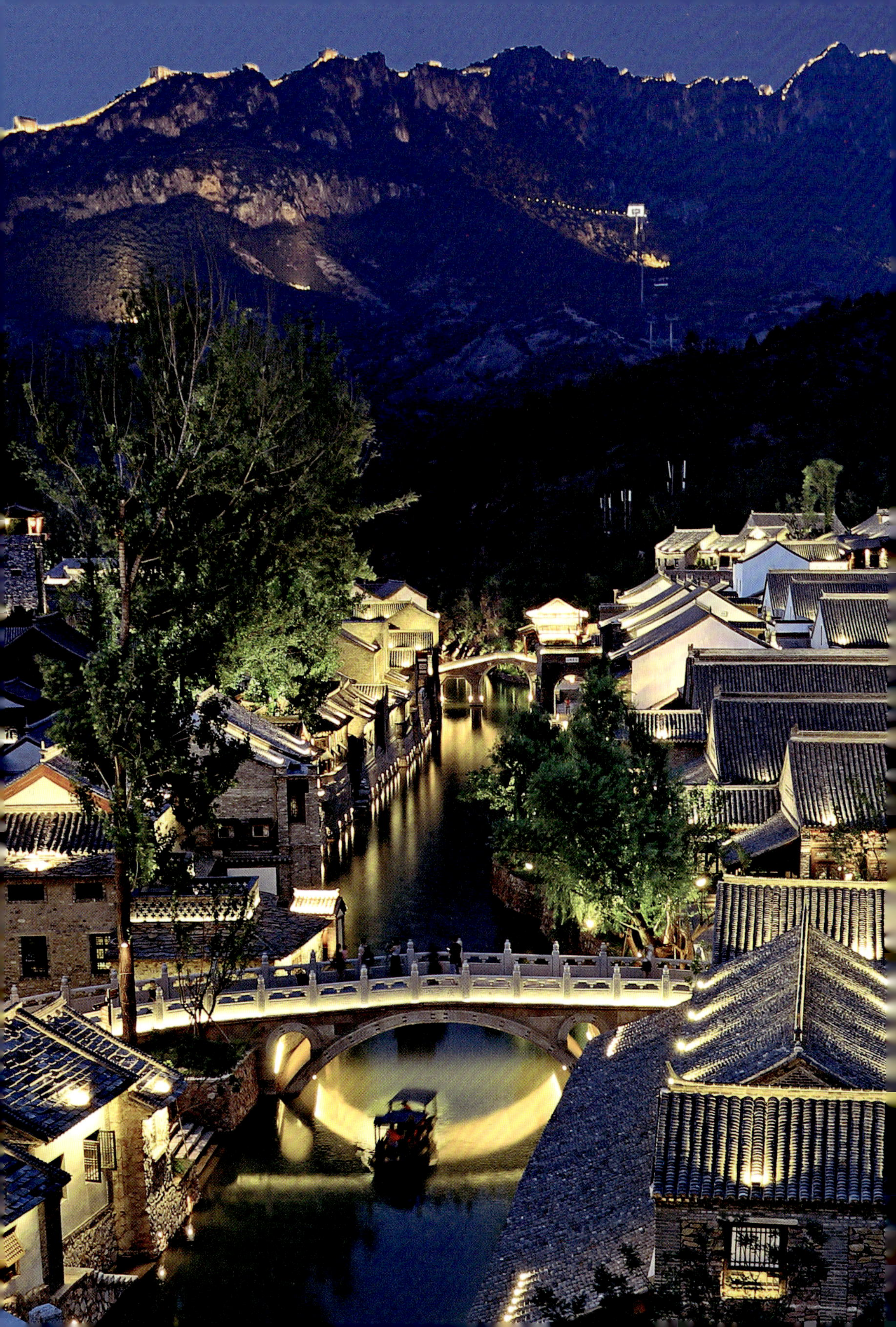

夜间子时去哪里嗨？

若想把浪漫织进梦里，就去趟古北水镇吧！

古北水镇被誉为"南方人的长城梦，北方人的江南景"，它背靠中国最美、最险的司马台长城，坐拥鸳鸯湖水库。子夜苍穹星空闪烁之下，水镇华灯璀璨，绚烂铺满城中山水，遥遥辉映着天上的星辰。若从长城俯瞰，那夜景堪称一绝——此刻京城最浪漫唯美处，非此地莫属吧！

几年前的夏天，我曾匆匆来过一次，那时是白天，藤蔓翠绿成荫，爬满了整个水镇，古朴典雅风景如画。鳞次栉比的房屋、青石板的老街、悠长的胡同、沧桑的边关城楼，共同构成

了北方古镇遗世独立的气质。水镇内河道密布，古老的汤河支流萦绕其间，古建、民宅依水而建，在蓝天白云、碧水波涛、参天古树的掩映之下，宛如世外桃源，万里长城就高高耸立在不远处，守护着古镇。

　　司马台长城1987年被列为世界遗产，是我国唯一一处留下明代原型的古代建筑遗迹。这里的长城依险峻山势而筑，以奇、特、险著称于世，保存有完整的20座敌楼，尤其望京楼筑于海拔千米的陡峭峰顶，景观绝佳，可遥望到北京城。它被联合国教科文组织确定为"原始长城"，英国的《泰晤士报》2012年曾称赞这里是"全球不容错过的25处风景之首"。

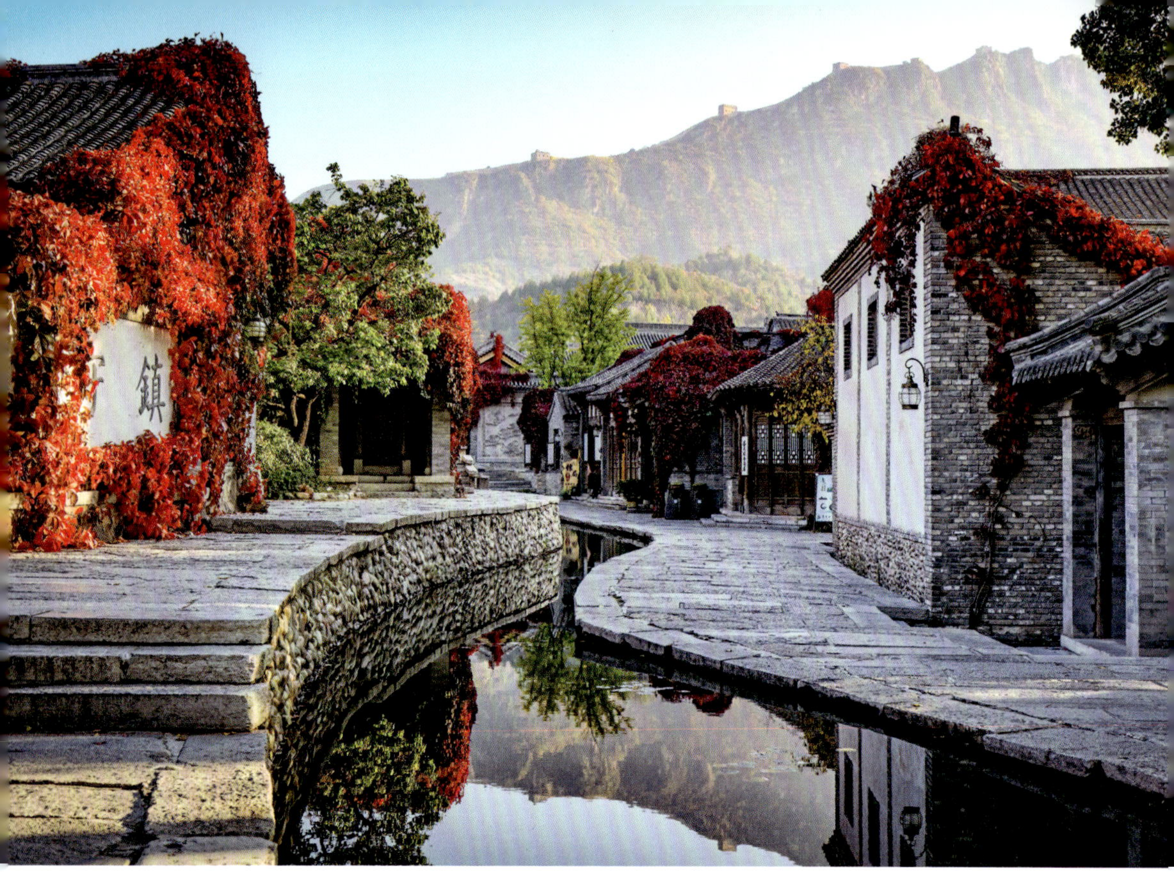
鎮

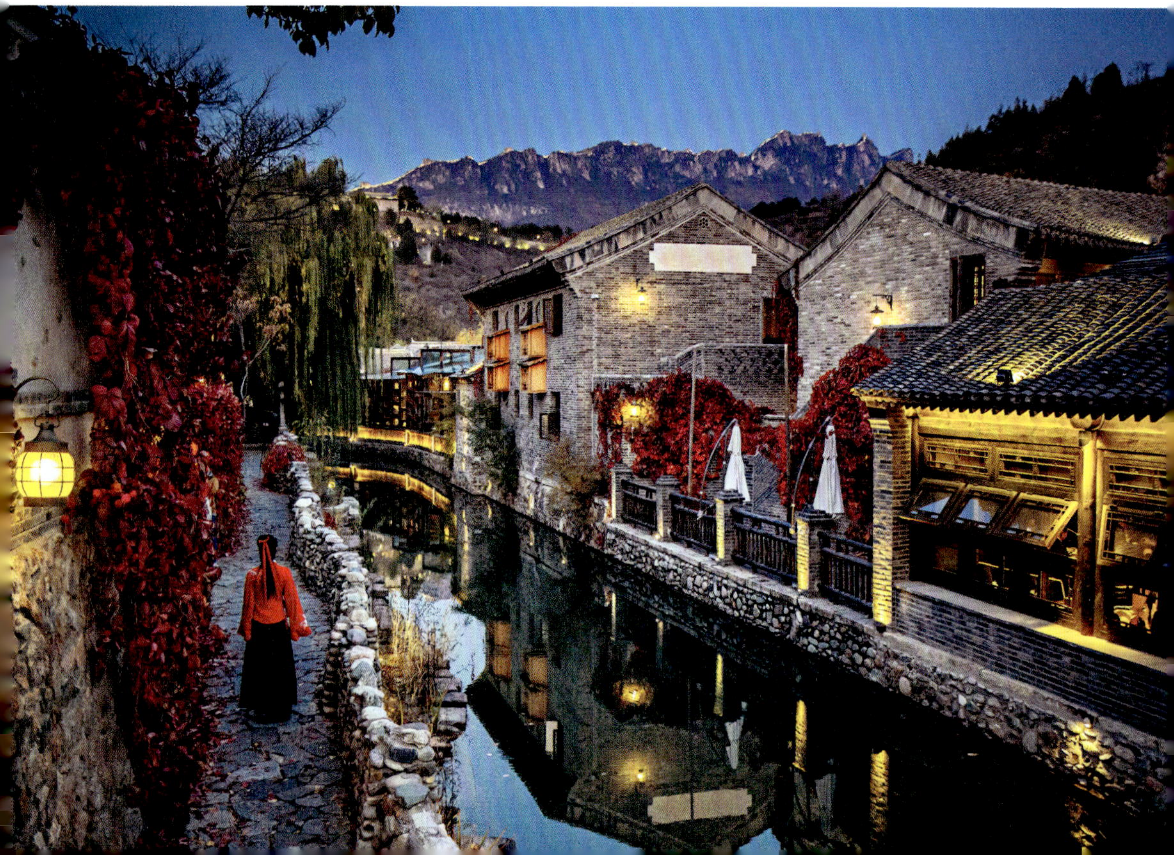

秋天的时候，看到好友发布在朋友圈的照片。我初见的绿色藤蔓已经火红，明艳非常——那天，我发誓秋天时也一定要去感受这不一样的色彩之美。然而好友却说："你还不知道吧？古北水镇的夜晚才是最有看头的。若想浪漫，就在那里住上一晚……"

果然，冬夜的古北水镇是清冷的，但这种清冷并不寂寞。

古北口地区素有"京师锁钥"之称，是历史上重要的屯兵驻扎之地。每当夜幕四合，华灯初上，远山青黛，近树婆娑，置身于长城脚下，可以真切地感受长城的刚毅伟岸、厚重典雅。提灯夜游长城，则别有一番情怀。巍峨挺拔的司马台长城盘卧山顶云端，明黄的灯光映衬着古城砖，蜿蜒远去，如金龙一般。这里是国内首个开放夜游的长城，灯光与星光映衬，踩在充满"野"性的600年前的古石砖上，俯瞰长城脚下星星点点的水镇万家灯火，长城的壮阔与小镇的柔美两相呼应，美醉苍穹。

提灯走桥，是夜游古北水镇的另一个情趣所在。

夜幕星空，冰雪映衬。此时，许多姑娘已换好美丽的汉服唐装，提着中国传统纸做的灯笼，三五成群在莺歌燕舞中欢快地游走在冰河边的廊道上。那些灯笼映红了她们青春的面庞，也照亮了水镇的小桥廊檐。受她们的感染，我也提上了一盏灯笼，和同伴们一起游走在这汤市街上，感受着灯火斑斓的夜色，等待着观看诗意浪漫的无人机孔明灯升空表演。

这是国内首个无人机与孔明灯元素结合的梦幻大秀——随着音乐缓缓响起，日月岛广场上铺满地面的无数红彤彤的孔明灯搭乘着无人机陆续腾空飞起，一双双一排排，伴随着浪漫音乐的节律，飞舞在夜空中，温暖的灯光一点点地融化了夜空的孤寂，身边的很多情侣都动情地拥抱在了一起。

　　无人机经过精准的操控，载着孔明灯慢慢在夜空中排出了3D立体图案，忽而组成了长城的图形，忽而变成了闪闪发光的魔法杖，忽而变成了摇动的摇橹船，忽而又变成了爱心……待它变成了一个向着长城奔跑的少年，在古北水镇的夜空中大步向前时，壮观景象瞬间引爆了观众内心的"小雷管"，嗨翻了整个人群。大家纷纷举起相机拍照留念，连连惊呼叫好！这是科技与文化深度融合的梦幻大秀。孔明灯在人们期待的目光中，翩跹起舞，慢慢地，在人们留恋的目光中，一点点飘向远方，落去了长城的方向……

　　这短短的7分钟，竟让我湿了眼眶。

　　寒冷的冬夜里，好友给我买了一份古北水镇的名吃古北烤梨：一整只烤好的梨放在一个有盖的小搪瓷缸里，搪瓷缸也烫烫的，在冬夜里尤其暖手。用小勺挖下一块放进口中，梨子软软甜甜的，生津止渴，清甜润肺，回味无穷……

　　手捧着这只烤梨，我们来到了古北水镇的望京街上。此刻的长城音乐水舞秀刚刚开演。这场大秀将整个实体存在的边关望京楼作为演出背景，配合3D灯光投影，亦真亦幻。悠扬的

179

乐曲，水柱编织出种种美妙的图案，演绎着水与火相融的传说，诉说着古往今来与长城有关的历史事件、英雄人物、军屯文化、商贸文化、民风民俗等，如同奔赴一场山海壮阔的时空相逢……

　　看完大秀，月光正皎洁，单身男女可提灯去拜会一下月老祠——这位鹤发白须的月下老人，专管世间风月，牵动手中的红线，成就姻缘。若与所爱之人同往，虔心诚拜，结一同心锁，留印在心语堂，便是今生姻缘的难忘足迹……

　　古镇的夜晚，除了各种大秀，以及小桥流水的浪漫之外，还有一个绝棒的欣赏方式，就是登高望远——我个人认为，有一个点位是超越了司马台长城视角的，那就是山顶教堂和云端咖啡屋。

　　这两处紧紧挨在一起，同位于一座高山之上，是典型的古罗马风格的建筑，与古色古香的古北水镇很是不同。我们走进

了山顶教堂旁边的云端咖啡屋，先是被那里暖暖的咖啡香气所吸引，在这个寒冷的冬夜，这个味道最能温暖心窝。我们点上了自己爱喝的咖啡，走向阳台——在踏入观景阳台的那一刻，我们都情不自禁地发出惊叹：夜幕下的古北水镇，璀璨如星辰，安静如处子。山川大地像是一个巨大的聚宝盆，兜住了一片璀璨夺目的万家灯火……这是整个古北水镇和司马台长城的夜景全貌，这里所有的美一览无余地呈现在我们的视野里，我们好像拥有了上帝视角，拥有了一份无比愉悦和感慨万千的美景体验。

　　那晚，我和友人们坐在这个阳台上聊天，久久不愿离去。友人告诉我，已经有人总结出了古北水镇夜游的"八大名玩"：提灯夜游登长城、湖畔晚餐品长城、摇橹汤河望长城、星空温泉赏长城、品酒观星醉长城、音乐盛宴聆长城、畅游泳池观长城、枕梦星辰宿长城。

——确实,古北水镇真的是越夜越嗨越美丽!最大的问题可能就是一个晚上的时间根本不够,必须"二刷""三刷"。

近日,文化和旅游部公布了第一批国家级夜间文化和旅游消费集聚区名单,北京市的古北水镇赫然在列。这次古北水镇景区入选夜游消费"国家队",正说明了古北水镇夜游禀赋异常优质。未来的古北水镇将深挖青年艺术项目,如长城读书会、长城音乐会、沉浸式实景"剧本杀"、戏剧演出等,打造集山、水、城、堡、寨、屯一体的长城文化夜游小镇。

夜晚的最后一个节目,去长城脚下枕水而眠吧。

古北水镇拥有43万平方米精美的明、清及民国风格的山地四合院建筑,包含7家主题酒店、10家精品酒店、28家民宿客栈,美食也是独具特色,是沉浸式体验的绝妙所在。

冬天来到古北水镇,泡温泉也是必选。源自地下3376米深的铁质温泉,获得了日本专业温泉协会认证颁发的温泉评定书。在氤氲温暖的气息里,可以洗去工作中的疲劳和一路的风尘与寒冷。还可以在室外的露天温泉边泡汤边远眺长城,尽享浪漫星空……

灯光动感斑斓,城池壮阔神秘,古北水镇的夜色里应当藏着许多的故事。想在这里拥有属于你的故事吗?那就怀着一颗期待的心上路吧。

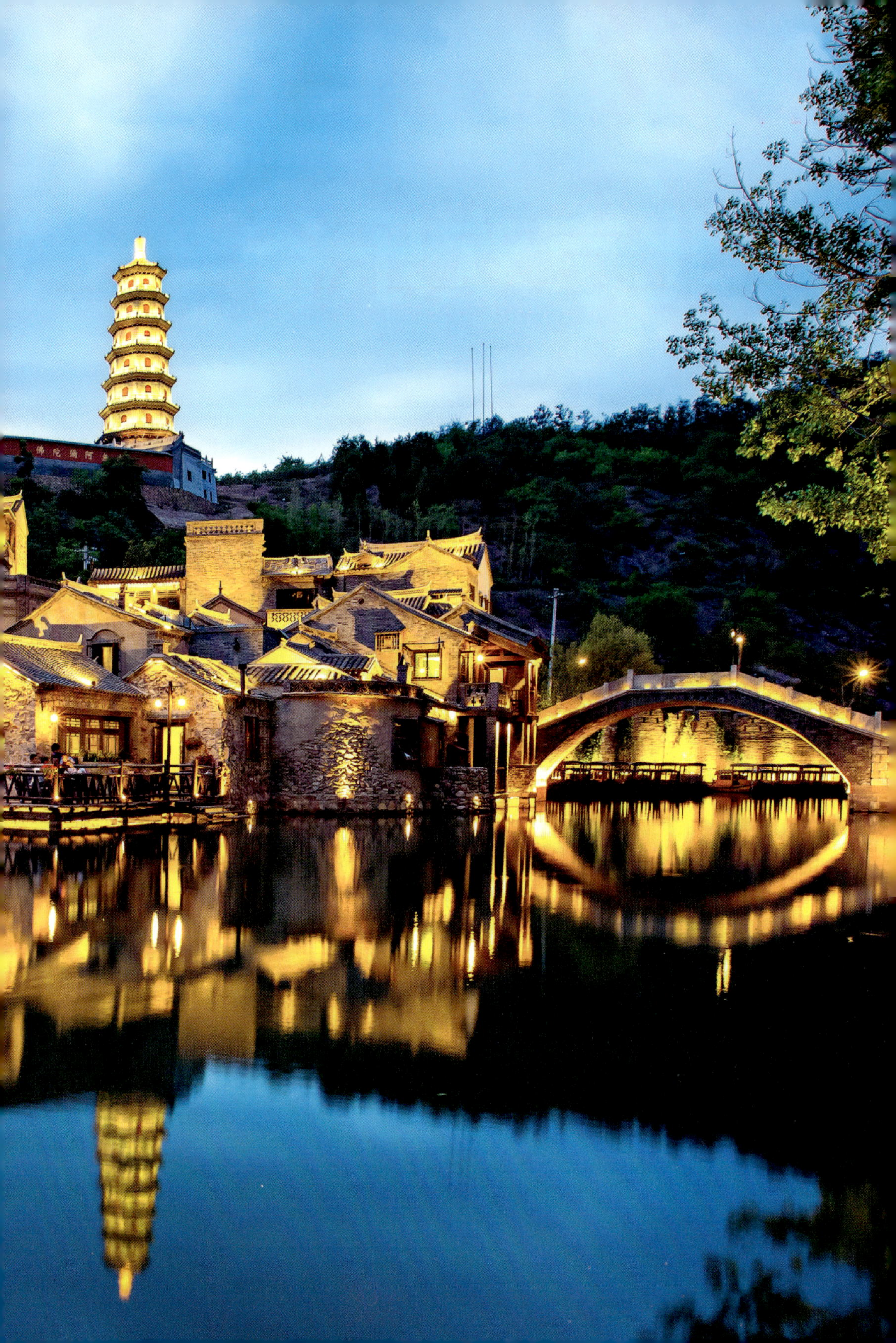

北京欢乐谷

另一场梦幻之旅
在夜晚启程

文　葛竞

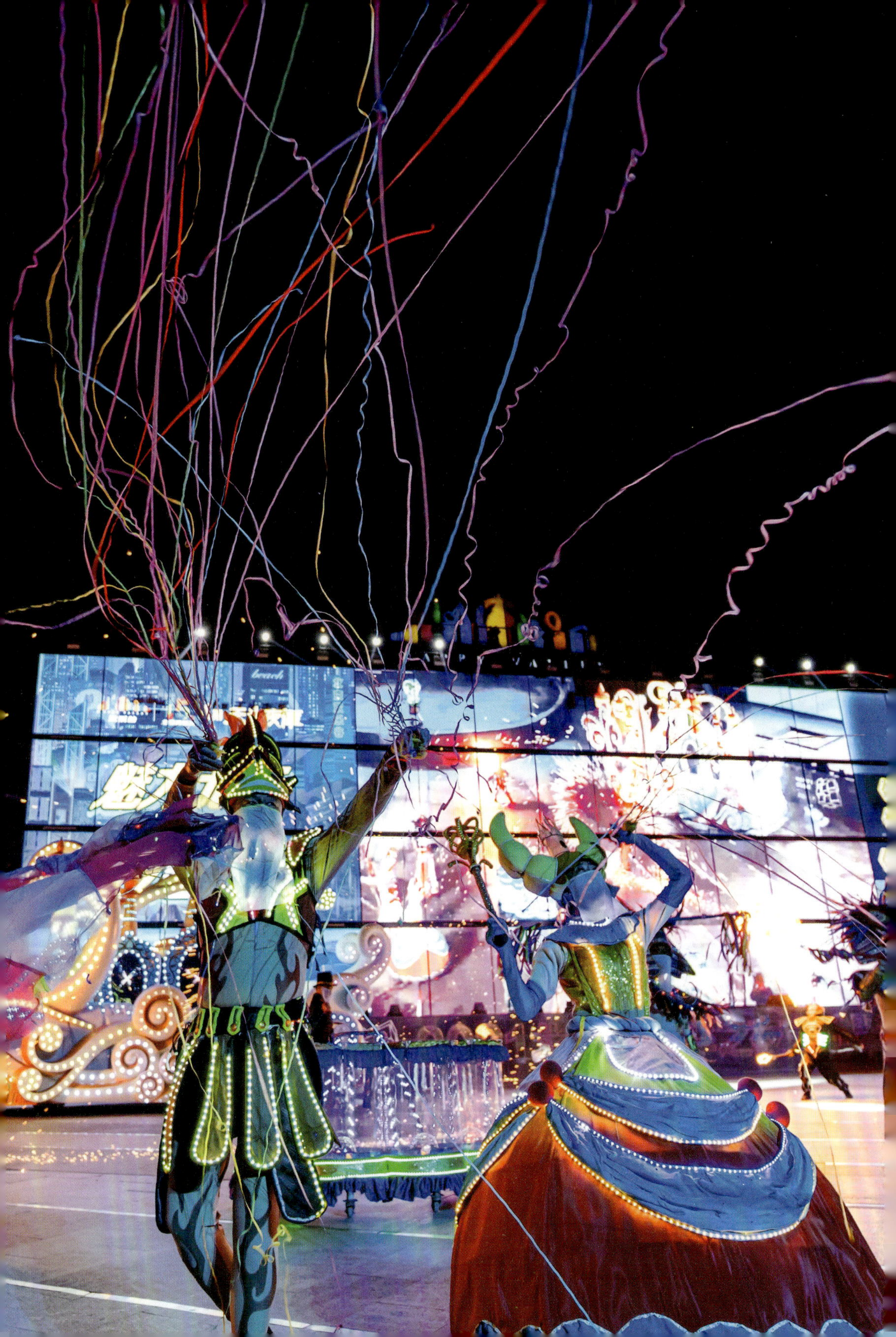

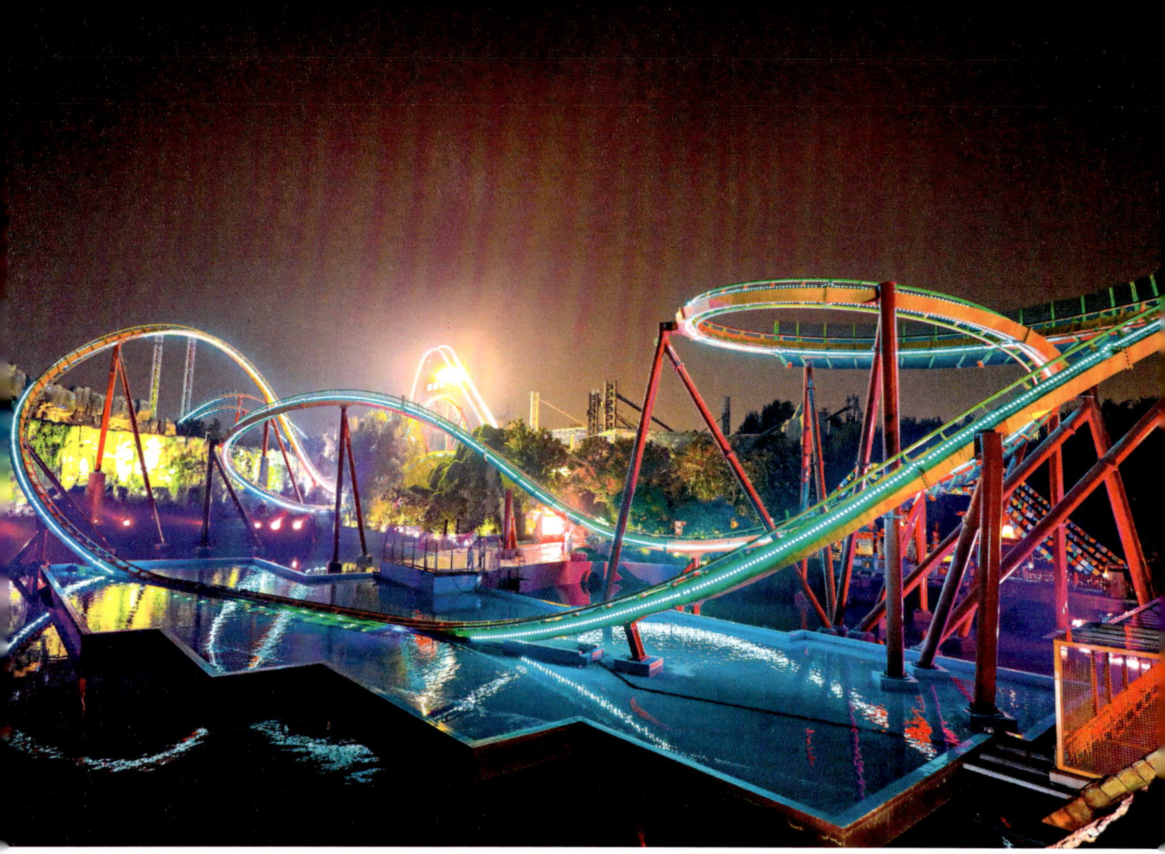

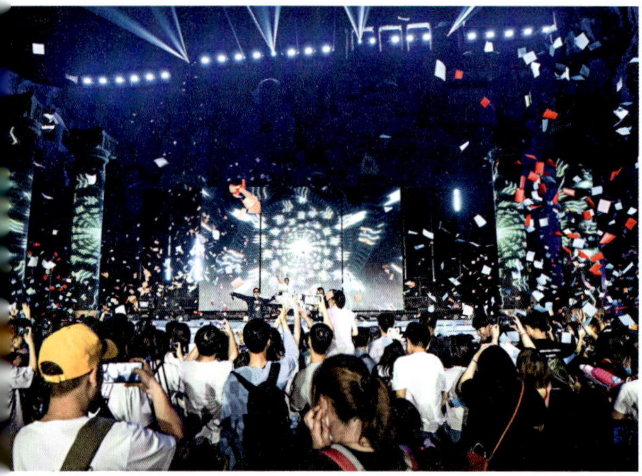

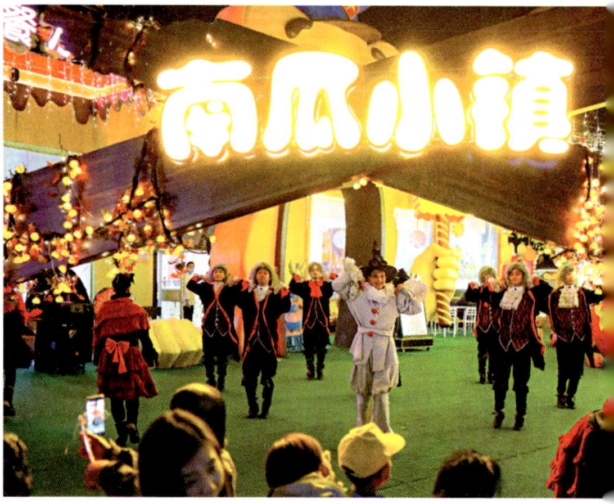
南瓜小镇

游乐园总是孩子们童年最向往的地方，欢笑、冒险、无拘无束，让人不由想起童话世界的美妙。

北京孩子都知道北京欢乐谷，那是他们童年回忆中重要的组成部分，惊险刺激的游乐设施、奇幻神秘的异国风情、绚丽多彩的舞团表演，都让欢乐谷成为了充满笑声和尖叫声的王国，直到夜色缓缓下沉，孩子们才会恋恋不舍地回家，心里期待着下一次再来。现在，有越来越多的年轻人成为欢乐谷的常客，这不仅成为他们放松休闲、与朋友共度欢乐时光的好地方，也是忘记生活的压力与负担、让自己的心境重归单纯快乐的童话世界。

对于欢乐谷而言，夜晚并非是欢乐的结束，而是另一场奇幻梦境的开始。当水晶神翼、奥德赛之旅、极速飞车等游乐项目在黑暗中渐渐退场，舞台剧与灯光秀则在黑暗中缓缓登场。

在欢乐谷入口的附近，你能看到一座造型独特的建筑物——华侨城大剧院，在灯光映衬下，这座剧场如同一座水晶宫殿。傍晚时分，大型东方神话秀《金面王朝》正在这里上演。整个秀分为5个篇章，以中国传统神话《山海经》为依托，讲述了一个充满东方神秘色彩的动人故事：在中国古代的巴蜀地区有一棵神树，飞鸟族在树下繁衍生息。飞鸟族的女祭司能够依靠金色的面具通达神灵，使用神力。而故事主角——飞鸟族的小公主——在一次飞行练习时，偶然遇到了受伤的鱼跃族王子。小公主将鱼跃族王子带回神树下疗养休息，却意外遭到神秘人的追杀。至此，一段充满爱情、惊险的史诗故事正式展开。

　　为了给观众带来视觉上的非凡体验，《金面王朝》运用了非常多的表演手段，杂技、舞蹈、武术等多种艺术形式在舞台上共同上演。甚至会有真实的孔雀出现在观众席中！服化道更是炫酷，演员的服装造型以《山海经》中的比翼鸟、文鳐鱼为原型，运用大量府绸、幻彩纱、羽纱、蕾丝等面料，配合绚丽的灯光，在舞台上呈现出闪烁的效果。道具设计则大量采用"三星堆"元素，借鉴了青铜神树、太阳鸟、青铜纵目面具等文物造型，展现出了神秘的古老气息。演出设备运用了开合大屏、冰屏阵列、投影纱等高科技手段，使得整场演出恢宏无比、震撼人心。

令人印象最为深刻的还是故事高潮中，数百吨洪水席卷山林的壮丽场面。这可不是用投影虚拟的洪水，而是真实的水在舞台上奔流！水雾在身边弥漫，隆隆的水声在耳边响起，带给观众身临其境的感受，将观众带入魔幻境界。

　　看完《金面王朝》后，夜晚的灯光秀也陆续登场了！

　　《欢乐魔方》城市空间装置体验秀是欢乐谷灯光秀中的招牌项目。这大概是世界上最巨大的魔方了，它足足有十几米高、30多米宽。它由76组魔方矩阵组成，比魔方更加多彩，因为小立方体每面的色彩与图样都是变幻无穷的，方体两侧的魔方舞台整体向前倾斜70度，形成矩阵屏组。这样的观赏空间独特而富于冲击力，给观众带来了强烈的观赏体验，仿佛走入了真实存在的魔法世界。这个装置创造了一项世界纪录，它是世界上最大的单体3D立体动作模组的舞台，当音乐响起，每一组都可以独立自由伸缩，变换80余种空间画面。当观众在现场观看时，既可以体会充满科技色彩的未来感，又能体会洋溢着青春活力的动感。

在这场体验秀的表演中有4个风格迥异的篇章。

首先是宇宙元素和北京天坛结合在一起的奇妙搭配。随着黑色屏幕上出现的一丝白光，我们的视线乘着光芒快速在宇宙中穿梭旋转，来到一名宇航员跟前。伴随着两颗星球的剧烈撞击，我们穿越了时空隧道，来到了天坛脚下。一场由演员、舞台光效和粒子灯光所共同呈现出的表演震撼上演了，随着快节奏的乐曲，黑暗中出现了金色勾勒出的天坛，一只飞翔的火凤凰腾空而起，径直飞向观众。在立体屏幕的特殊效果下，这只神鸟仿佛真的从舞台上飞到观众肩头，在场的观众都不禁发出阵阵惊呼。

第二个篇章中，奇幻的城市景观与人物影像在屏幕上震撼

显现，和现场舞蹈演员的精彩表演相互呼应，巧妙结合。影像似真似幻，人物自由穿越现实与虚拟的空间。这比观看一场5D电影更动人心魄，屏幕中展现了中国尊的完成过程，万丈高楼平地起，北京的建筑奇迹就这样真实地出现在你眼前。跟随飞机翱翔，观众置身于一座完全由光影与图像组成的城市，而多名特技演员从天而降，配合镜头和画面的变化，仿佛演员是从虚拟城市中穿行而来，虚幻与真实之间的那道墙被打破了。

　　后面的两个篇章分别以"魔幻气氛"和"时尚元素"为主题，同样展演了两场观众绝对意想不到的精彩，让现场每一位观众的感官都沉浸在绚丽之中。

另一场光与影的演出便是《奇幻东方》，演出位于爱琴港。这场以多媒体声光电深度互动的场景秀，将融汇东西方古典美学为核心思路，展现了"浪漫·爱琴海""秘境·东方""奇幻·欢乐谷"这三大瑰丽场景，并在圣托里尼岛屿景观墙体进行了Mapping光影演艺，将视觉的光影艺术美与新文化的潮流魅力展示得淋漓尽致。

在开场时，灯光会勾勒出圣托里尼岛屿的轮廓线，这栋在白天颇具异域风情的白色希腊建筑，在夜间却开始了一场奇妙

变身，呈现出极具现代感的魔幻气质。建筑物被黑暗笼罩，灯光在希腊建筑的墙壁上以金线勾勒出一片古香古色的亭台楼阁，西方建筑逐渐远去，传统东方中国的气息扑面而来。一只活泼可爱的小舞狮灵巧轻盈地跳跃出来，在楼阁顶端闪转腾挪。它可是个有魔法的小精灵，古代中国的景观随着它的脚步不断变化，一会儿身处白墙黑瓦的水墨江南，一会儿又会前往霓虹闪烁的现代中国都市。随着小舞狮的不断前行，危险的怪兽会突然出现，和小舞狮展开一场妙趣横生的对战，逗得孩子们欢笑不止。

小舞狮的奇妙之旅结束之后，灯光秀将上演一场充满童心的马戏团表演，动画呈现出一幕幕奇妙的幻想马戏团景象。与此同时，现场还会出现许多小丑演员，为观众表演精彩的杂耍与魔术，演员会和观众频频互动。如果是周末与节日，爱琴港还会有一场狂欢舞会，伴随DJ和舞蹈演员们的热舞，原本充满古典韵味的爱琴港被现代年轻人的蓬勃活力装满，激情与狂欢的气氛点燃了整个欢乐谷。

是的，欢乐谷的欢乐不仅在白昼，也不仅在温暖的季节，即使是在这冬夜，也有大把的欢乐可寻。转场看秀的过程中，若是感到了寒冷，背后便是饮品店，点上一杯温暖的奶茶，稍坐一会儿，可以透过大玻璃窗观赏如梦似幻的奇景。

光影与音乐为游客营造出奇幻美好的体验，走进欢乐谷就仿佛回到童年，走进梦境，让心灵飞上夜空，与繁星起舞。

04

煌街

故宫冰窖
稻香村零号店
前门三里河
杨梅竹斜街
来今雨轩茶社

美食

故宫冰窖

雪飞炎海
刹那变清凉

文　周岭

小心台阶
Step carefully

戊戌盛夏的一天，友人邀我至故宫御花园内的漱芳斋一叙，我欣然赴约。我们一行老老小小，在漱芳斋里盘桓了多时。这地方是当年乾隆皇帝退朝小憩之处，也是年节设宴与大臣们联诗的所在，比那些一本正经的宫殿要亲切得多。

　　从漱芳斋出来，已是中午了。骄阳似火，高大的宫墙，也挡不住三伏天的燠热。友人安排了一个午饭的好去处，居然是宫里的冰窖餐厅。

　　所谓的冰窖餐厅，就是利用宫里当年藏冰的皇家冰窖开设的餐厅。从御花园沿着西路南行，过了隆宗门没多远即到。先说说外观，一排四座，都是硬山式建筑，房顶是常见的"卷棚"，俗称为"泥鳅脊"。墙面均不开窗，券门开在南北两端。进门沿台阶下行十多步，凉气拂面，暑气尽消，不由得精神为之一振，好个清凉世界！

访 冰

这里的阴凉是自然生成的,并没有空调之类。窖中很宽敞,东西墙间有6米多,南北长11米多,接近宽度的两倍。最舒服的是举架很高,从地面到穹顶的最高处有5米多,虽是半地下,却毫无逼仄之感。

这个环境,很令人惊喜,落座之后,大家就迫不及待地要我说一说这冰窖的来历。我因为一些特殊的机缘,进宫的机会比较多,所以知道的事儿也多一些,于是开说。

冰窖嘛,自然是藏冰用的。今天的人会不理解,为什么要藏这么多的冰呢?是啊,如今满大街都是冷饮,无论冬夏,家家都有冰箱,自己也可以做。但是,不用往远里说,倒退50年,夏天用的冰,都是冰窖里藏的。

冰窖藏冰的历史很早,早到什么时候呢?夏商周时代的先民就开始用"凌阴"藏冰了。所谓"凌阴",就是早期比较简陋的冰窖。周代"有冰人,掌斩冰"。这个"冰人"就是管藏冰和分冰的专职人员。

当然,越往后,这藏冰的事儿就越专业。三国时候的曹操,曾经修造了3个工程浩大的建筑,号称"三台",分别是"铜雀台"、"金凤台"和"冰井台"。其中的"冰井台"就是专门藏冰用的。据说,每座冰井,有15丈深。到了唐代,还是用"冰井"藏冰。后来的历朝历代,冰窖越造越专业,一直到明清。

我指着周围跟大家说,这座冰窖,是北京城最年轻的皇家冰窖。什么时候的呢?乾隆年间才建造的。宫外头有好几座冰窖年头儿更早,像北海公园东门外的皇家雪池冰窖,是明代万历年间的老窖,被称为"里冰窖"。差不多时候建造的还有德胜门外的皇家冰窖,因为地处城外,被称为"外冰窖",等等。满清接手以后,除了沿用明代的冰窖以外,又在海淀和前门外东珠市口北,新开了两座皇家冰窖。

明清时候冰窖分为官窖和府窖,官窖专供皇家内廷用冰,府窖是特许极少数的功臣开的冰窖。清代200多年间,府窖只有6处:恭王府窖、肃王府窖、礼王府窖、庆王府窖、豫王府窖、睿王府窖。商民冰窖,要晚很多年,光绪年间才获准开办。

冰 窖

年间，现存四座，为清宫藏冰之
外甬路西，呈南北走向，为半地
建筑。每座冰窖东西宽约6米，
窖底下沉地面以下约1.5米，存冰
用条石铺成，四壁则先砌条石，
顶，两端开有拱门。
每年冬至后半个月派差役于紫禁
集清净坚厚的冰块，切割成一尺
冰窖，用于坛庙祭祀以及宫廷夏

Ice Storehouses

e Qianlong Emperor's reign (1736-1795) in the Qing
Storehouses here were used to store ice blocks. The
ures with their arched roofs run from north to south to
path outside the Gate of the Thriving Imperial Clan
storage capacity of up to 5,000 blocks of ice, each
metres long, around six metres wide and around 1.5
al. The storehouse floors were paved with stone and the
abs before bricks were laid atop to form the vaulted
were built at both ends.
r the winter solstice, the Ministry of Works (Jong bu)
arry clean, solid and thick ice blocks from places such
oat and cut them into cubes of approximately fifty
re transferring them to the storehouses. Ice blocks
eremonies at various altars and temples as well as for
.lace.

咖啡
藏茗轩
书
CAFE
TEA
BOOK

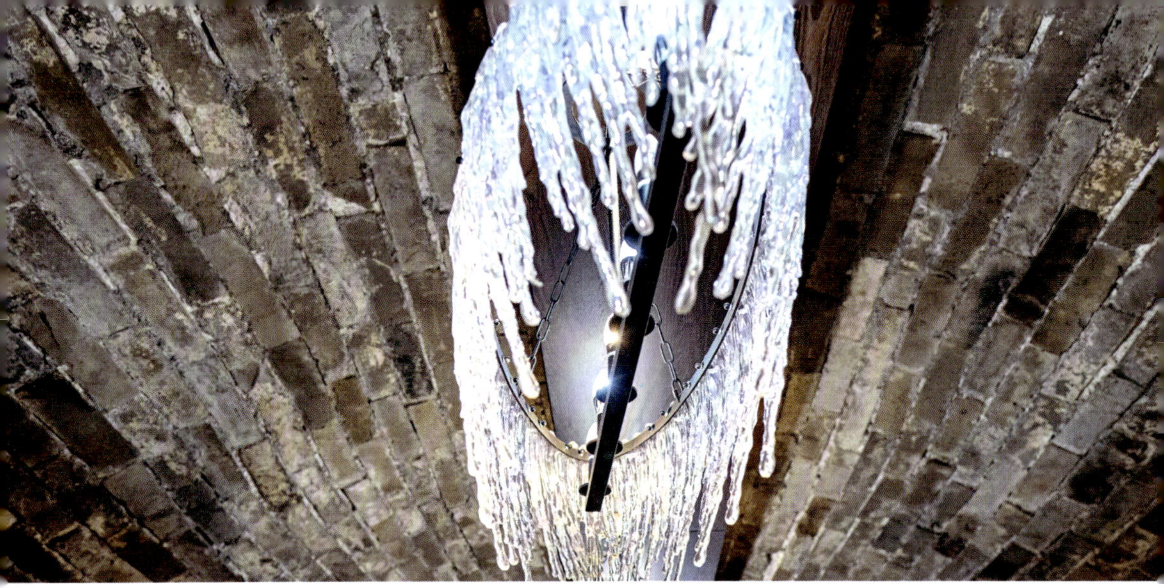

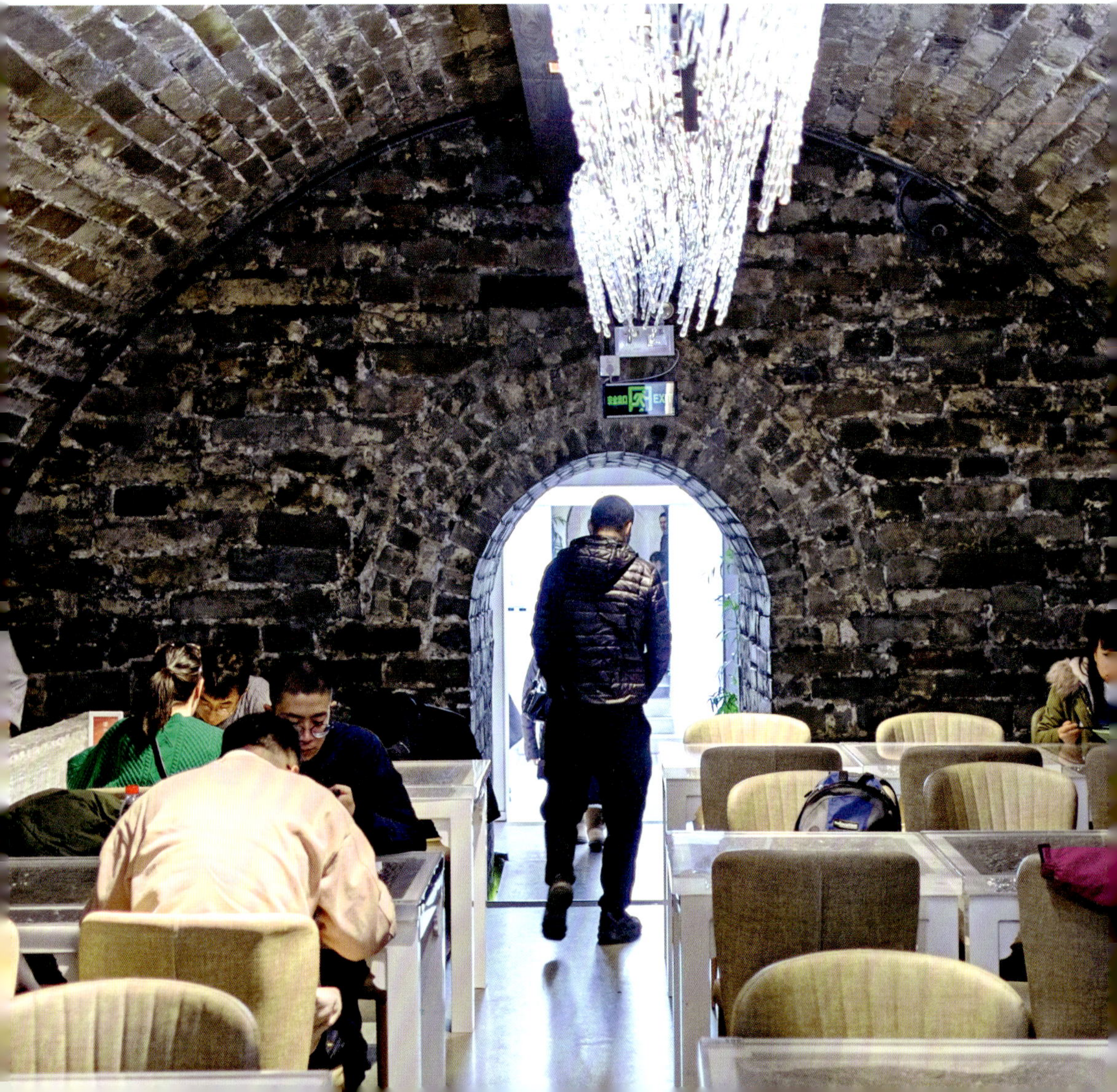
EXIT

菜上齐了，友人招呼着动筷子，说："边吃边聊吧。"大家都听入迷了，这才缓过神儿来。

冰窖餐厅的菜式，大概是沾了点儿皇家气象，摆出来就很气派。首先，餐具是特制的，摆盘很讲究。菜呢？多数都冠以"宫廷""御制"的名号，挺应景。印象比较深的，是那道烤鸭。孩子们围在大师傅身旁数着，居然不多不少，108刀。

打 冰

大家要求说回冰窖。我说："你们知道这个冰窖能码下多少块冰吗？"友人说："几千块吧？"我说："差不多。"据《大清会典》记载，"紫禁城内窖五，藏冰二万五千块"，所以每座冰窖藏冰的数量是五千块。每块冰的尺寸是一尺五寸，也就是半米见方。一个服务员小姑娘听得很入神，不由得插嘴问了一句："怎么是五座呢？我们这儿只有四座呀？"我说："不错，当初建了五座，现存四座。"顺便说说，很奇怪，宫里的建筑都有档案，但这个冰窖是怎么建起来的，却是没有记载。畅春园的冰窖是康熙时候建的，营造的数据很齐全，宫里这几座是仿的畅春园冰窖。比如说墙体厚度是三尺，也就是一米厚。台阶、地面、内墙用的都是豆渣石。这豆渣石又叫作麦饭石，属火山岩类的石料。藏冰融化的时候，豆渣石可以吸附、分解冰水里的杂质、有机物、杂菌等，能防止水的腐败。

"那冰都是哪儿来的呢？是造出来的吗？"小朋友们继续

发问。这个问题提得好，古人早就会造冰，用什么呢？硝石。硝石一遇水就吸热，所以古人夏天热得受不了的时候，就把一个罐子坐在水池子里，周围放上硝石，然后往硝石上浇水，不一会儿，罐子里的水就成了冰水了。但是，大规模的用冰就不行了，那得多少硝石啊？再说，成本也太高了。有一个更好的办法，用了几千年了。什么办法呢？冬天打冰，存起来夏天用，这个冰窖就是干这个用的。

这冬天打冰可是要求很严的，首先要选择最优质的水源。清代有个专管打冰的衙门，隶属工部，叫作"都水清吏司"。先要由这个衙门在还没有结冰的时候，考察积水潭、什刹海、北海、中海、南海以及由什刹海向东南流的御河等处的水质，然后由皇帝颁旨确定。选定地点后，冰窖监督和工部所派官员一起祭河神，接着开上游闸门放水冲刷，再关下游闸门蓄水，再就是等着结冰了。

打冰在冬至以后开始，最好的时候是三九，因为一九、二九冰还不够坚实。基本上是整整一个腊月，每天打冰，直到把所有的冰窖全部装满。天气够冷的话，可以重复打冰三到四茬。这其中，第二、三茬冰的质量最好，结实、干净，可以吃。

每年要打冰了，由工部都水清吏司统一选派人手，由户部拨银子采购设备。给采冰人配备的除了皮袄皮裤、草靴鞍鞋和长筒皮手套，还有打冰的专用工具。一般的固定人员是120人，忙起来人手不够了，还要加雇短工。为了让冰冻得硬，打冰一定是在最冷的夜里。并且，要从水中间开始打。

小朋友们紧张了："人会不会掉到水里去？"我笑了笑说："所以啊，打冰是个技术活儿，不是谁都能干的。那时候干活的场所，都有立着的水火棍，谁要是出错儿，就得挨棍子。"

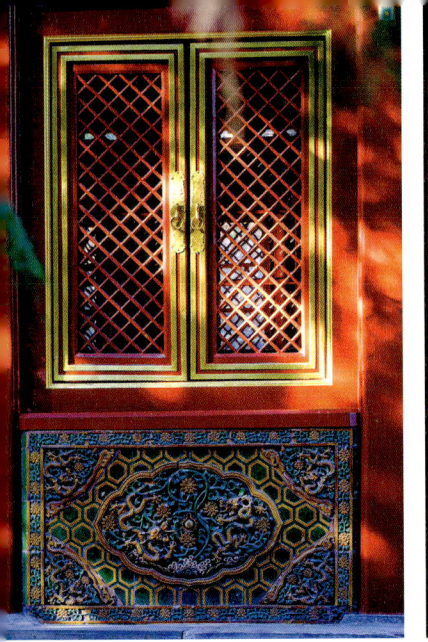

打冰要按部就班，先是领工的用冰镩在冰面上划好一排排一尺半见方的格子，然后大家一字排开，按照划定的尺寸，倒退着镩冰。冰镩是采冰人的重要工具，杆长六尺多，顶部镩头像矛一样，有一尺半长，带有倒钩。打冰人要站直身子，双手握住冰镩，直上直下镩冰。每镩开一块，就用倒钩拖上冰面，交给后面的人用冰刀修齐，然后拖到岸边装车运去冰窖。同样尺寸的冰块儿在冰窖里码得整整齐齐，装满了就封口，直到夏天用冰的时候开封。

用 冰

用冰是每年农历的五月初一到七月三十，宫里的冰窖专供祭祀和内廷使用；海淀的官窖，专供圆明园和颐和园用；其余官窖，给各衙门发冰票，大臣们凭票领冰。天最热的时候，京城正阳门、崇文门、阜成门、安定门、地安门、朝阳门、东直门、西直门、德胜门、宣武门10门外以及东四、西四牌楼，东单、西单牌楼共14个地方发放碎冰，以供军民消暑用。这种地方都扯着一面杏黄小旗，上面是4个大字："皇恩浩荡"。

小朋友们又发问了："那天热的时候，皇上也在冰窖里吃饭吗？"我说："他没有你们这个福分，这个地方满满的都是冰，他进不来。他的宫里有个盛冰的东西，叫作'冰鉴'。注意，这个'鉴'字，在这个地方读'汗'。是个什么东西呢？古代的冰箱。最早是青铜的，曾侯乙墓就出土过冰鉴。"

明清时候，宫里用的冰鉴已经改成老红木的了。两边有提手，上面有两片带孔的盖板。里面挂了一层锡，是搁冰块的地方，要隔水。怎么用呢？先把冰块放进去，再把需要冰镇的水果或者饮料放在冰上，盖上盖板。盖板上有孔，还可以散发冷气。一个冰鉴，两个用途，既是冰箱，又是空调。

这里边的冰能吃吗？当然能吃，那个时候的湖水、河水都很干净。但宫里吃的冰，是专门挖出来的池子，蓄好净水，待结冰时打出来存在冰窖里的。

古代人吃冰的花样还不少呢，唐代已经有了"冰盘""冰瓜"；宋代把果汁、牛奶、药菊、冰块调在一起，名叫"冰酪"；元代的忽必烈曾经把皇家冷饮"冰酪"赏赐给马可·波罗。这时候，服务员又给每个人端上来一个小碗，说是皇家冰碗儿。打开碗盖儿一看，啊！冰激凌！

冰窖餐厅里，响起了一片笑声。

簋街

在舌尖跳动的万千滋味与真实人生

文　小欧

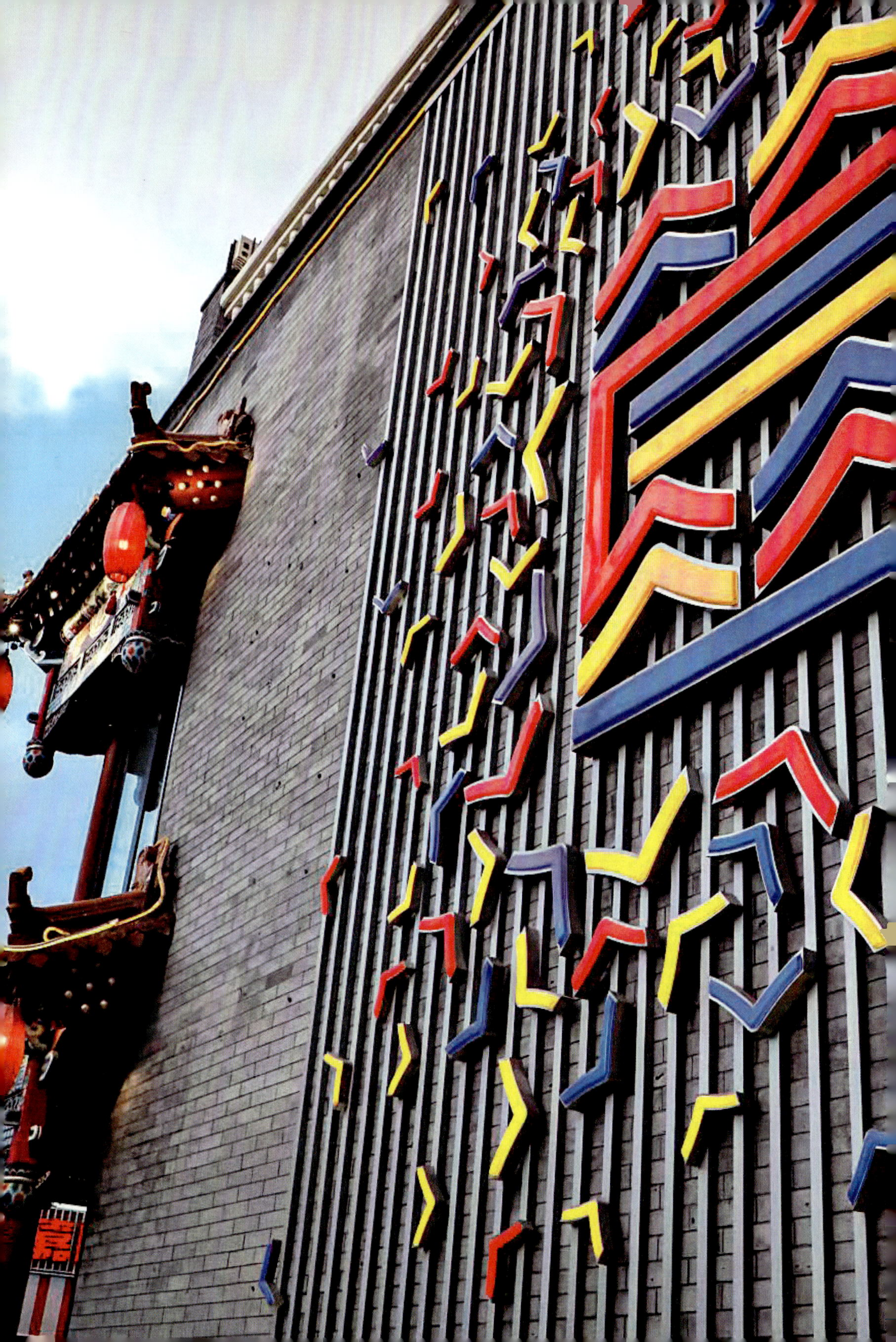

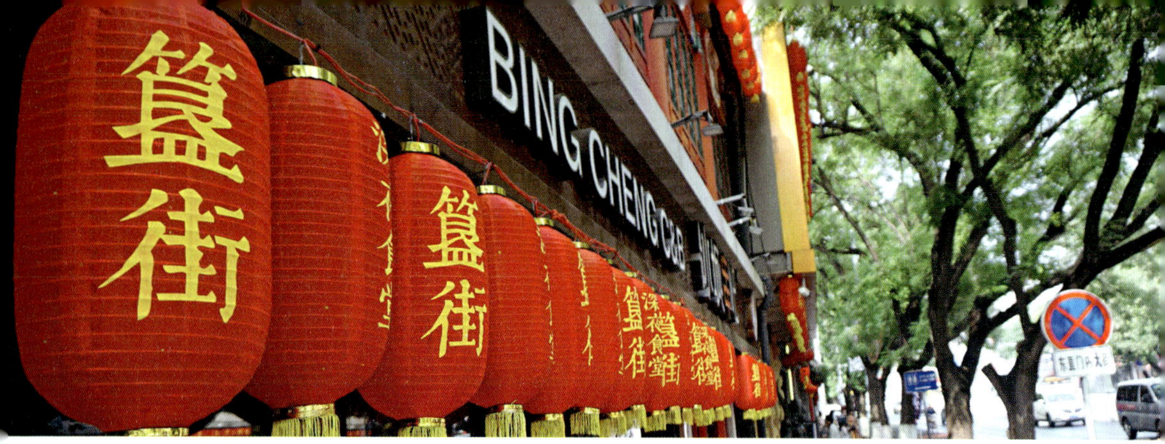
簋街
BING CHENG
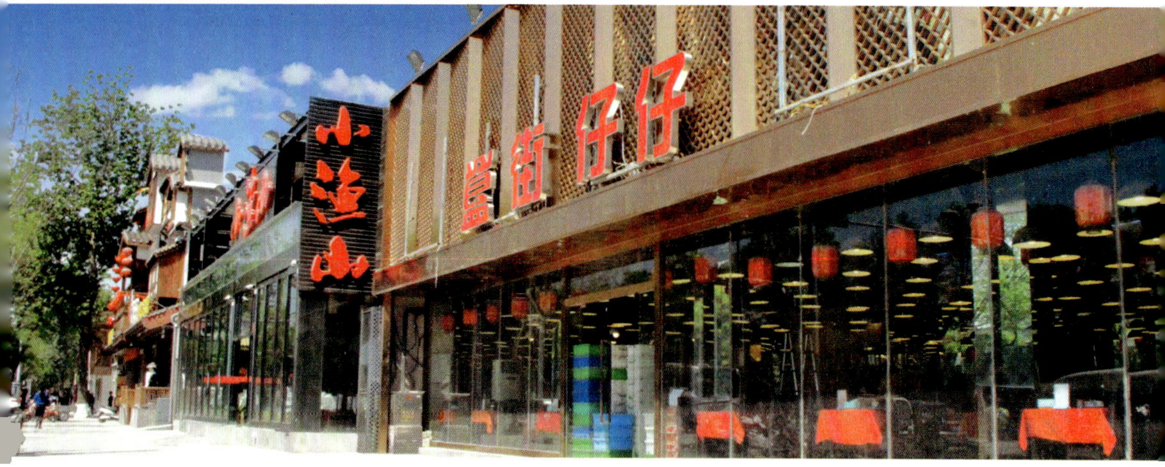
小渔山
簋街仔仔
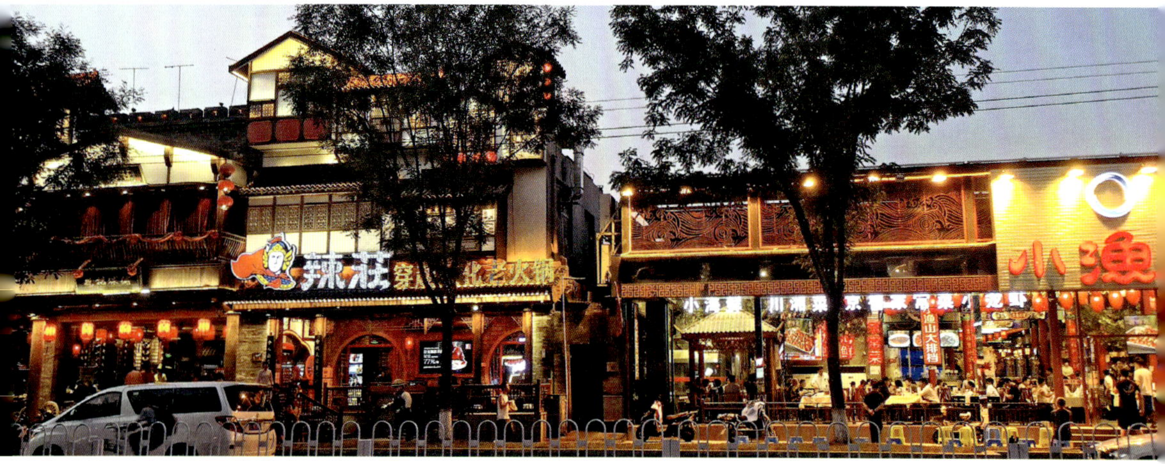
辣莊
小渔

簋街似乎总是属于夜晚的。夜里它神采奕奕，闪亮发光，而在白天的某个时刻经过它，却好像变成了一个平常的街道，即使已近正午，街面店铺饭堂似乎都还没有苏醒，直到又一个黄昏来临，整条街道又再度成为"流动的盛宴"。

这里确实有一种流动之感，流动的人群，流动的话语，流动的车河，流动的灯火。坐在出租车上，"师傅，去簋街。"然后你就什么也不必管，不怕师傅不认路。而那条小街也总是堵得寸步难移，大多数时候司机将你放在路口，你要自己步行去往约定的地点。去时不怎么容易，回时也难，聚会结束，已近凌晨，还没有打车软件的时代，在这条总是热气腾腾的小街上等着空车，需要靠运气和耐心。

对簋街的记忆，是跟吃有关，但归根结底，还是跟人生中不同阶段一起吃饭的人紧密相关。多年未见的同学故友，约在这里相见，想让对方感受北京城二环里的夜生活和烟火气。加完班的深夜里，和同事一起打车来到这里，围火锅而坐，口腹饱足之际，远忧近虑的知心话也都互相倾吐了出来。

这里有着平民市集一般的热闹，记得花家怡园里定时演奏的丝竹之音，小青岛海鲜平价又新鲜的虾蟹，金簋小山城沸腾的热气和人声，胡大门口总是排着长队，实在太饿就先去旁边买一碗卤煮火烧……这些人、物、事，与吃到的食物，一起构成我们人生的一部分底色。簋街的历史，也似乎和我们自己的时间重叠着。

这条街，最初只是被叫作东直门内大街，从交道口东大街东端到东直门立交桥西端，也就是在北新桥地铁站和东直门桥之间，不到两公里的区间。早年间的东直门内大街，远没有如今这样繁华，也几乎没什么夜生活。街道上最有名的，还是稻香村的东直门总店。东直门外相继兴建使馆区和商贸区之后，有商业嗅觉的餐饮业经营者看到了这里发展的可能性，二环内的街区慢慢开始有了活力。

　　最先在这里开起来通宵餐饮的是晓林火锅，那时还是叫晓林菜馆，特点是凌晨不打烊。东直门附近使馆区的工作人员发现这里竟然能找到吃夜宵的地方，口口相传，几个月后，晓林菜馆晚上的客人就比白天多了，东内大街上也聚集了当时北京少有的夜生活的人气，成了夜宵一条街。接着，24小时营业的

金鼎轩总店也在这里开业，最初它的名字还叫金鼎酒楼，后来才改为金鼎轩，直到2002年因为街道周边拆迁搬到地坛之前，它都是簋街人气最旺的地方之一。这一次的拆迁，也曾经令人担心簋街的人气是不是要流失了，好在，簋街用它那自发的野生力量挺了过来。

而我已经想不起来自己最早是因为什么机缘来这里的，是否跟风行一时的"麻小"（麻辣小龙虾）火起来有关？这条街上是什么流行，什么就兴盛一时。"麻小"火了，于是一条街几乎成为被"麻小"占领的世界，人们戏称"麻小"是簋街的图腾。然后又是酸汤鱼、水煮鱼、烤鱼、馋嘴蛙轮番上场……但麻小、烤鱼和火锅始终被称为簋街的"三剑客"。簋街也是平民美食的风向标，这里红火的，很快也会蔓延到全城。

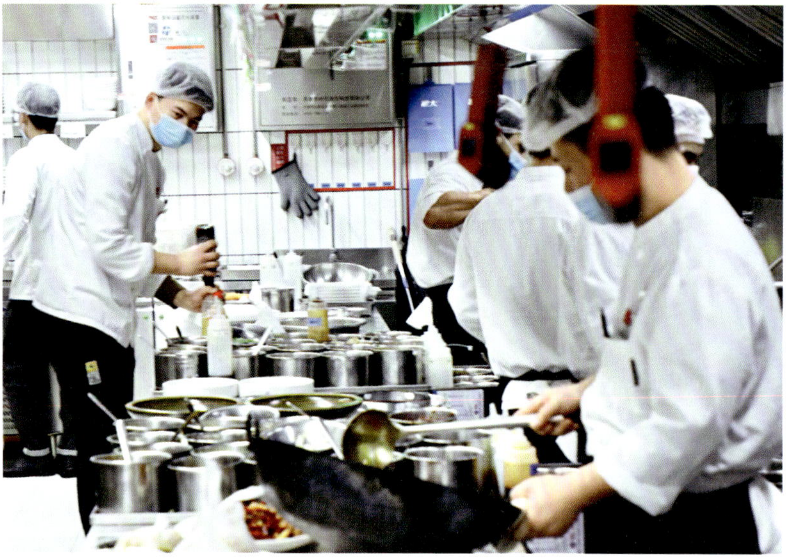

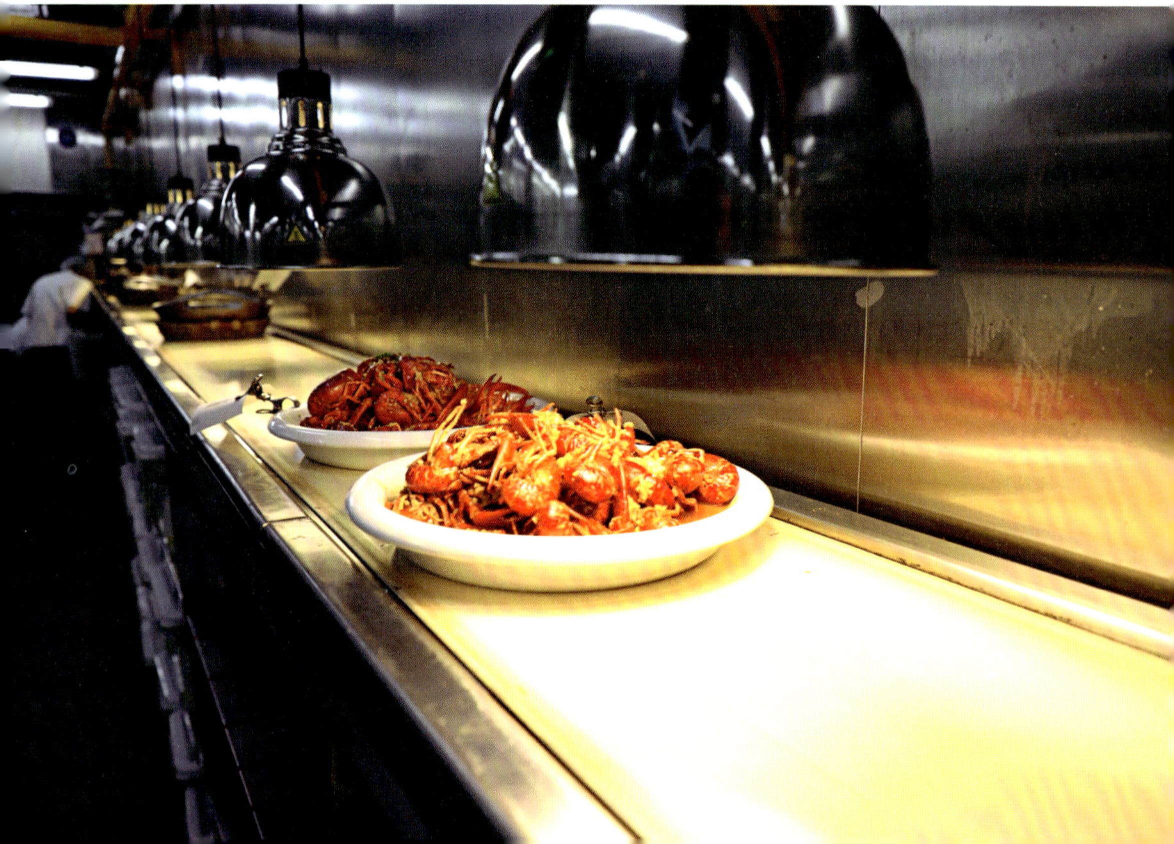

"麻小"的流行，大概要归功于花家怡园举办的"麻小节"吧。坊间甚至还流传着小龙虾曾经拯救了簋街的传奇说法。2002年的那次拆迁，簋街100多家餐厅只剩下40多家，大批餐厅撤退，人们甚至觉得簋街再火起来的可能性极小。花家怡园的老板组织留守的商户举办了为期一周的"麻小节"，吸引了十几万人。吃"麻小"比赛中，一个11岁的小姑娘用2分钟吃掉30只"麻小"的英勇战绩一举夺魁，成为趣谈。

有媒体深挖过，簋街一度有至少43家餐厅在售卖"麻小"，位于簋街西侧的胡大饭馆生意最兴隆，总店一晚约发出600个等位号。每天，胡大饭馆大约会消耗辣椒2000斤，花椒200斤，麻椒150斤，大豆油3000斤，菜籽油、牛油各400斤，至少售出6000斤也就是7万只小龙虾。而在"五一""十一"这样的小长假里，这个数字甚至可以达到1万斤。这需要12名工人从8点到20点一刻不停地对小龙虾进行挑选，按重量分装成不同等级档次。然后胡大饭馆的30多名烧虾师，每天一起要将至少3吨小龙虾加工成鲜红油亮色的半成品。

簋街重新活起来了。

簋街新地标的建立，是在2008年北京奥运会前夕，东直门立交桥西侧立起了"伯簋"雕塑。短短一公里多的街道，最兴盛的时候有150多家商业店铺，餐馆占了90%之多。晚上这里灯火通明，满街的红灯笼、醒目的招牌、烹煎炸煮的食

物香气。如果说什么叫活色生香，这一番世俗景象便是最好的诠释吧。

2016年，簋街又经受了一次全面整治改造，街道面貌焕然一新。簋街西段、东段拆除违法建设207处，改造后人行道宽了3米多，树也比以前多了，公厕改头换面，附近的3个老旧胡同重新修排水布线。

这是十几年里，簋街经历的两次较大的改造。虽然街面的店铺有增有减，这是在所难免的，然而它的江湖地位始终没有被取代，甚至还缓慢地挺过了最艰难的疫情时期。

2022年1月，一部以《簋街》为名的话剧将这人与店的命运在时代里起起伏伏的故事搬上了舞台。主演们走进花家怡园、胡大总店的后厨，换上厨师装束，将餐厅后厨当作排练场进行实景排练。

话剧《簋街》的故事就像是现实的投射。它讲述了簋街第一家饭馆30年间由起到落，又由衰转盛的酸甜苦辣。而住在簋街的李家、金家等三代人的平凡人生，也与这家饭馆紧密地交织在一起。作为话剧主角的"李一刀"，在副食店里以切肉"一刀准"闻名。在改革开放初期他早早辞职，先后成了簋街第一个摆摊儿的人、第一个开酒盈樽饭馆的人，同时又坚守着匠人精神，维护老手艺人的尊严和传承。这条街上还有着"李一刀"的"死对头"卖小龙虾的"龙虾一哥"等形形色色有趣的角色，让整条街都活了起来。这部充满京味文化的话剧，融合了戏曲、音乐剧、曲艺等多种元素，剧中的道具、服装都很细致，舞美充分放大了北京在不同年代背景下的风格与时代符号，从侧面也可以看出簋街不同阶段的变化发展、老北京世俗生活的一草一木，以及父子之情、邻里之义、对美食和文化的守护与传承，可以说，剧中的每个角色都可以在簋街上找到若干个原型。

撑起簋街的，还有这里不能忽视的服务员、保安、卖花的人、代驾、外卖员等，他们都是努力讨生活的人。正是这些形形色色的人，构成了真实的人生。

环境在变，市场在变，簋街上的生态也同样在变，渐渐多了些年轻的网红小店，咖啡、甜品、特色杂货店等。打着旗子的导游带着成群结队的游客，也把这里当作一个旅游景点。时代的浪潮，一波波地涌动，簋街这个餐饮的江湖，依然还在续写故事。

伯簋

伯簋，西周早期食器（约公元前1043年）。
This is a replica of BoGui, which was the

in early Western Z

商周时期簋是重要的礼器，有天子用"九
History records it was used to hold cooked food in la

Beijing

煮熟的饭食的器具。

(abou 1043 BC).

之记载。

crifice ceremonies.

District People Government

稻香村零号店

蘸满岁月甜香的"小确幸"

文 盛蕾

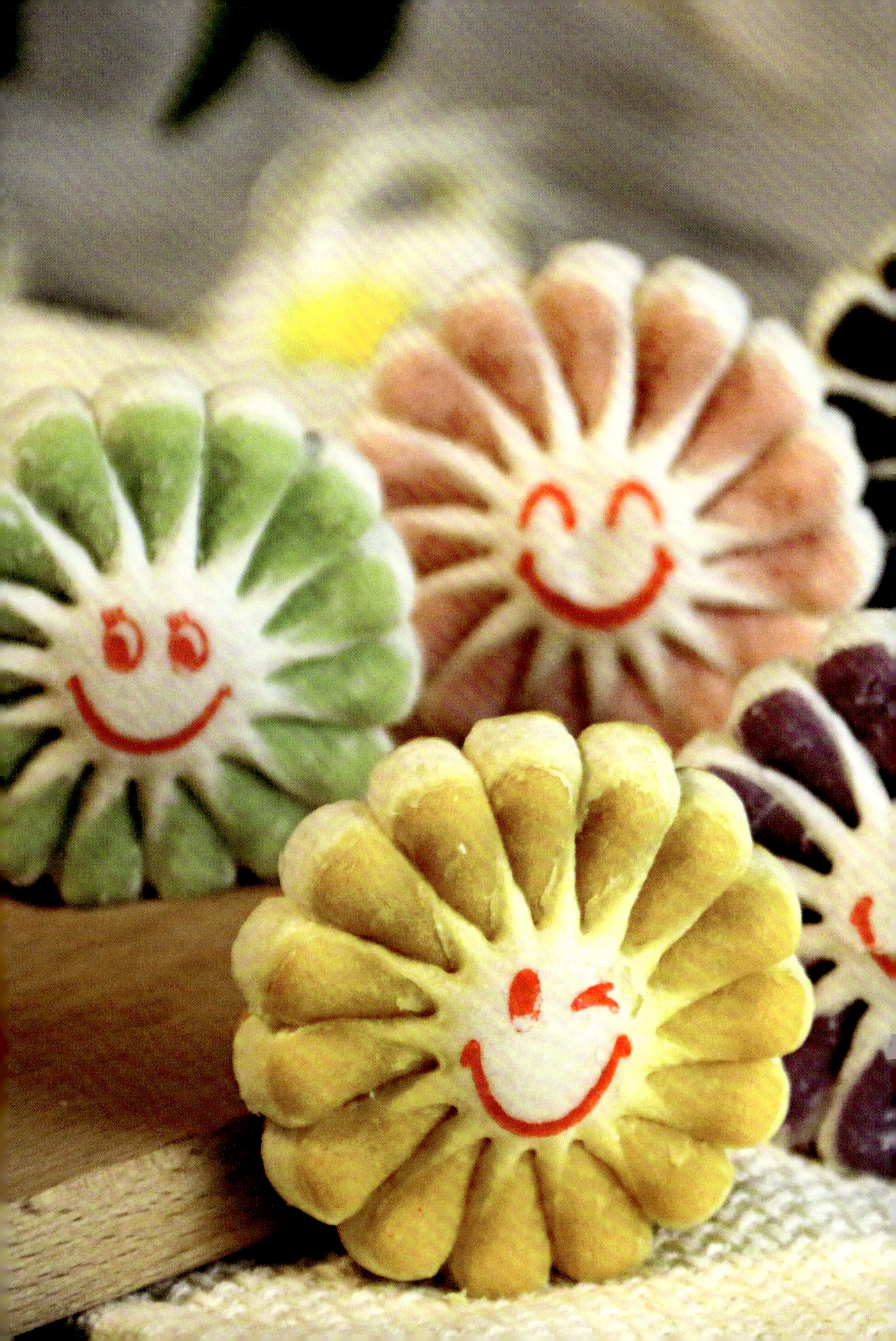

"这次运来的图书里，可否夹带一点稻香村的点心？我们都很怀念家乡的味道。"

2021年7月，在与大洋彼岸的英国北京联合会李海会长商议"潮北京"2021北京—伦敦双城连线活动时，李海会长提出了这样一个小小的请求。她说，英国主办方这边很多的华侨华人都来自北京，很渴望尝一尝家乡的味道。

如果去问扎根异乡的游子：什么东西最能够搅动思乡的情怀，安慰恋乡的心灵？游子们一定会告诉你：如果不能亲见记忆中的故乡，那必然是流连在唇齿间、带着岁月气息的家乡味道——不管离开北京多久，不论相隔多远，吃上一口带着记忆的北京味道，那种家的味道就又回来了。这个感觉全人类相通，就像《寻找遗忘的时光》中的马塞尔，在人生的某一时刻唇边邂逅了玛德琳蛋糕，从而拥有了幸福的童年回忆。

视觉里的故乡，也许会因城市的发展而改变模样；但味觉里的故乡若还能传承下来，那便是这方土地上的孩子们最为感动的生生不息的陪伴……

——熟悉的味道，从来都是安抚思念的灵丹妙药。

清晨5点，在北京这座大都市将要随日出苏醒的时候，有一群人已经赶在夜尽微明之前，忙碌在自己的工作岗位上了——北京传统老字号稻香村制作点心的师傅们，此刻早已穿戴整齐，把醒发的面团放在案板上进行揉搓切块，烤箱预热，准备开启香气扑鼻的一天了……

说起北京稻香村，好像没有哪位长期生活在这座城市里的朋友不知道它的存在。这个北京市民最熟悉，也最亲民的京味点心铺子，每个土生土长的北京孩子都吃过的大众点心，在北京的大街小巷开有许多分店，散布很广，且均是前店后厂的模式，制作出来的点心十分新鲜可口，是这座城市的人们生活中不可或缺的陪伴——它始于1895年，至今已有100多年的悠久历史，是有着深厚历史积淀的民族品牌。

我去探访的，是北京稻香村所有店铺中最为特殊的一家：它位于东四北大街152号，号称是全北京鼎鼎有名的零号店，也是近期人气兴旺的食品类网红打卡地。

它的特殊不仅在于它所处的位置——位于北京市历史文

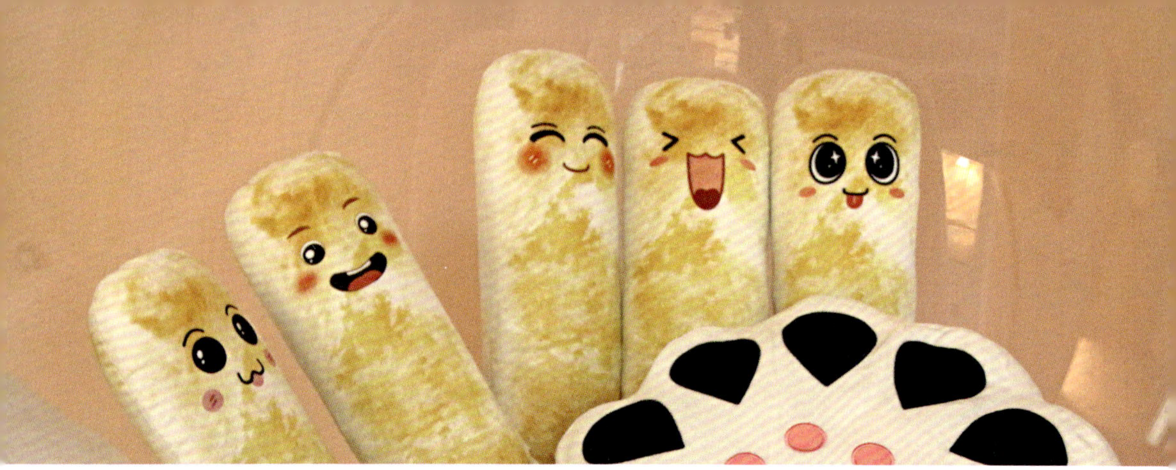

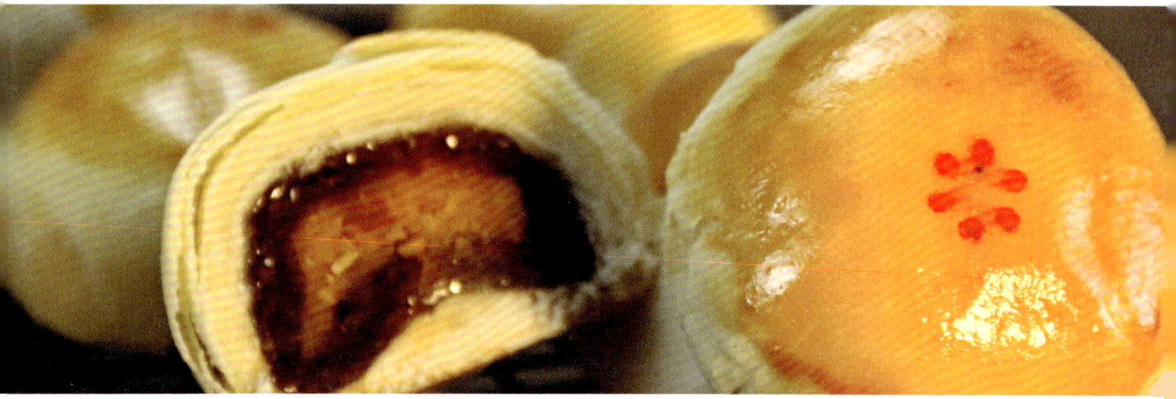

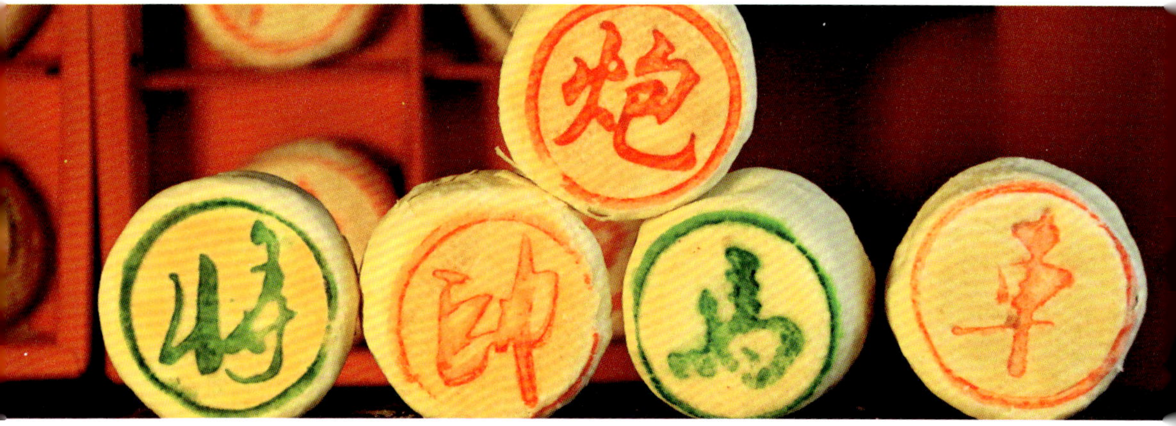
炮

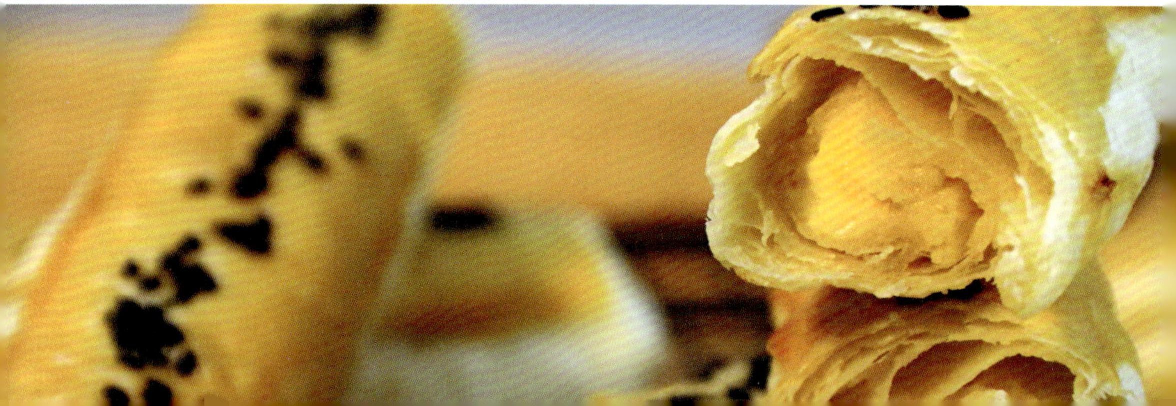

化氛围最浓厚的东城区。著名的新北京十六景中的"天安丽日""紫禁夕晖",以及雍和宫、国子监、太庙、社稷坛、古观象台、钟鼓楼、文天祥祠、北大红楼都围绕在它的周围……

它的特殊还在于它的情怀：1984年1月,北京稻香村南味食品店第一营业部整装复业,当天虽寒风凛冽,但京城的街头巷尾重新飘来的久违的糕点香气仍然让百姓们排起了长长的队伍……我此次探访的北京稻香村零号店位置,正是复业第一家门店旧址。

走进零号店,感受也是特殊的：这家店虽然不大,但是氛围感极强。走进这里,犹如走进了一道时光之门——迎面是古色古香的清代宫廷建筑及文化的传统国画元素,传统怀旧的文化氛围让人宛如穿越。入门后的正中央是糕点文化展示区,经典糕点的摆盘、稻香村典籍、制作工具陈列都让人耳目一新。一些与中国传统糕点紧密相关的文化元素勾勒出传承的脉络,如象征高升和如意的祥云图案,在北京稻香村糕点模具中经常使用,传达了美好祝愿;还有在制作糕点时常用的重要工具"走锤",被巧妙地设计成灯具及隔断;特别是北京稻香村的枣花酥、牛舌饼等明星产品也成为了装饰中的重要元素,被做成了靠垫和挂饰,增添了更多趣味性。正后区是传统记忆展示区,有古色古香的牌匾、景绘街道、放置着枣花酥抱枕靠垫的休闲木长椅等,让人仿佛置身于时光走廊,停驻在昔日记忆里。右侧是糕点制作参观区,两位衣着整洁的大师傅现场制作

糕点，让人食欲顿起，口水也在舌齿间打转儿。烘焙互动区则有饮品制作区和休息区等——不愧是零号店，这里已经成了承载民俗、美食、文化、城市记忆的所在。

我对北京稻香村最初的记忆，是20世纪80年代。当年最让尚在年幼的我激动的就是手中那串红彤彤的冰糖葫芦，最让人喜悦的就是逢年过节父母带回家的用细牛皮纸绳捆好的、用油纸包裹着盖着红戳儿的点心——那是过节时，或者走亲戚时才能享用的美味，是儿时口中最甜蜜踏实的记忆。在今天的稻香村零号店，这样的回忆依旧能找到安放之处，那些盖着红戳的传统点心，像一把把回忆的钥匙，在心里打开了温馨的童年记忆之门……

从20世纪90年代末至今，目光所及之处，就能看到前店后厂充满亲切感的北京稻香村门面房，这是我们当年做学生时经常光顾、可以轻松享用的美味。而今，在离我当年的大学不远处的零号店，点心的品种也发生了翻天覆地的变化。

"这是我们零号店的产品最特殊的地方：除了保留传统点心的记忆，我们这里的师傅们拿出大量的时间和心血革新和创造了新的款式和口味，"店员自豪地告诉我说，"我们这里很多的点心品种，在别的稻香村门店里是买不到的，完全独创。"

我看了一下品种单，分成了"传统记忆""北京胡同""现烤月饼""国粹京剧""创意味稻""中国象棋""紫禁花开"等七大类糕点，将中国传统文化、北京特色和世界糕点的潮流元素融合得别有一番风味。"传统记忆"里的牛舌饼保持了稻香村一贯的传统口味，而"北京胡同"系列里的"柿柿如意"这款点心，外形像柿子，内里的馅也是用柿子做的，能瞬间让人想到北京秋天红彤彤的柿子挂满枝头的独特风光。"芝士蛋黄酥"则将世界潮流糕点的宠材芝士融入了传统的蛋黄酥里，如果把刚烤好的点心趁热撕开，还能拉出软软香香的芝士丝，口

感相当令人幸福!

  我最爱吃的是"门牌胡同"——一款现做现卖的古旧红墙颜色的红丝绒奶油蛋糕。我去的时候,正逢大师傅们在透明的操作间给这款刚烤好的蛋糕中间涂抹奶油,切块,然后在每一个小块蛋糕上,用筛子筛下"东四北大街152号"的独特标识……看到此番景象,我连忙掏出手机扫码购买,拿到手后趁着新鲜,迫不及待地在休息区坐下,轻轻取下一块儿放入口中,那种绵软清甜的舒适感顿时在舌齿间弥散开来,奶油入口即化,配上咖啡或者饮品,若再有知心好友在旁,绝了!

  除了现烤点心,北京稻香村零号店里还有专门的创新的茶水吧,可以现做各种饮品——听说"牛舌鲜乳茶"是爆款,好奇心驱使我马上点了一杯。店员提醒说,这是用牛舌饼内馅同款食材做的。我更加好奇到底会是什么滋味,但拿到后一口喝下去,味觉立马被刷新了——这个口味非常独特,它竟然是椒盐儿味的!生平第一次尝到这个味道的奶茶,好奇宝宝们可以踊跃一试。

  零号店除了这款独特饮品,还有"玫瑰鲜乳茶""枣泥鲜乳茶""五仁鲜乳茶"等。这款"五仁鲜乳茶"我要重点说说,它颠覆了我对五仁月饼望而却步的恐慌记忆。这款材料做成了奶茶后居然格外香醇好喝,真是意想不到!这个店里的每款鲜乳茶都可以做成热的或者冰的,还能加珍珠、燕麦、青稞等很多小料,可以把不同的口味照顾得很好。

零号店现烤的"文房四宝绿豆冰糕"也很有意思——仙笔、宣纸、砚台，以及"浓墨巧克力酱"，作为顾客的我们还可以在刚烤好的绿豆糕上自己涂酱，想写什么都可以。这是点心和食客的另类互动体验。

象征着"紫禁花开"的百花饼，一共6个口味，送给穿着汉服的姑娘们一定很浪漫吧？"国粹京剧"系列送给我爸爸这样热爱京剧的老人家，也一定会博得他的开心喝彩吧？还有极有个性的"中国象棋"系列：不同馅料的大帅饼、将军饼、神车饼、战马饼……每块儿都沉甸甸的，造型神似象棋——家里若有爱下棋的老大爷或是送给他的棋友们，会很酷的吧！

这家店也很适合带着父母一起来，古朴的氛围、新奇的糕点和饮品，还有可以堂食的桌椅，以及满满的怀旧氛围……来这里，品味的不只是舌尖的甜蜜，更多的，是一份蘸满了岁月味道的"小确幸"：在萦绕的甜香中，与亲人团聚，与挚爱的朋友团聚，与时光中的自己团聚……

229

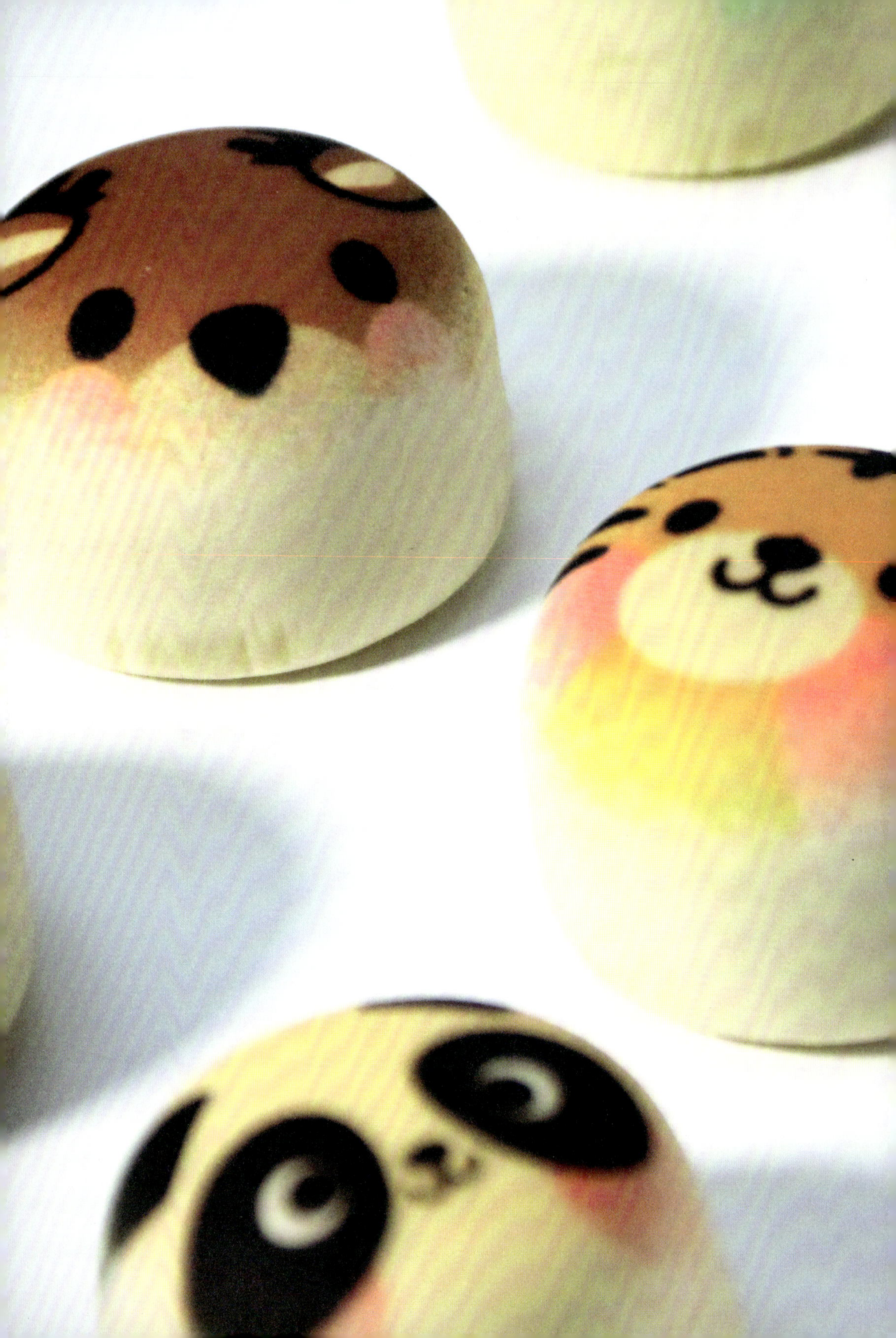

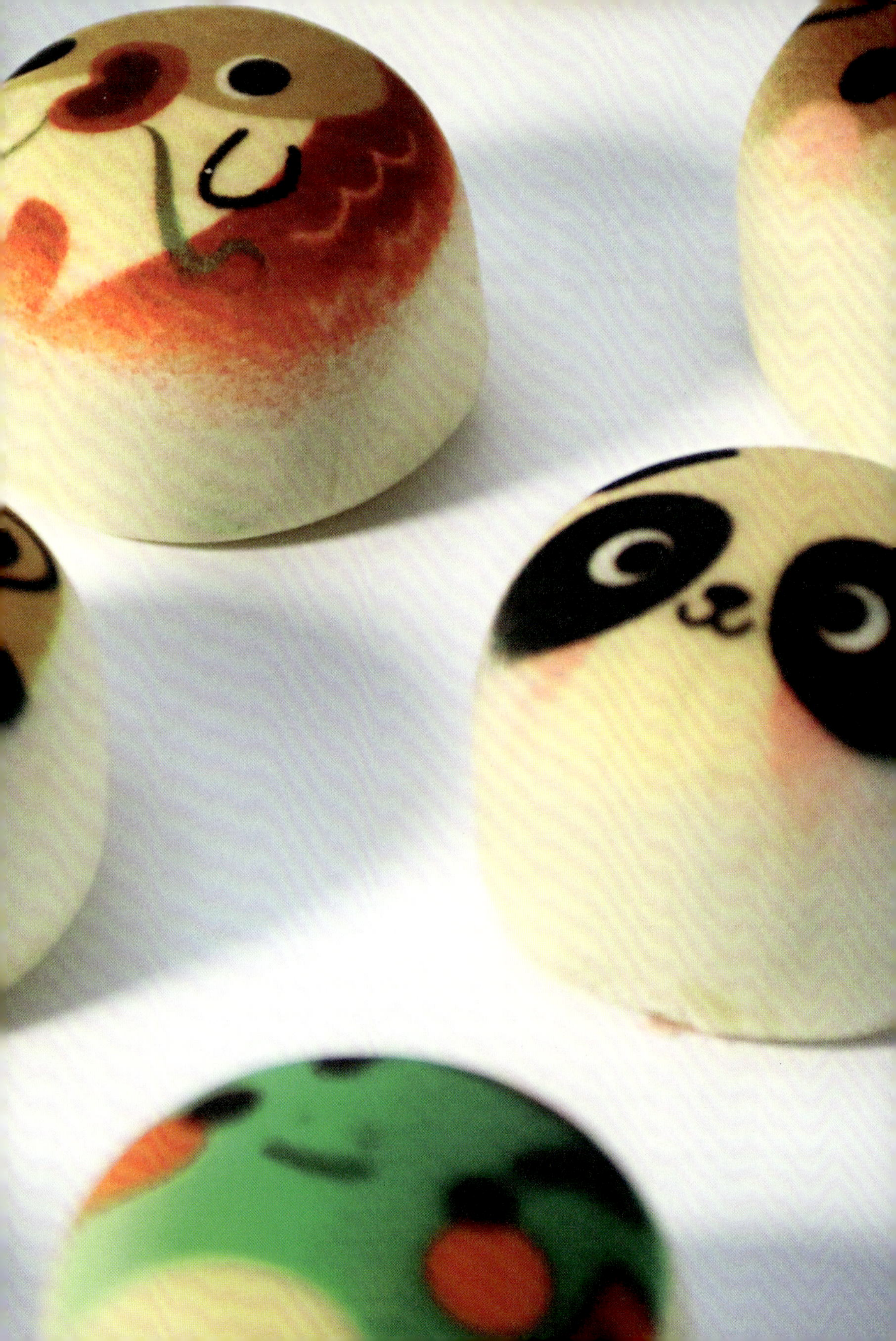

前门三里河

胡同人家
临花照水水穿巷

文 毛路

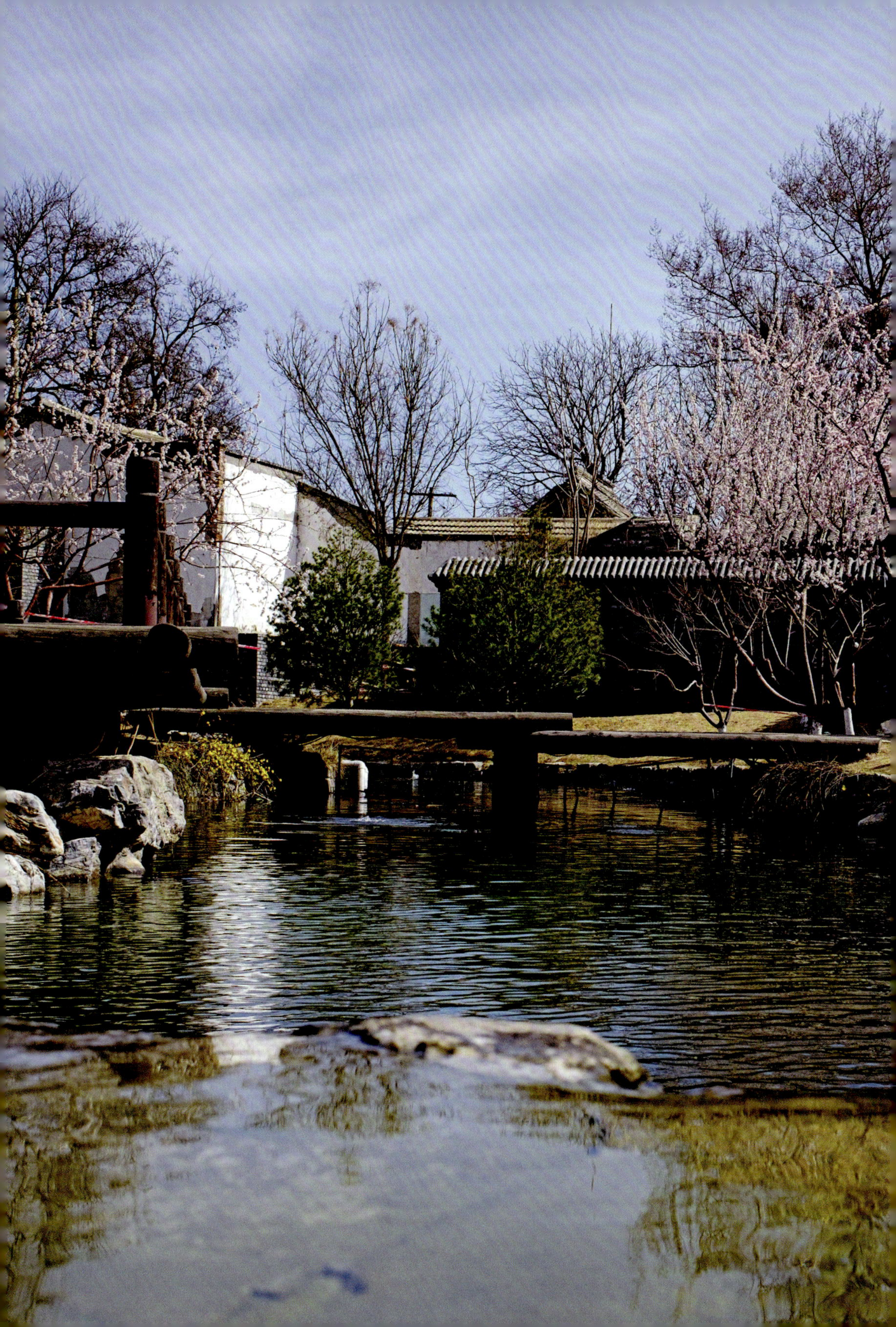

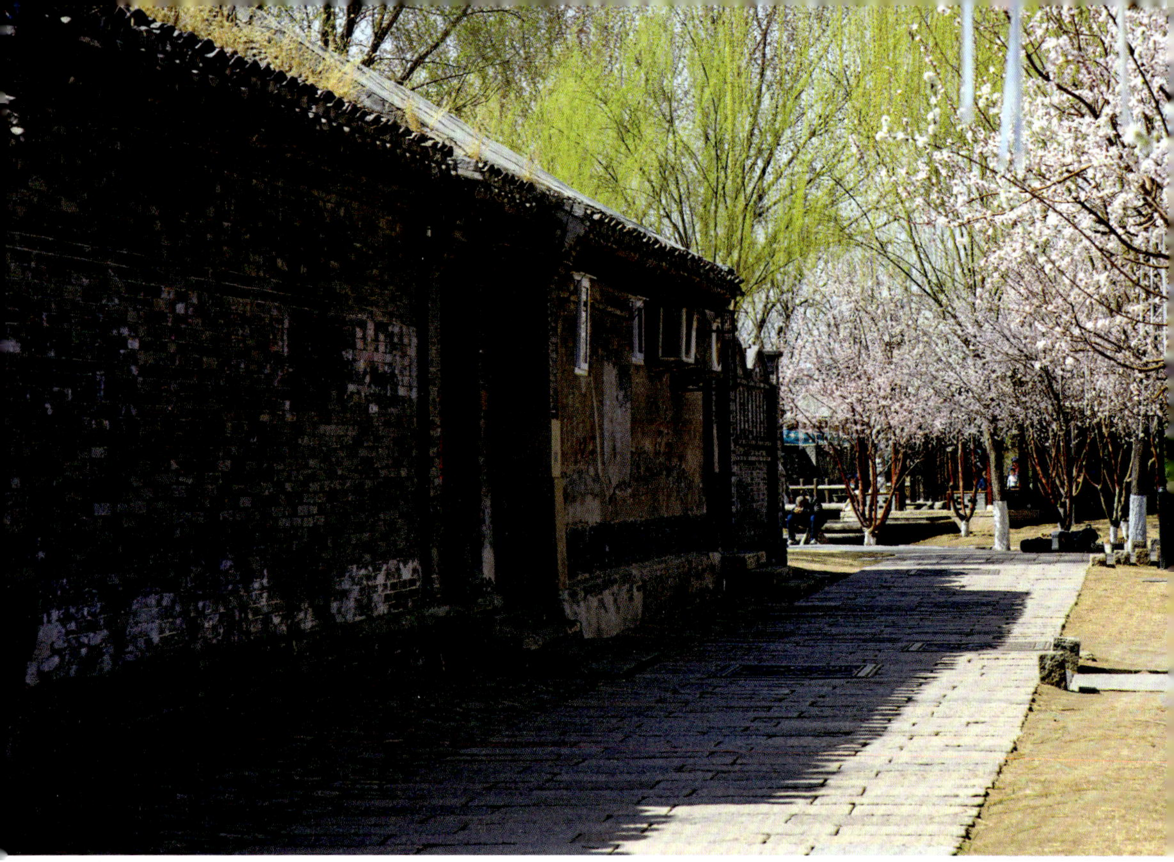

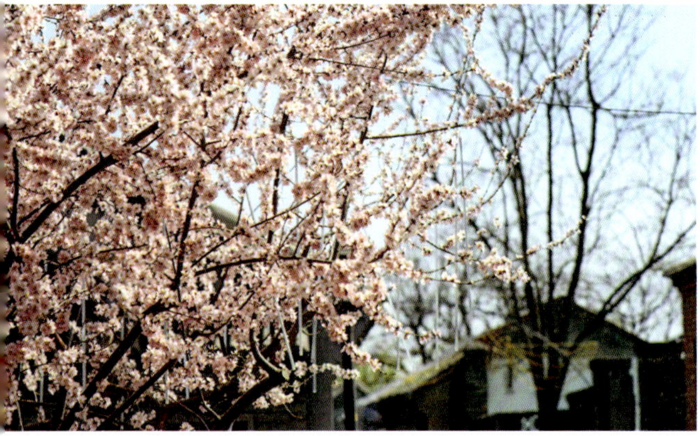

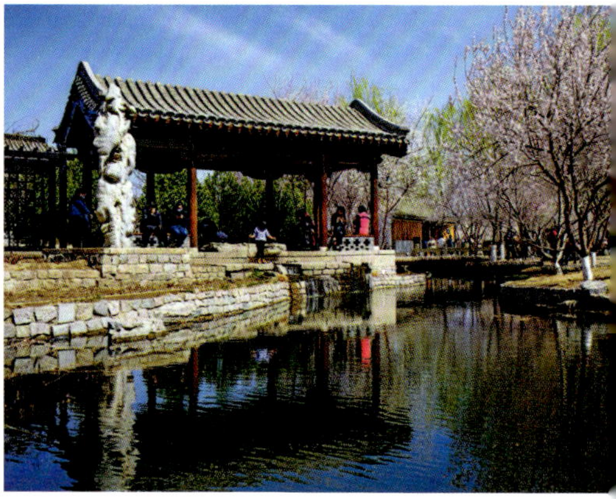

说起前门，恐怕很多人首先想到的是大名鼎鼎的前门步行街和后起之秀北京坊。不过今天我要给大家介绍前门的另一个"宝藏"之地——三里河。北京有两条三里河，一条在阜成门外，因地处京城西部，被称为西三里河；一条在东城正阳门外珠市口东大街，正是今天要说的前门三里河。

前门步行街有一条岔道，叫鲜鱼口老字号美食街，从这条街的东口出来，穿过前门东路，就能看见一组卖鱼塑像。顺着雕像往南走几步，就会发现自己仿佛穿越到了江南水乡——这里就是三里河公园。一条小河贯穿公园南北，夏天的时候，碧波荡漾，荷花盛开，锦鲤畅游池底，野鸭嬉戏其间。

紧挨着公园入口处，有家叫"茶鱼"的饮品店。在逛公园之前，你可以先去那里喝上一杯茶饮。天气暖和的时候，店家会在室外摆上桌椅。你可以一边喝茶，一边欣赏河道里逍遥自在、活泼可爱的锦鲤，惬意十足。他们家的饮品，我最喜欢的是"满杯红柚"，真材实料，酸甜适中。

喝完茶，顺着小河往公园深处走，会发现这并不是一片传统意义上的公园。园区里保留了很多老胡同住宅，经过翻修维护，跟公园美景融为一体。我曾带着一位外国朋友参观这里。他感叹道："哇，居然把胡同建在了公园里，太有创意了！"我笑着纠正他："是把公园建在了胡同里，先有胡同，再有公园！"他更觉得不可思议，能在胡同区规划出如此别致优雅的公园，负责这个项目的团队一定非常厉害。这片区域还有不少古建筑：江西新建会馆、江西丰城会馆、安徽泾县会馆、福建汀州会馆南馆等。

国内第一家杂志图书馆、被评为2019年度北京十大最美书店之一的"春风习习"就藏在三里河公园内。纯木色的大门别具一格，像一个嵌入房间的盒子。图书馆门前就是小河，隆冬时节，河水结冰，许多家长带着小朋友在河里玩耍，嬉笑声不断。推门走进图书馆，世界立刻安静下来。里面的客人要么静静地翻看杂志，要么默默地喝咖啡发呆，参观的游客被这种氛围感染，说话也会压低声音。

晚上的公园也很值得一逛。夜幕降临，树木上缠的灯带亮起来，置身其间，所有的疲惫和烦躁一扫而光。

逛完公园，可以去公园附近的西兴隆街转转。这条街平时清幽安静，却藏着不少独立咖啡馆、小酒馆和创意餐厅。我最中意的两家餐厅，一家是位于108号的"席上喳喳"，另一家是位于53号的"粤溪菜馆"。

记得我两年前第一次路过"席上喳喳"，从外面看，很像一家文艺的咖啡馆，进去之后才知道是家餐厅。强烈推荐他们的香肠腊肉洋芋卷和牛肉汤粉。

我猜老板是位音乐迷，店里放着不少音乐杂志，以放克（Funk）为主。这里偶尔还会有DJ驻场。夏天的时候，我喜欢约上好友，来这里听着音乐小酌几杯。他们家的鸡尾酒颇有特色，不同于一般用威士忌、金酒或伏特加等洋酒做基酒的鸡尾

酒，这里主要以米酒为基酒，价格实惠，清爽可口。

　　这条街上有一家名气很大、店面很小的咖啡馆，叫"大小咖啡"，位于60号。这家咖啡馆装修得非常艺术，大门是玻璃加金属，室内有一扇卷帘门作为背景墙，上面印着咖啡、茶饮的种类和价格。到了晚上，那扇卷帘门可以拉开，后面是整墙的酒柜，摆满了各式金酒。而咖啡操作台化身吧台，像变魔术一般，摇身一变，这里就变成了一家金酒酒吧。由于空间比较小，客人们都围坐在吧台，就算是陌生人也会很自然地闲聊几句，跟一般的酒吧相比，这里少了几分嘈杂，多了几分温馨。

杨梅竹斜街

热闹与安静
都恰到好处

文 毛路

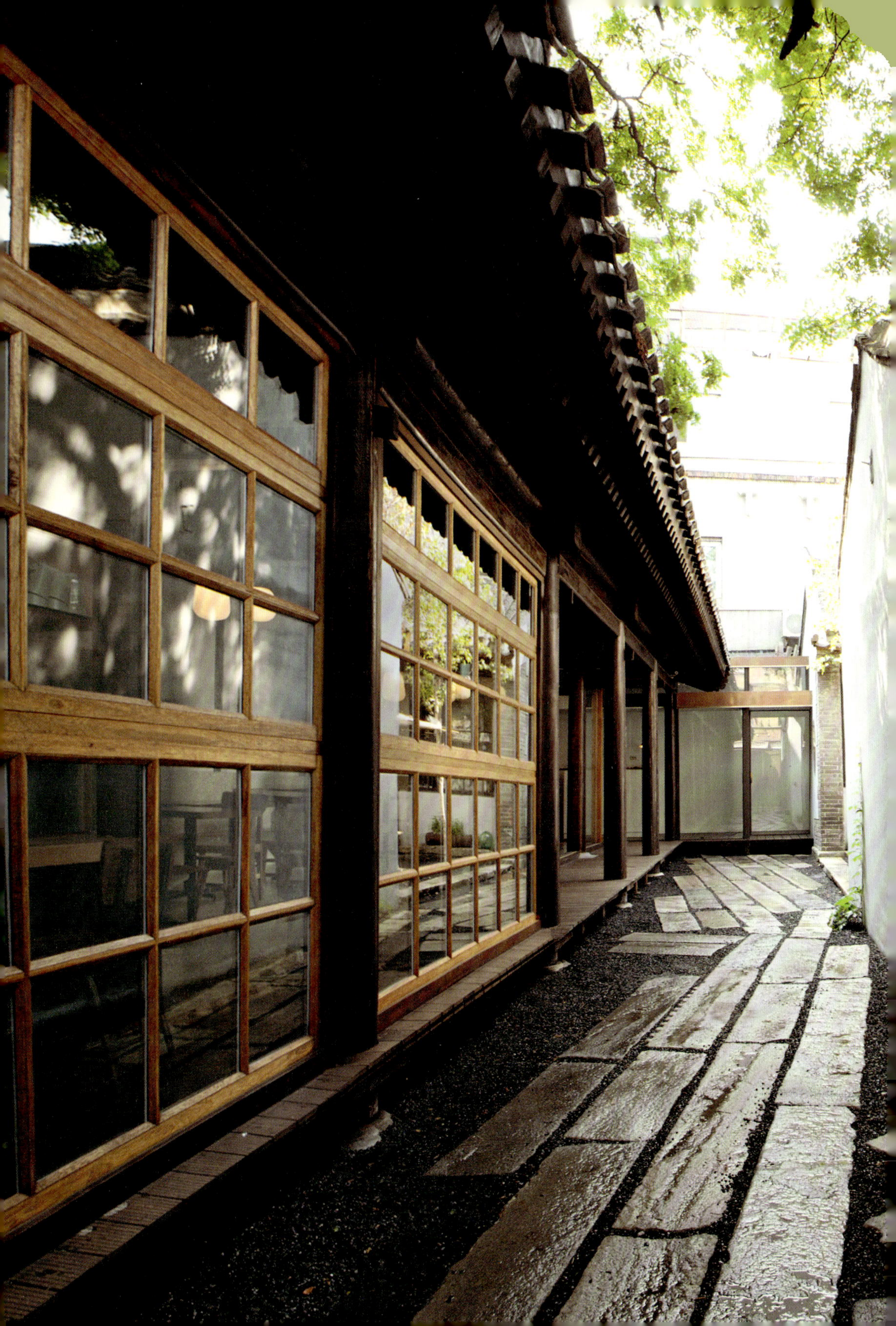

初中毕业的那个暑假，我第一次来北京旅游，站在大栅栏路牌下，用洪亮的声音念出大栅栏（dàzhàlán）。同去的小伙伴说，是大栅栏（dàshílànr）。当时我还不服气，非要跟小伙伴打赌。最终小伙伴不仅赢了我一串糖葫芦，还把我嘲笑了好久。后来我定居北京，机缘巧合住进了大栅栏社区。虽然家对面就有和平门菜市，但我总爱步行十几分钟，去杨梅竹斜街附近的菜市买菜。我喜欢穿梭在北京老胡同里，感受那种烟火气。

　　这天阳光明媚，我提着菜篮子出了门。买好了菜，我还想再逛逛，便把菜寄存在菜店老板那儿。转个弯，就到了杨梅竹斜街。这条街是一个非常独特的存在，不同于其他游客如织的"网红街"，它是一条充满生活气息的街道。咖啡馆、杂货店、

皮具店、小画廊、陶瓷坊、古玩店、服装店等就开在居民住宅旁边，既不过度喧哗，也不过于冷清，有种恰到好处的热闹。夏天的傍晚，总能见到满口京腔的老人聚在街边乘凉、聊天、下棋。

推开一家叫喜剧商店(Comedy)的咖啡馆大门，年轻的咖啡师娴熟地做着咖啡，一位清秀的姑娘端着两杯咖啡往楼上走。跟咖啡师聊了几句，才知道他就是这里的老板，那位上楼的姑娘是他的合伙人。

我点了一杯香草柠檬冰美式咖啡。姑娘给我上咖啡的时候，我忍不住问："你们为什么叫'喜剧商店'？"姑娘笑笑说："其实取这个名字就是机缘巧合。从选址、装修，到开业，这一过程中刚好遇上疫情，对，就是刚刚好。对我们来说，在逆境中生长，制造美好，就是一场喜剧。向死而生，野蛮生长。"

更准确地说，这是一家集咖啡、茶饮、轻食、胶片摄影于一体的文化互联空间，会定期举行各种活动，比如脱口秀、花咖会等。店面虽然不大，他们却很奢侈地在座位之间留出了绿植的空间。角落里还有一张单人专座，如果你独自来这里，又不想跟人拼桌，可以选那个专门为"社恐"设计的位子。

微信响起，打开一看，是一位朋友问我今天去不去办公室。她所谓的"办公室"，其实是杨梅竹斜街39号的Soloist Coffee Co.，我俩都是自由职业者，常常去这家咖啡馆干活儿。Soloist Coffee Co.二楼的咖啡桌不像一般的咖啡桌那么矮，而是和办公的写字台一个高度，久而久之，我们干脆就称Soloist Coffee Co.为"办公室"。

得知我就在附近，她邀我过去坐坐。我们会合后，朋友问我知不知道鲁迅先生在绍兴会馆7年多的时间里，他日记里记载去得最多的地方是哪两处。我说："有一处好像是琉璃厂，另一处就不知道了。"她指了指窗外说："就是对面的青云阁！鲁迅最喜欢去那儿喝茶、会友。"接着朋友一脸神秘地问道："北京喝茶的地方那么多，你知道鲁迅先生为什么选择青云阁吗？"我还等着她细细道来，结果她只说了两个字："顺路！"

"就这？"

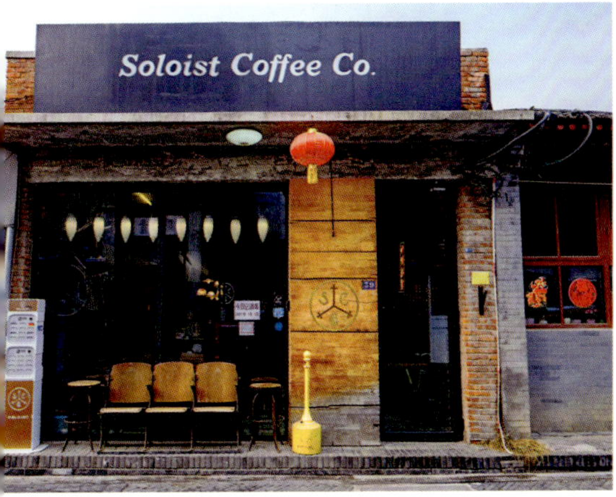
Soloist Coffee Co.

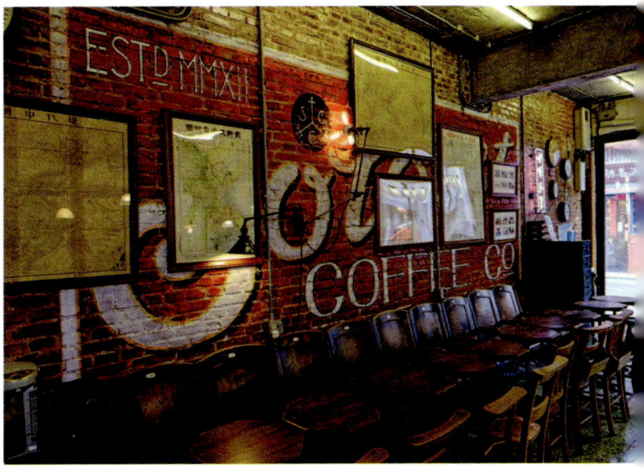
ESTD MMXII
COFFEE CO

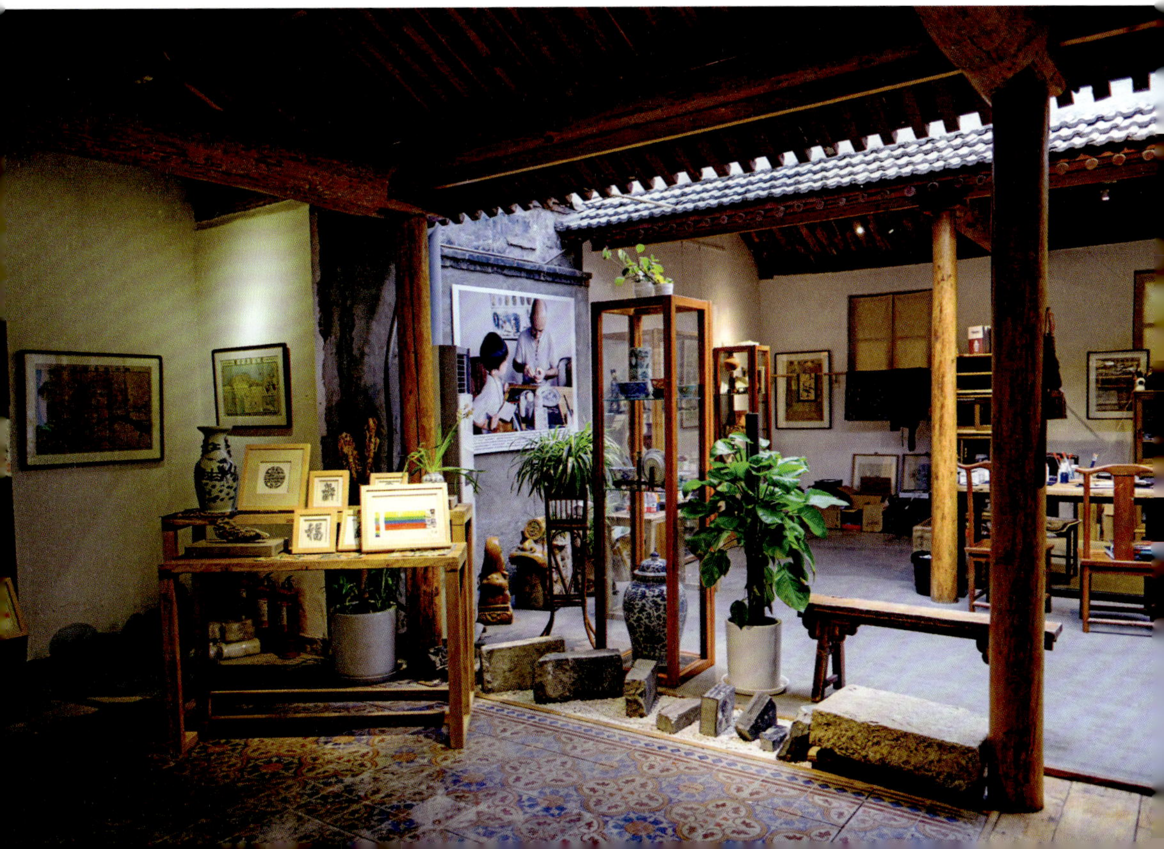

朋友点点头说："对啊！琉璃厂东街就挨着杨梅竹斜街西口。"

朋友继续说道："青云阁是清末民初北京高级综合商业娱乐场所，集娱乐、购物、饮食、品茶于一身，是文士、官员、商贾、贵胄的消遣之所。康有为、谭嗣同、梁启超、鲁迅、梁实秋等名人也常来。蔡锷也是在此结识小凤仙……"

半个小时很快过去，朋友该工作了。告别了朋友，我突然觉得有点疑惑，青云阁看起来那么小，当年怎么能成为综合商业娱乐场所？我赶紧上网查了查，得知它其实是座轿子楼，主厅不在街面上，只是在南北各伸出两个像轿杆一样的狭长的通道，正门位于大栅栏西街，北门位于杨梅竹斜街。我恍然大悟。

我被一所民宅吸引了，它没有招牌，木门半掩，上面贴着一张手绘风格的地图，画风特别可爱。这条街临街的居民住宅一般都会挂上"居民住宅　请勿打扰"的牌子，而这家没有。怀着好奇心，我走了进去，穿过一条走廊，又来到一扇门前面。门关着，门铃旁边写着"请按门铃"，像是无声的邀请。按下门铃，门开了，一位慈眉善目的大哥站在门后。聊了几句才知道，这里是做古陶瓷修复的，可以进去看看。

　　我跟着他走了进去，一进门是个小型展厅，里面挂着古陶瓷修复素人艺术家们的照片，照片前的展台上放着修复好的瓷器。再往里是宽敞的大厅，中央就是工作台，上面放着一些陶瓷器具和修复陶瓷用的材料以及工具。大哥姓王，热情地向我介绍不同的陶瓷修复工艺，还让我坐到工作台前，亲自体验用

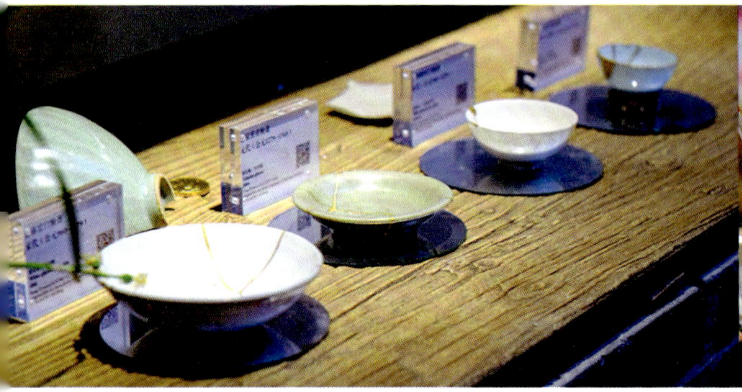
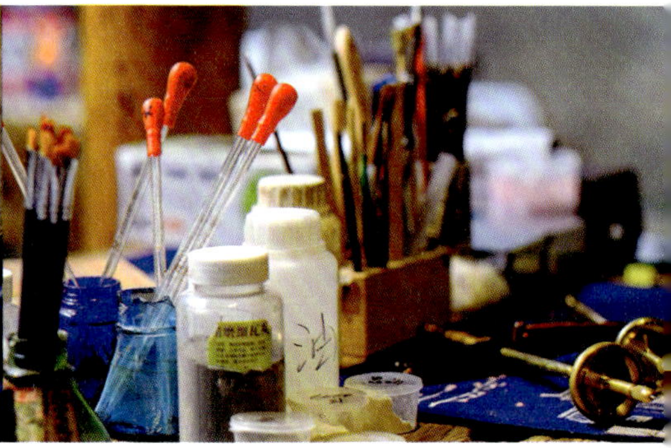
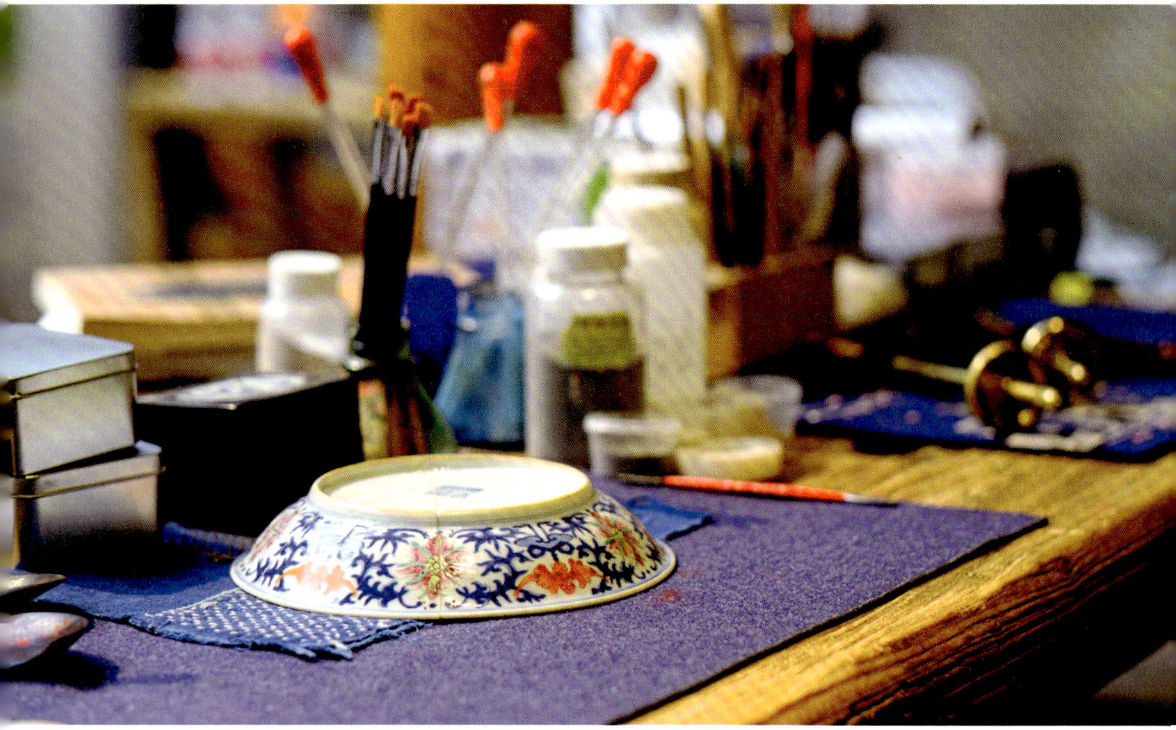

金刚钻在瓷片上打洞。这是我第一次见识到俗语"没有金刚钻别揽瓷器活"里的金刚钻到底长啥样。

临走我对王大哥说："有一个很俗的问题想问您，希望您别介意。你们怎么赢利？"王大哥笑了，告诉我他们的收入主要是靠文创，这里只是一个展示空间，"对面35号的采瓷坊才是我们正儿八经的店面"。

很多古瓷已经破碎得无法进行修复，艺术家们根据古瓷片上面的图案与各种手镯、项链等首饰结合，让这些零散的碎片重新焕发生机。这里所有的小饰品都是不会重样的"绝版"。

从采瓷坊出来，咕咕叫的肚子提醒我该回家做饭了。去取菜的路上，路过位于杨梅竹斜街133号的尼岔土家民族菜饭店。没忍住，进去打包了一份"下饭沫沫鸭"。回到家里，蒸好米饭，做了香菇油菜和番茄鸡蛋汤，搭配"下饭沫沫鸭"，开吃！

来今雨轩茶社

在时光里重逢的入口

文　葛竞

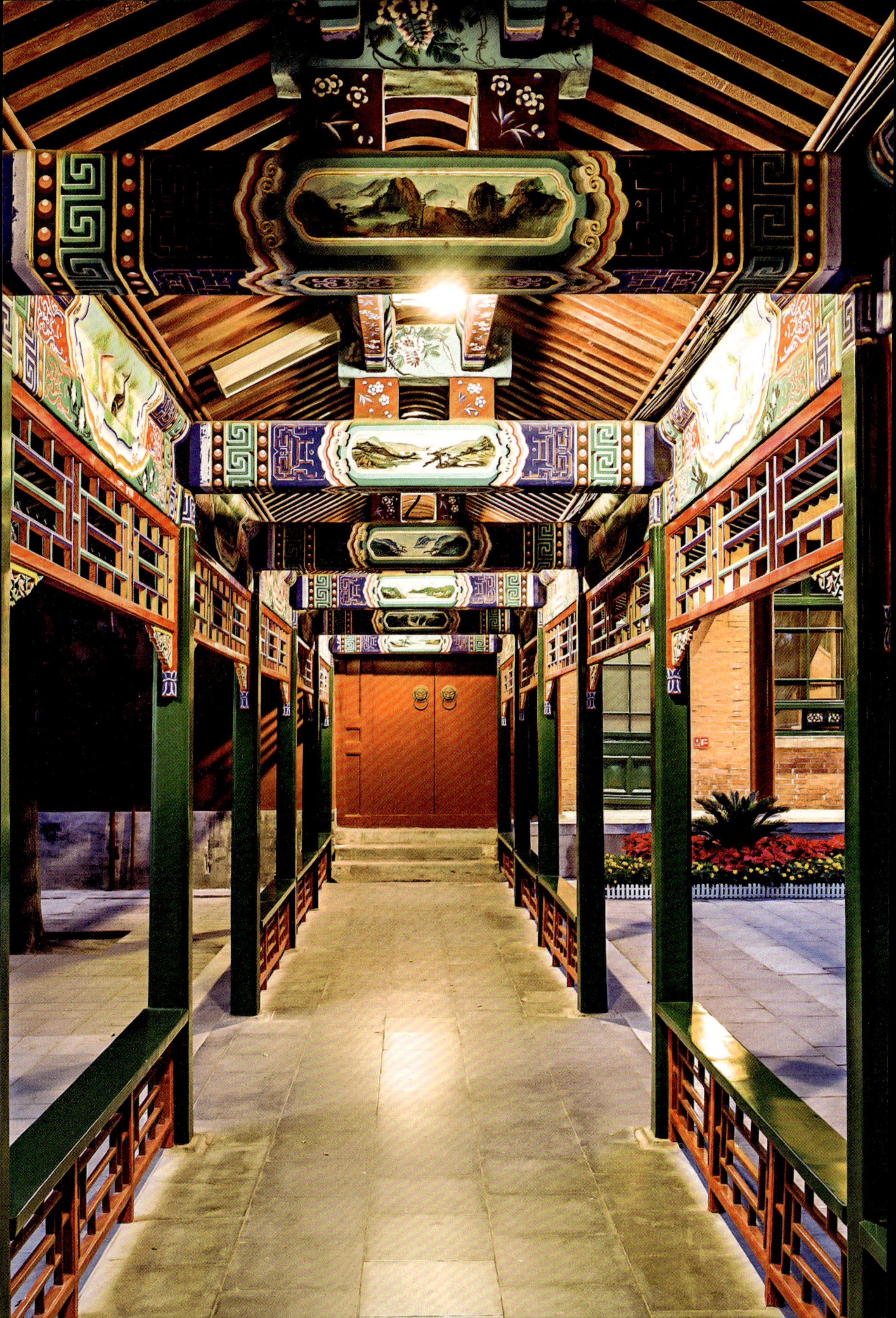

来今雨轩

最難風雨故人來

莫放春秋佳日過

从中山公园的正门进入，沿东侧长廊曲折北行，那古柏群旁，古朴典雅的四廊八柱式传统建筑，就是来今雨轩茶社。

　　来今雨轩建于1915年，由北洋政府内务总长也就是中央公园的创始人朱启钤创办。来今雨轩的店名取自杜甫《秋述》中的序言"秋，杜子卧病长安旅次，多雨生鱼，青苔及榻。常时车马之客，旧雨来，新雨不来"。中国古人常常把诗中的"旧雨"与"新雨"分别比作故交和新友，来今雨轩之名，也就包含新旧好友来此间欢聚之意了。

　　来今雨轩黑筒瓦歇山顶卷棚屋面，红砖房，有廊柱，房内有地板和护墙板，是典型的民国式建筑，建筑面积481平方米。今天，来今雨轩茶社还在原址的位置，来今雨轩饭庄则在1990年从原址迁到了公园西侧的杏花村新址。

　　民国时期的文人墨客，各界"大拿"都喜欢来这里喝茶谈话，行业囊括了大学教授、企业家和文艺界人士。这里的经营者不无自豪地说，那个时候能叫得出来的名人，几乎都来过这里，周作人、郁达夫、林语堂、张恨水等曾是这里的常客，来华访问的声名显赫的美国哲学家杜威，也曾是来今雨轩的座上宾。那些名流高士常常就这么不声不响地坐进来，叫寻常客人进门都要吓一跳。

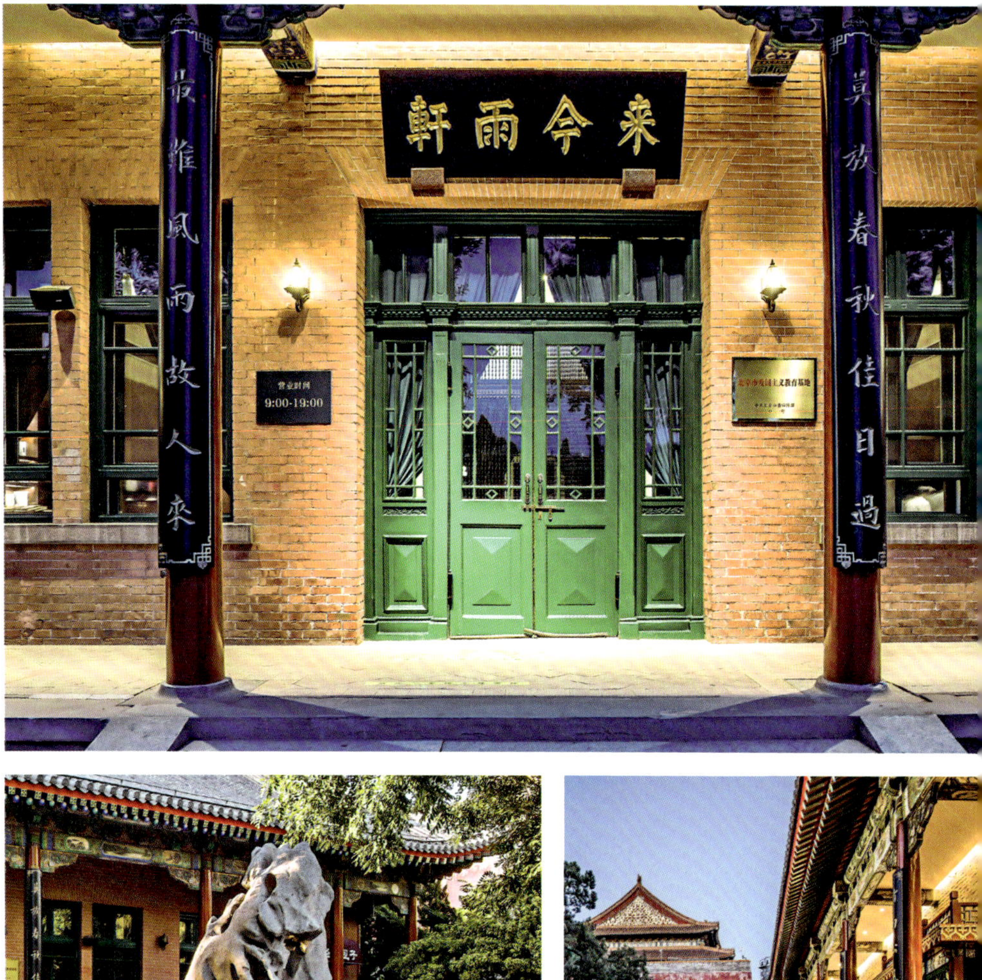
来今雨軒
最難風雨故人來
莫放春秋佳日過
营业时间
9:00-19:00

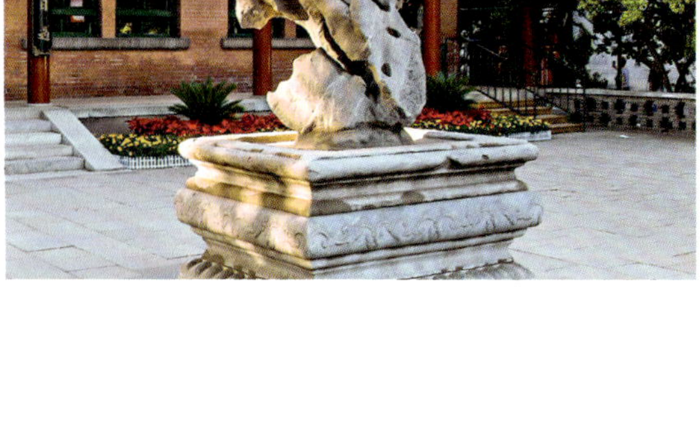

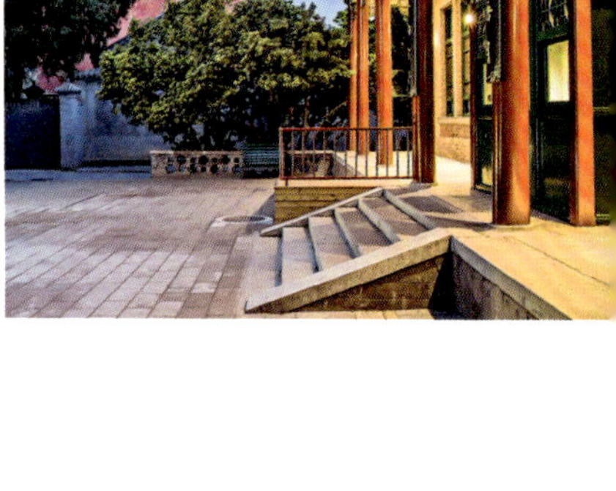

百年栉风沐雨，尽管已经历了多番修葺，工人们还是尽可能保留了来今雨轩的历史风貌。这里看似宽敞随意，装潢却十分讲究，古色古香里还矜持地带了一点文人气。

　　进了门，左右两侧悬挂着一副对联，铁画银钩，笔走龙蛇，上书"莫放春秋佳日过，最难风雨故人来"，为著名书法家华世奎先生的手笔。

　　此间的装潢，尽显中西合璧的艺术魅力。梁柱盘龙，窗棂雕花，疏影横斜，暗香浮动。日光融融映照着，穿透小块玻璃拼接起的窗户，叫人想起西洋教堂里的彩色玻璃画。一楼方方正正摆了9张桌子，桌面收拾得齐整、洁净。从前会有大朵牡丹，馥郁雍容地斜插在花瓶里。倦了的时候，还可倚在门口两棵清凉的柏树下小憩。据说，鲁迅先生当年翻译《小约翰》的时候，就曾在这些柏树下歇过响。

　　说起来，鲁迅先生当年可是来今雨轩的常客。他的学生许钦文曾在文章《来今雨轩》中写过，某年某月，两人在来今雨轩见面，鲁迅先生点了一盘冬菜包子，自己只吃了一个，因为许钦文的家中比较贫困，鲁迅先生便将包子推给他说："这里的包子可以吃，我一个就够了，其他就由你包办吧！"

　　如今，鲁迅先生成了来今雨轩包子的"代言人"——来今雨轩的经营者将这句话印成了明信片，一个卡通的略显严肃的鲁迅先生，边上俏皮地写着："这里的包子，可以吃！"

　　先生说能吃，那来此一趟，就必须尝尝。

来今雨轩的包子白而暄软，每个外皮上都规规矩矩地排满了26道褶子。热腾腾端上来时，就像5只精致的小鸟笼，胖乎乎地挤作一盘。

冬菜的腌制要经过20多道工序，再细碎地炒上肉臊。师傅们改良了包子馅的配方，使它吃起来嫩而微甜。包子的外皮则是少有的老肥发面，因而咬上去颇带一点嚼劲。再佐以4样精致小菜，黄瓜、佛手瓜，黄绿切丝，胡萝卜相间，吃起来爽口又解腻。

店里不光有包子、茶水，还有各种京味小食与西式点心：小桃酥椭圆的肚里，加了黑芝麻和核桃碎，金黄酥脆地铺了一盘，看着就叫人食指大动。豌豆黄圆墩墩，煞是可爱，小心夹起一块，果然入口即化，豌豆的醇香可以在齿间停留很久。此外再点上一壶店里特有的茉莉甘露茶，茶味甘香，茉莉香气会飘出好远，带着点甜。

这里刚开业时，生意算不上多红火，只是一些上年纪的老顾客怀念从前那一口儿，特地赶来捧场，后来不知是谁率先将包子图发到了网上，这鸟笼样的包子和充满20世纪风味的老茶社瞬间就火了。年轻而热情的顾客络绎不绝，甚至有人开了俩钟头的车，大老远专门跑过来买包子、尝点心。

这里还是一处红色景点。2020年3月，来今雨轩被确定为31处革命旧址之一。原来，来今雨轩除了是民国时期鸿儒名流的聚会之所，还是中国共产党早期在北京进行革命活动的重

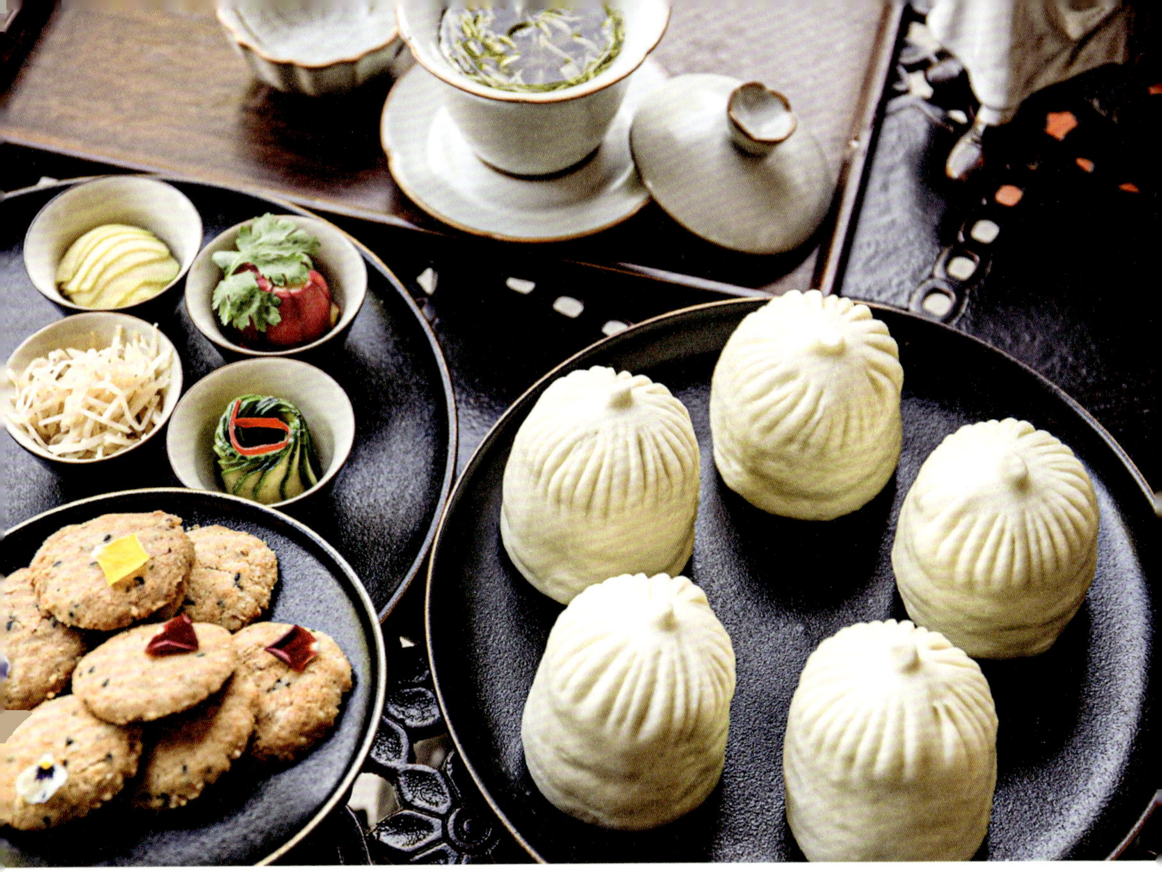

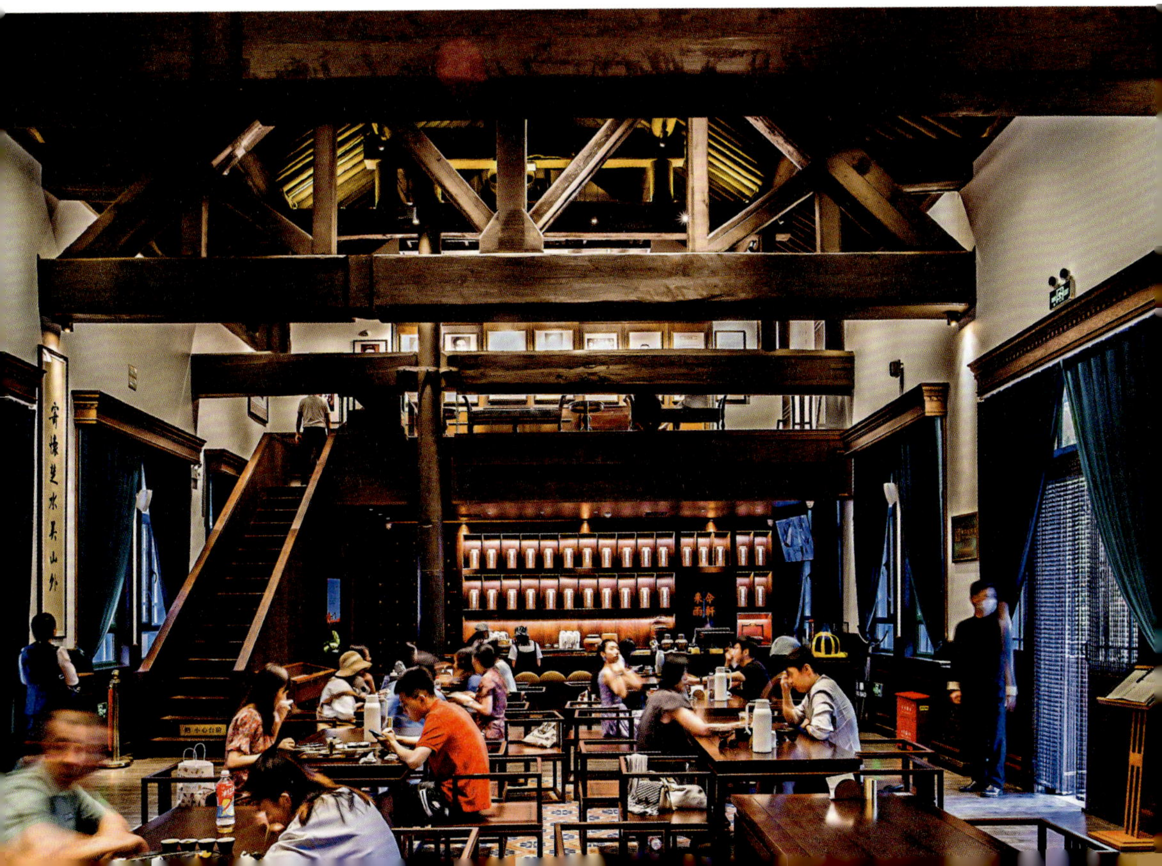

要场所。陈独秀曾在此为《北京市民宣言》奋笔疾书，李大钊等人则在此倡导成立了少年中国学会。遥想当年，这些觉醒年代的爱国者会集于此，一壶清茶相伴，或是全神贯注地读书看报，或是同学少年挥斥方遒。

在这里，少年中国学会改组委员会曾向广大人民发布过一张调查表，上面有这样一句提问：你信仰什么？一位湖南青年回答：我个人信仰共产主义。表上的另一个问题是：你在关注什么？那青年又写道：我关注中国的农民问题。不久后，他就去到广东组织了一场浩大的农民运动。这个人，就是年轻的毛泽东。

如今，这张调查表的复印件还好好地保存在来今雨轩的照片墙上。

一夜窸窸窣窣的落雪，眼前银装素裹，叫人梦回昔日的北平。闭上眼睛，仿佛还能见到高朋满座的盛会：风雨如晦，鸡鸣不已，生逢其时，何其幸甚！得与列位贤达共商救国之策，共洒丹心碧血。

如今，战火纷飞的年代已然过去，多番修缮过的来今雨轩新奇而多元。论时光年轮，这里本该是一个从上世纪走来的老派茶社，可它给人的感觉始终文质彬彬，又有点低调的时髦。

因为周边有小学和中学，所以常常有孩子来参观，他们带着问题，叽叽喳喳地，探听着曾在此处发生的鲜活的故事。为了更多地挖掘来今雨轩背后的故事，这里的运营者还逐步推出

"我与来今雨轩的故事"征文活动。

来今雨轩与很多人生命中的重要时刻有过碰撞,不少人家里的长辈都曾经到这里来喝茶,吃着刚出锅的冬菜包子,闷了便找地儿滑旱冰,日头底下牵着小辈的手,买一串裹着琥珀色糖衣的山楂串,再悠悠走进茶社。呷一口茶,吃一块点心,听老北京的吆喝声,徐徐从街边溜过。

老北京从前的茶社,伙计们都是能认人的,熟客进门热络得好像回了家。著名小说家张恨水先生曾去四川避祸,一年后回到北京,再踏进来今雨轩的门槛时,伙计们仍能熟稔地打着招呼。他刚刚坐定,一壶热腾腾冒着白汽的茶就上了桌,不用尝就知道,是张先生最爱喝的那种。

隔着百年光阴里荡涤的烽烟,那些曾经熠熠生辉的人,以及更多的叫不出名字的人,就是这样平静而从容地生活着。

列松如翠,窗棂透过明净的日光。正好有一对老夫妻安然坐在一旁,不经意间,就听到了他们的故事。老先生满头白发却精神矍铄,他不疾不徐地回忆着俩人当年是如何在这里见面,如何订了婚,又如何相携走过风雨飘摇的几十年。而另一侧的窗沿下,一位年轻的母亲将孩子抱在膝头,软语呢喃,岁月可亲。

一张来今雨轩的名片安静地躺在桌上。

"您在这里所听见尝触的一切,是我们在时光里重逢的入口。"

05

温榆河

国家植物园
温榆河
亮马河国际风情游
大运河森林公园
绿心公园

自然

国家植物园

它有四时之美
最宜步行体味

文 小欧

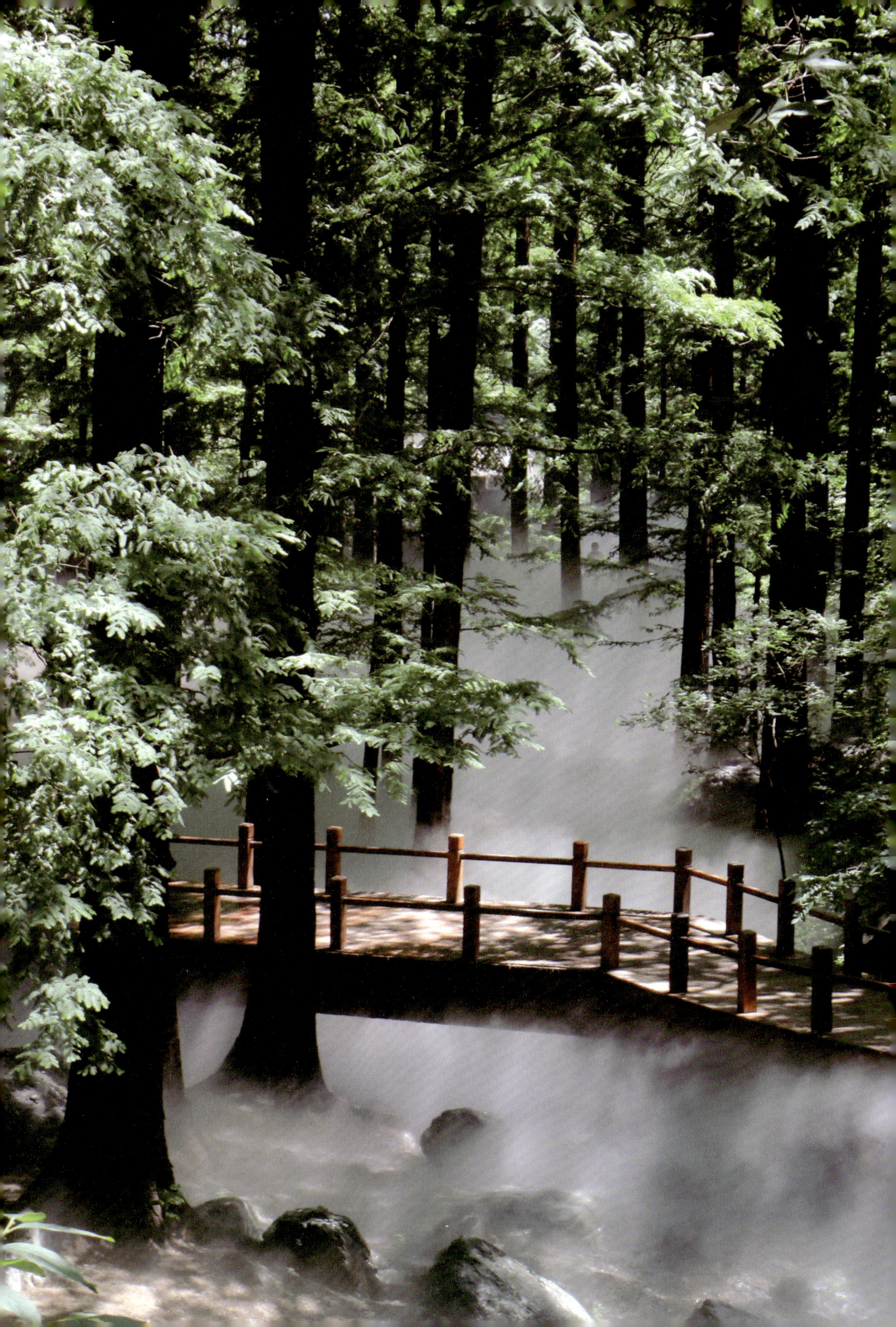

作为一个博物爱好者，这些年我去植物园的次数远超过任何别的地方。年复一年，我去得越多，就越觉得自己看得还不够细致。我们在北京近郊，在西山脚下，能拥有这样一座丰富的园林，是如此的珍贵。

最先吸引我的，是那些古老而苍劲的大树。我印象中第一次为一棵巨大的悬铃木所触动，就是在这里。冬天万物衰减，脱尽树叶的悬铃木，枝干清晰地显现出来，最低处的分枝，都远远高过人的头顶，几棵高大的悬铃木，望过去就像伸展着粗壮的臂膀，稳健、可靠。而曹雪芹故居门前的三两棵国槐，树干已经中空，失去了木质部，仅靠着韧皮部坚强地存活，一个个夏天依然满披着纷纷绿叶，令人赞叹。我拍下了它们在春夏

秋冬四个季节里不同的样貌，在我看来，它们几乎拥有与人类同等的性灵。

　　卧佛寺内也古树成荫，两株树龄在800年以上的古银杏树种在三佛殿东西两侧，株高近20米，几人合抱才能合围，秋天树色变得金黄，映衬着同样被照亮的红色大殿。院落里还有一棵国槐，树干粗壮，像古柏一样树瘤虬结，没有标注年代，但也是一级保护的古树。侧殿外的老皂荚树，清代栽种，约有110年树龄，树根像一只稳健的大脚，紧紧地抓住土地，树皮光滑，枝干上则是披荆带刺。还有七叶树，开散的枝条如冠盖，为寺院投下阴凉。早春来看卧佛寺的蜡梅，于蜡梅幽幽的香气中，听着回荡在空旷庙宇里的钟声，意境也觉深沉幽远。

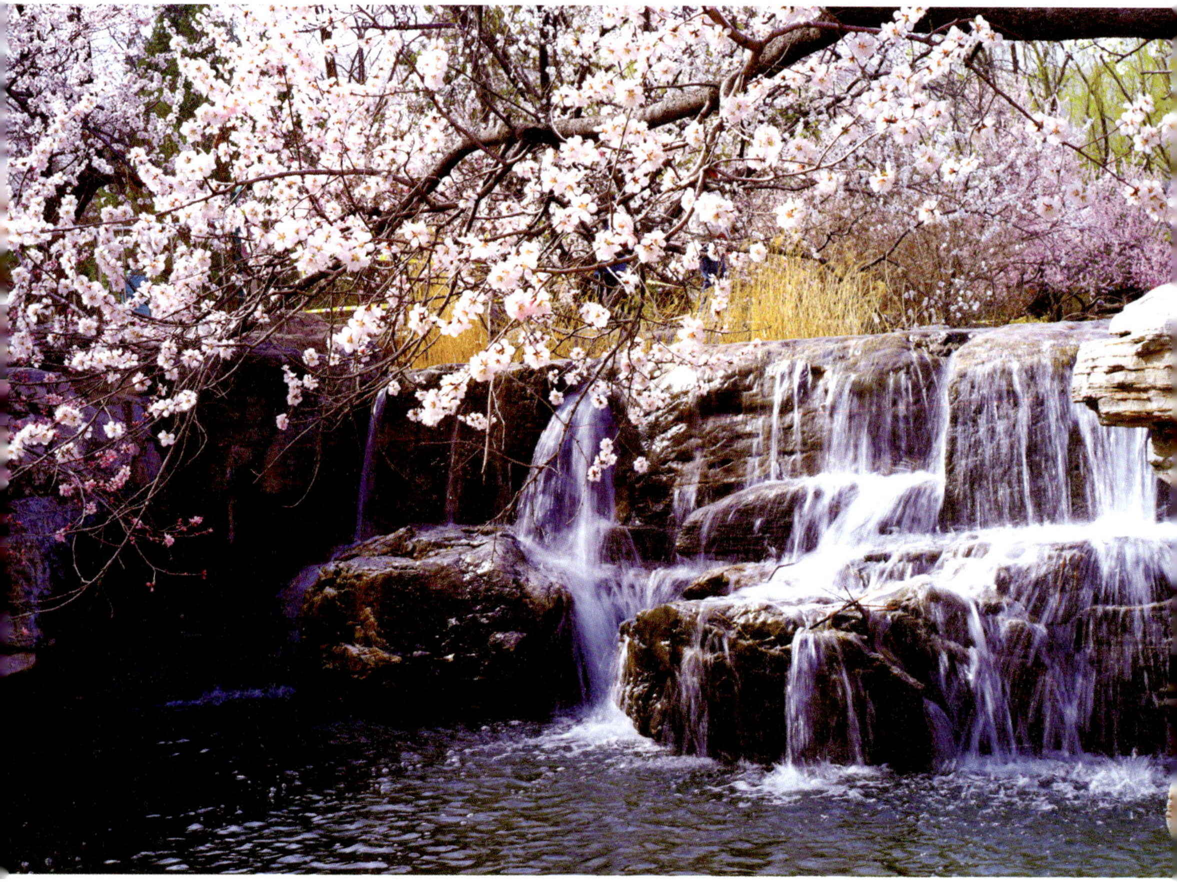

接着，我的眼睛在植物园里所看到的便越来越多。春天，我在这里仔细地观察过一对银喉长尾山雀养育雏鸟，它们在白花山碧桃和紫叶李交织的树林里穿梭，互相用轻微的声音鸣叫着联络，不时衔回虫子塞进嗷嗷待哺的幼鸟嘴里。幼鸟们已经离巢可以独自飞行了，它们栖息在紫叶李横伸的枝条上，头尾交错，挤挤挨挨，身上羽毛的着色与紫叶李的色彩相呼应，几乎融在一起，好奇的目光还在盯着树下的我。

山桃的盛花期，只有三四天的时间花开得最好。引水石渠两边的山桃树，几乎是齐刷刷地得到信号，破芽而出，步调一致地开出柔美的花朵，令人慨叹。而远方背景里的西山，高处山坡上也开着一小蓬一小蓬如烟花一般的山桃花。

我还喜欢寂静少人的玉兰林，林下的野草随着季节一轮一轮地生发，先是附地菜、二月兰、地黄、点地梅，然后是绢毛匍匐委陵菜、夏至草、抱茎小苦荬、大花野豌豆、泥胡菜，再晚一些是遍野的田旋花、打碗花。树林里到处散发着各种香气，不只是花香，还有地上的青草、幼叶的清香。玉兰花开过了，接下来便是鹅掌楸的花期，黄金杯一般甜美的花朵，密密地挂满了枝头。

初夏仿佛是由布谷鸟开启的，走在澄碧湖畔，四声杜鹃的鸣声始终伴随，几乎没有一刻的停歇，能够听出大概有三四只杜鹃在不同方向的密林里呼应。在固定的一个林地，其中一只好几次返回到这里，那声音如此贴近、如此清亮，就在头顶，像一股甜甜的细流从上空洒下来，我沐浴其中，却在浓密的树冠里找不到它。

秋天有风来，就有了纯净的空气，有了色彩和光。一棵棵栾树明黄灿烂，树叶仿佛是金箔的质地。水杉远望一片枯黄，那并不是变枯萎了，近看羽叶是非常鲜亮的橙色，这也是属于大地的色系。沿湖的元宝槭树姿丰盈，它的树色是橘黄、橙红。

在这里看北方冬季的树影，有着无数种形态，刚毅、柔韧、蜿蜒、遒劲……在严酷时节里，依然有种种为生存而做着各种努力。远山被夕阳投射过来的绵长柔光映照，山巅笼罩在薄薄一层柔和的绯红色里，冰面反射着最后一抹微光，温黄如蜡质。

这样的时刻几乎无法述尽。植物园的四时之美，便是在这不同季节里一次次的步行中体味到的。

北京周边有着丰富的自然资源，它的北部是燕山山脉，西部是太行山余脉，有低山植被、高山草甸植物带，有丰富的华北野花，然而距离也相对遥远，通行略有不便，而这座地处香山附近的植物园，离市区很近，成为人们亲近自然最容易到达的地方。

在园林古迹众多的西北郊，成立于1956年的植物园算是相当"年轻"的一处，但依然有秀丽的风光与深厚的历史。园内除有卧佛寺、梁启超墓园、曹雪芹故居外，还有一处碑林，收集诸多碑刻，大部分也是墓碑。园内的三座碉楼，是清乾隆年间为平定川西金川地区叛乱所建。

整个植物园都坐落在山谷中，有山泉流过，面积广阔，400公顷的园子里，植物非常丰富，收集展示的各类植物达到10000余种（包含栽培品种），被规划成为碧桃园、丁香园、木兰园、宿根花卉园、海棠梅子园、梅园等。而树木园也分成了银杏松柏区、槭树蔷薇区、椴树杨柳区、木兰小檗区。还有一个很大的热带植物展览温室，曾经被评为北京20世纪90年代"十大建筑"之一。

我们现在所享有的，都是当年几代植物人的努力。植物园规划建设时期，也是国家的发展时期，其间也因为资金困难，建园工作时续时停，经历了艰难曲折的过程。当时这里除了基本完好的卧佛寺，几乎一片荒凉，前期治理河滩，修建樱桃沟道路，修建蓄水池、调节池，打机井，植树造园，等等，投入了很大的人力物力。可以说，植物园是平地而起。

　　水在植物园里相当重要。早年间，由于地下水的匮乏，樱桃沟水源日渐枯竭，天然溪流景观面临消失，著名的"水源头"处已多年没有了泉涌的景象，溪流沿线的丰富植被由于缺少水源而面临着衰减的威胁。植物园的设计中做了引水工程，西山通往玉泉山的引水槽，在樱桃沟中有一段是完整保留着的，于是将其修缮通水，恢复了樱桃沟中"水源头两山夹径，小径如线，乱水淙淙，深入数里"的景观效果。水顺着天然沟谷而下，滋润着谷底的天然植被，植被的恢复与保护有了保障。

湖区是整个植物园的核心，它极大地改善了植物园原有的生态环境，增加了水生动物和植物的生活空间，使这些生命有了生息和繁衍的场所。这也得益于人工湖和环绕在园区里的溪流，高低不同的湖面由小溪、浅潭相连，湖边地形起伏，湖岸曲折有致，舒缓的草地伸展到水中。前人的营造，才有了现在山水相依、自然和谐的视野。

　　走在这蓊郁的园林中，樱桃沟溪流潺潺，高大笔挺的水杉在头顶织成温柔的绿幕；更远处青蓝的山影层次分明，湖畔时常能见到梭鱼草、千屈菜、水葱、马蔺，小䴙䴘在湖水中自由自在地扎着猛子捕食小鱼；林中小径起起伏伏，清浅的溪水在河道中欢快地奔流，这一幕幕充满生命张力的动人图景，即使最迟钝的眼睛，都能看到其中一二，并为之赞叹。在山谷里走一走，身体中的那个自我似乎又随着步速而缓慢地复原，精神在行走中也渐渐地饱满起来，心里感到宁静和满足，饱吸了山气和植物之气，才抵得了接下来劳碌的生活。

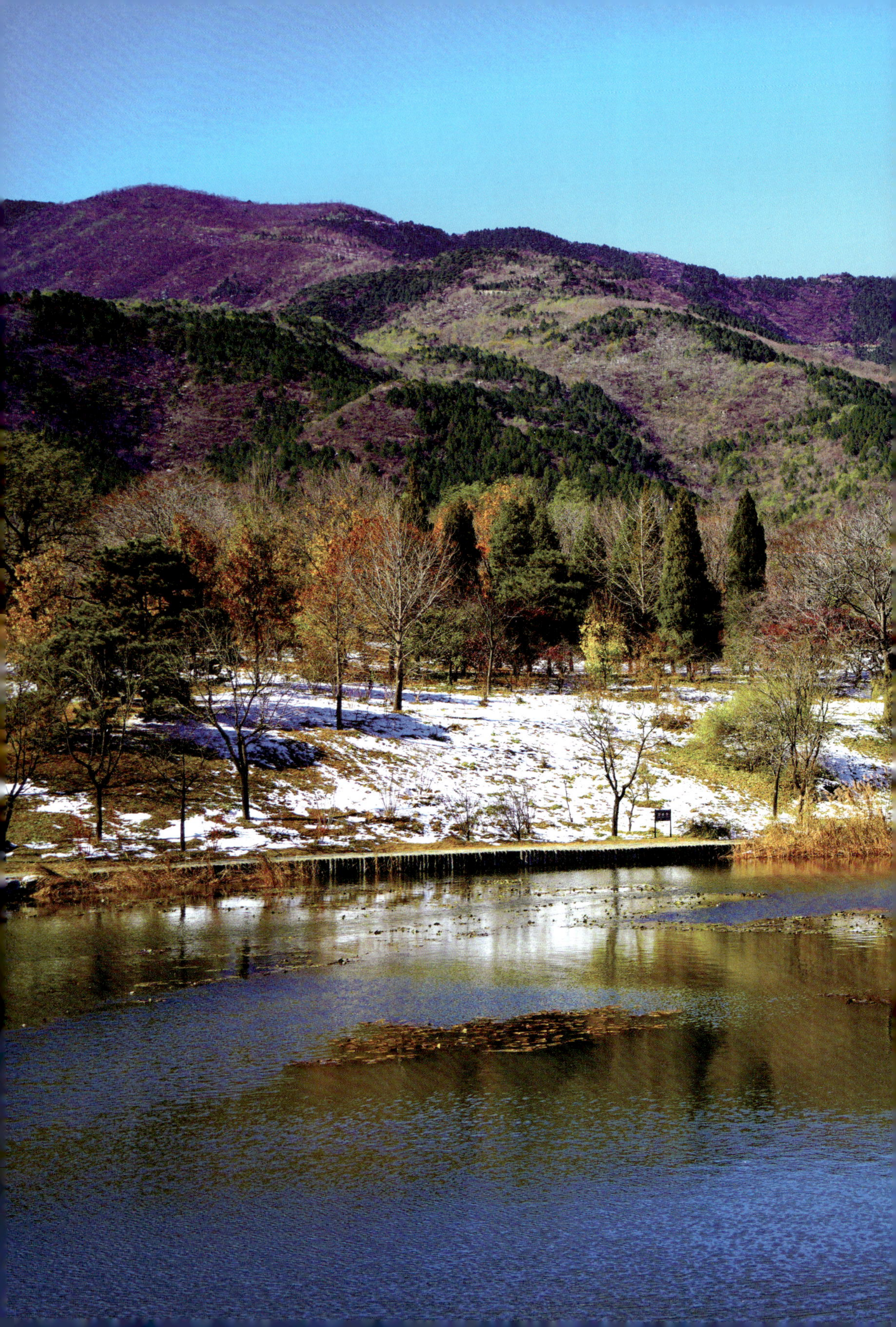

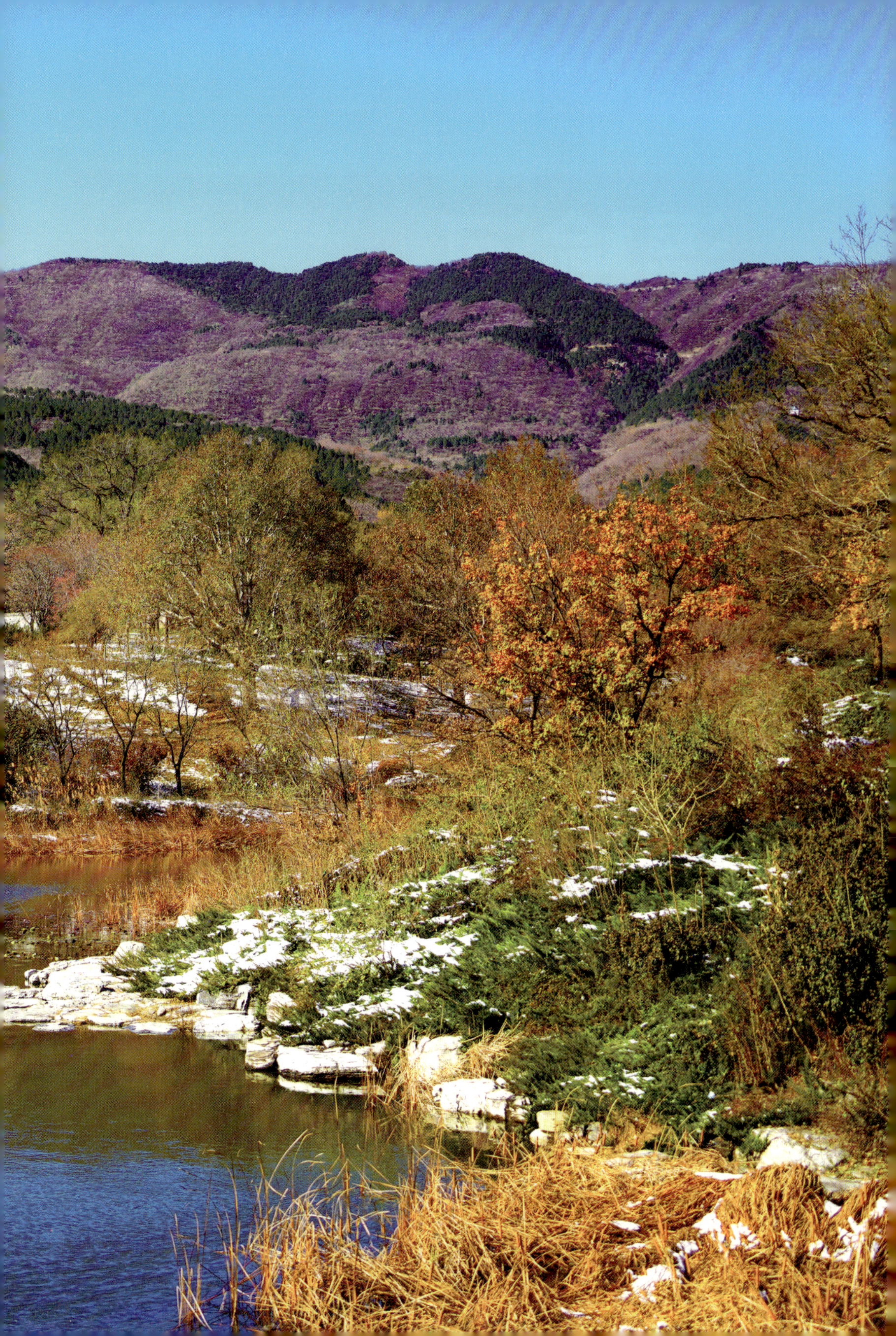

温榆河

串联起长城"关"与运河"系"

文　王毅

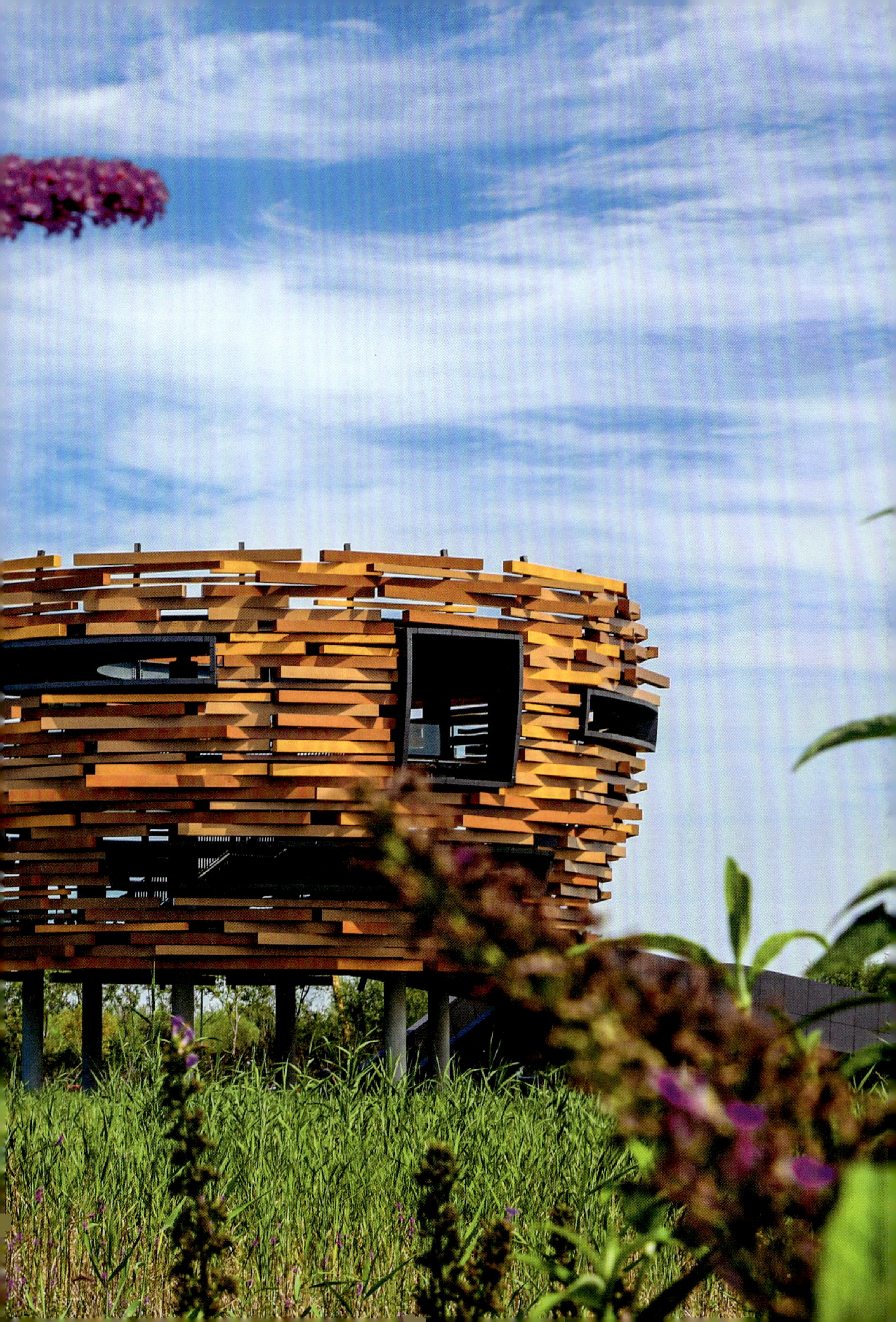

熟悉北京历史的人都知道，历史上的北京从来都不是一个缺水的城市。且不说"海淀""什刹海""西海子"这样的地名，能够让人遥想水洼遍地的风景；单是颐和园昆明湖畔的铜牛、地安门万宁桥的石螭，就足以证明：当初北京的水，已经大到需要神兽震慑的地步了。只是近年来人口增加，工业发展，用水量激增，北京迅速变成了缺水型城市。实际上在北京，要玩水，想通过水系河流追忆历史变迁、品味人情风土，地方多得很。

温榆河是北京很有特色的一条水系，虽然没有大到像永定河那样被称为北京的母亲河，也没有像大运河一样串联南北沟通古今，但是温榆河却应该是北京人最熟悉、最亲近的一条河，因为它最像是北京的"亲孩子"。

温榆河是北京唯一发源于本市境内且常年有水的河流。昌平军都山里的泉水汇聚，涓滴成流，淌成小溪，一路向东向南，沿途不断吸纳支流，最终在通州汇入大运河。温榆河成名已久，但是它的支流，近年来名声更盛。

在立水桥以东，温榆河接纳了最大的一个支流——清河；而滋养了北京大学、圆明园、清华大学的万泉河，则是温榆河支流的支流。德胜门学院路附近的小月河，香山、玉泉山附近的北旱河，这些城区西北部的水系最后都是汇入了温榆河。

出昌平，过海淀，进朝阳，温榆河又接纳了坝河。现在北京人对西坝河、东坝、亮马河这样地理位置的了解，更多是来自对房地产项目的研究，但是在元明清时期，这里是以漕运河道闻名的。等温榆河流到通州，先民们把它导入北运河，连同小中河、通惠河、减河等打造成五河汇聚之处，温榆河与北京的"关系"，就完整起来了。

温榆河最大的特色，是向南连接了北运河，与大运河文化带一脉相承；向北连接了长城文化带，流域中有居庸关这样的雄关险隘。2020年9月正式开园的北京温榆河公园，恰好是位于温榆河主河道的中间位置。距离上游的长城和下游的大运河，都是三四十公里。这里地跨朝阳、顺义、昌平3区；交汇温榆、清河两河，30平方公里的园区，是首都北京最大的"绿肺"。公园具备很多城市功能，比如生态涵养、环境修复、蓄滞洪水等，也兼顾了文化、休闲、健身等多元功能。不过与其他大面积的郊野公园不同的是，在温榆河公园，大家能够获得一个更广阔的历史视角、更悠远的思古幽情，也会像梁实秋、老舍、史铁生那样，更爱北京。

三面环山的北京，历史上战事频繁。游牧民族和农耕文化不断地撞击、融合，书写了灿烂的中华文明。其中浓墨重彩的两笔，一笔是长城这一撇，另一笔是大运河这一捺。两笔人类的大工程，构成了中华大地上的一个"人"字，二者交会之处在北京，而串联起这两项人类历史上最宏大的工程的，就是这条温热流淌、生生不息的温榆河。

长城是防御，是对抗，是保护；运河是沟通，是串联，是融合。长城并不是落后生产力的代表，封闭和防御不是落后，恰恰是"先进"和"繁荣"的保证。就好像现在，有强大的国防，才能有和平发展与经济增长。长城与运河是生存与发展两块基石的代表，构成了我们民族的丰富性，也共同铸就了民族自豪感。

长城和运河，还很好地注释了汉字中的"关系"二字。"关"，是山海关、嘉峪关的关，是"一夫当关，万夫莫开"的关；而"系"，是丝带、布帛、线绳，是维系连接的系。这两个字暗合了长城与运河的精神内涵。

温榆河公园里比较难得的是特意打造了一处"松云华盖"的堆筑地形。在园区北部，用河道疏浚的泥土和之前的建筑废料堆山造景，供游人登高远眺。天清气朗、碧空万里之时，北眺西山起伏，南瞰平原无际，河流蜿蜒，追思古今，感慨良多。

公园里小景无数：虫鸟鸣栖、农田层布、岛池套叠，各种妙处无法——描述。北京的城区越扩越大，所谓郊野公园也越来越像是城市公园，茶余饭后或者周末休闲，到这里享受一段美好的家庭时光，亦不快哉。

温榆河公园有四季美景，有历史底蕴，有园林小品，有宏大格局。网红打卡地，等你来"拔草"。

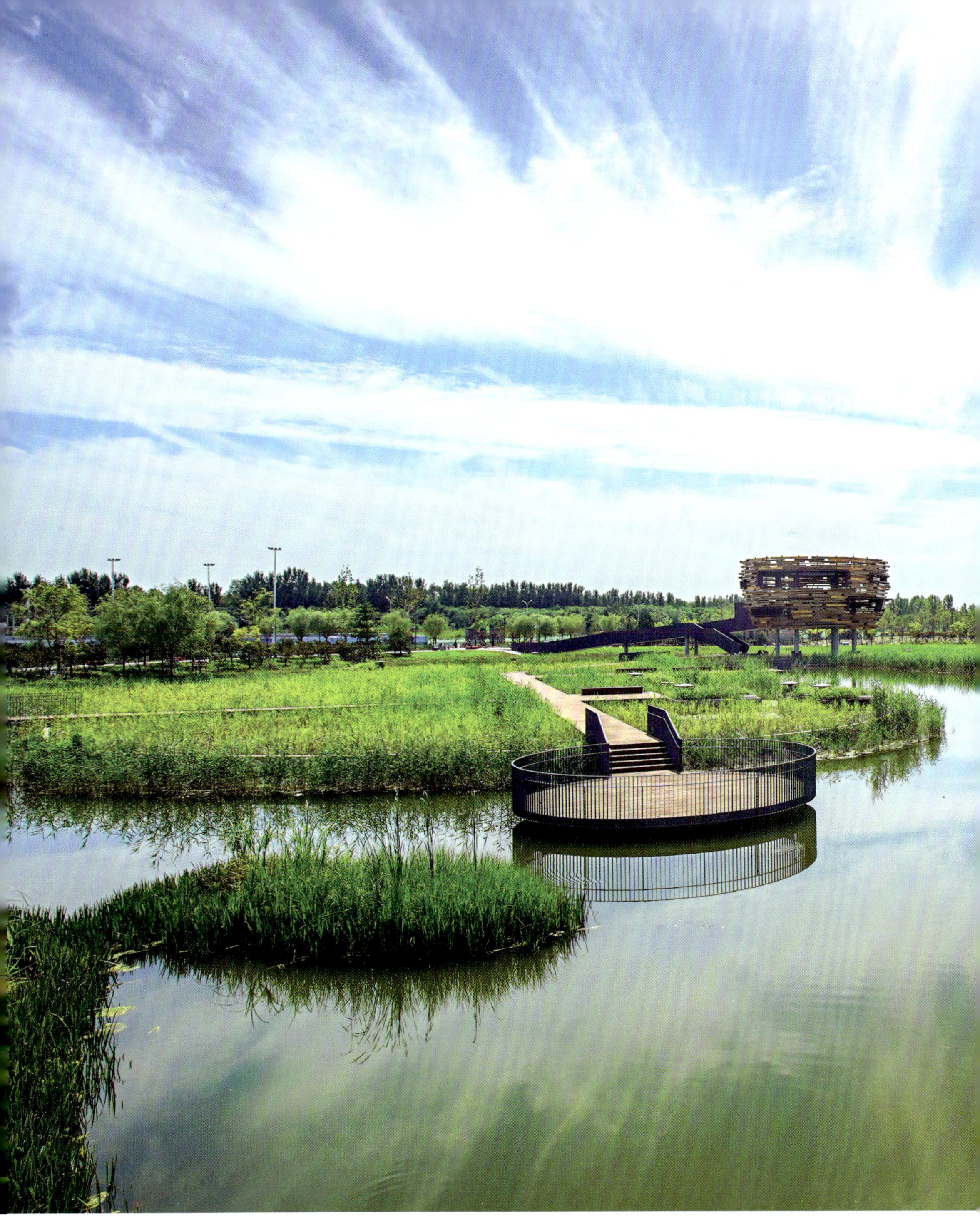

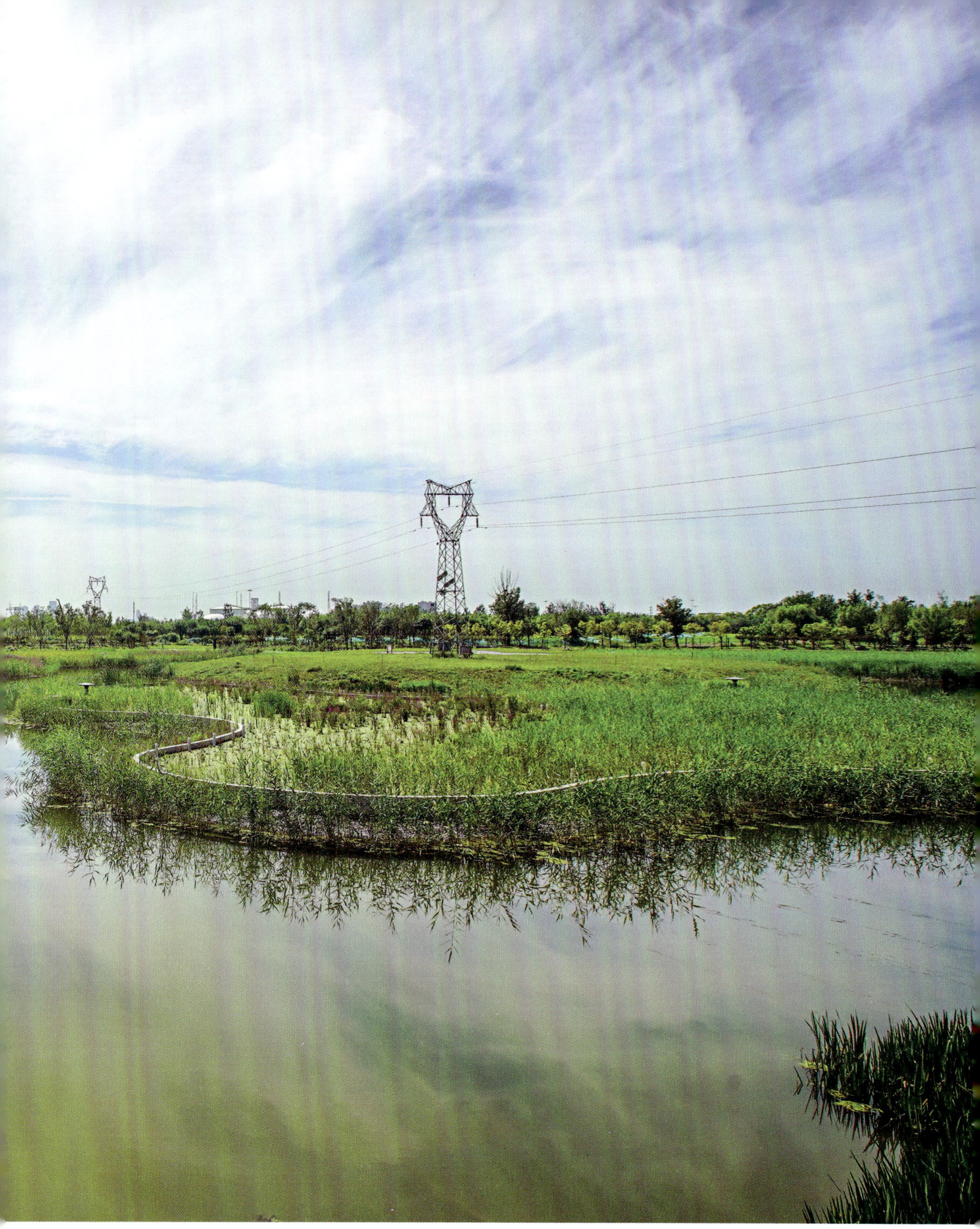

亮马河国际风情游

荡漾在流光溢彩中的夜航船

文 葛竞

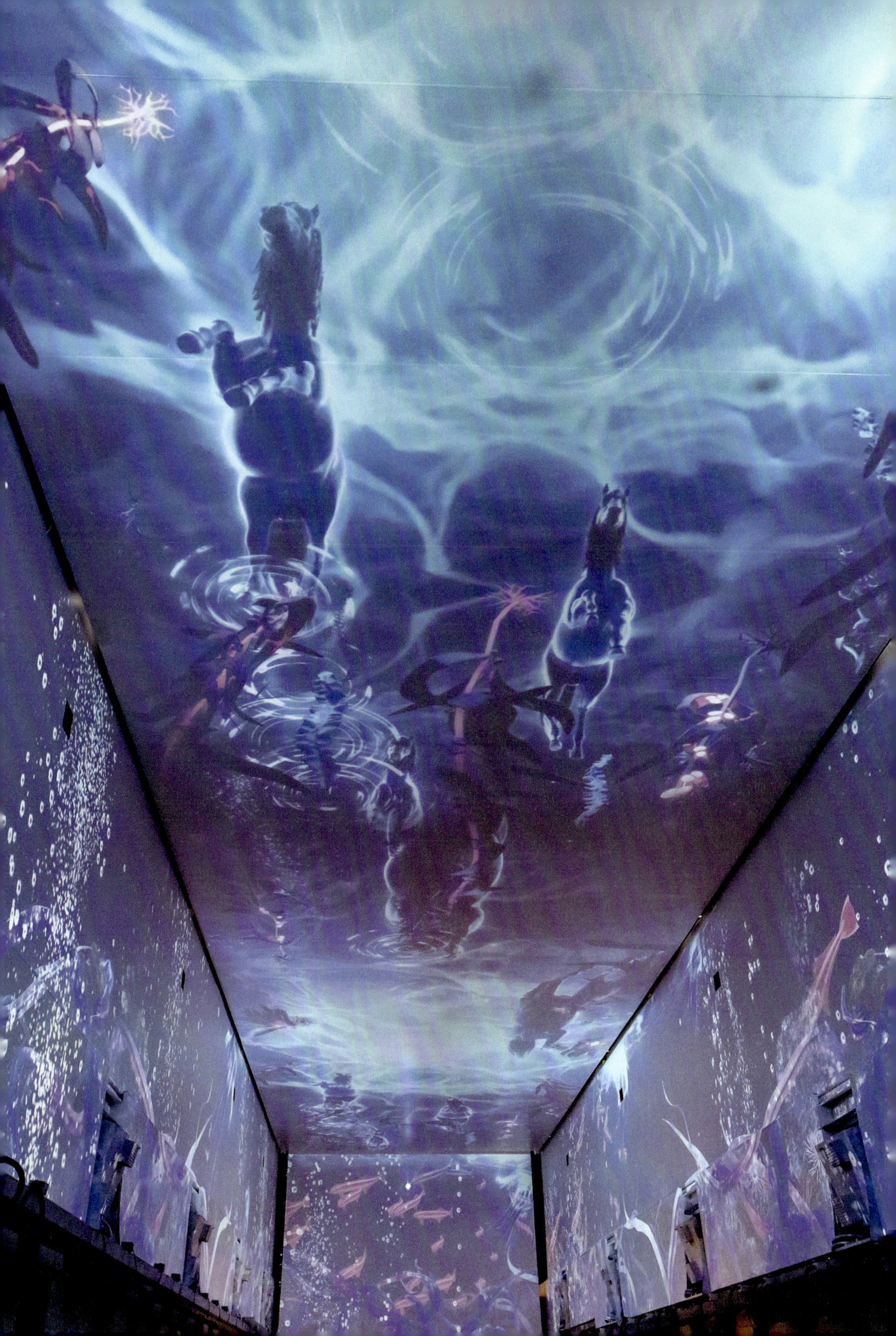

282

北京的水系总格外令人心向往之，河流连接起了红墙绿瓦与宫苑街巷，连接起了皇城气派与民间烟火。早在元代，京城的河流上就可见游船的踪迹。眺望北京的河流，水光之间，似乎还能望见当年皇家游船的倒影。而如今，京城的水上游已经成为人们新鲜又着迷的旅程，水中的倒影也不仅是古香古色的亭台楼阁，繁华绚烂的都市灯火也为它涂抹上了流光溢彩。

　　日落时分，我漫步在亮马河风情水岸，准备搭乘游船开启"朝花溪拾"大型都市行进式夜游之旅，城市街景、主题灯光表演都是这次旅程的重场戏。

　　亮马河在数十年的岁月沉淀中，已经成为北京最具国际风情的区域之一。它源出东北护城河，穿越使馆区、朝阳公园，汇入坝河，是第一批国家级夜间文化和旅游消费集聚区之一。这场光影与水波间的旅程，既能舒缓身心，又能在航程中领会浓厚的历史感与文化气息。

　　转头望去，燕莎码头独具特色的半圆形镂空建筑中，北京老大爷们自发组成的乐队正在演奏着乐曲，橙红色的光晕洒在他们身上，驻留的行人、河中悠闲的鸭子都是这场音乐会的听众。乐声中，太阳渐渐落下，精心布置的灯光将整个河畔勾画得晶莹剔透，灯光洒在被风吹皱的水面，一艘小船缓缓驶入码头。满怀期待坐上小船，耳边响起温柔的解说声，微微摇晃的船儿带领我们启航，两旁河岸的烟火气越来越远，热闹和喧嚣都归于静谧，眼前只能看到墨色般的天空和波光粼粼的河面。

今日夜游的第一站是盛福健步桥的绳幕光影秀，潺潺流动的光幕为夜色中的小桥平添一丝灵动生机，桥下挂着密密的绳子形成幕布，投影照射其上随着动人的旋律跳动，听着奇妙的音韵。看着眼前呈现的奇幻世界，每个人都被不断变化的影像所吸引，光影交错间绳幕匀速向两边收拢，就如同舞台上对开式的幕布宣告表演开始，欢迎我们进入梦幻光影世界。

紧接着，小船来到建成于21世纪初的铂宫闸室，名为"星河"的国内首个闸室光影演艺开始了。它以中国十大传世名画之一的《百骏图》为线索，在封闭的闸室内通过投影制造

了一个骏马主题的梦境空间。

亮马河历史悠久,水草肥美风景如画。皇家曾于此设御马苑,每当需要使用马匹时就会在这里清洗、晾晒,久而久之便被称为"晾马河",逐渐演变成"亮马河",清朝著名画家郎世宁的名作《百骏图》就是取景于此。表演分为"如梦""觅马""行船""滨水""幻景"5个篇章,以御马侍卫的第一视角娓娓道来,用唯美的光影讲述亮马河的前世今生和大运河文化带的深厚底蕴。

投影演绎着北京、朝阳以及亮马河的故事。闸室内轻轻波动的水声。习习凉风中，感受一段深厚的历史，一会儿是奔腾的骏马，一会儿是雄伟的长城，宛如徐徐展开的卷轴，夜航船有了文化脉动。

　　缓缓穿过麦子店街桥，桥内拱门在五彩斑斓的霓虹灯中变幻着色彩，缤纷的光影倒映在泛着层层涟漪的河水上，让人陶醉其中。远处一抹蓝一闪一闪的，那是名为"流萤"的朝阳公园路桥光影秀。进入其中抬头看，无数条光纤自然下垂如梦如幻，蓝色与黄色的光纤灯交错着，一瞬间仿佛置身于梵高笔下流动的星空画卷，曾经远在天边的星星今夜触手可及，即使身处城市也能像是漫步在一片无限的星海里仰望天空。在这里就像置身于夏夜，被点点闪耀的繁星与飞行不定的萤火虫所包围，有温暖的风吹拂发梢，似乎还能听见隐约的蟋蟀声。

离开那片星月夜抵达蓝港人行桥，它的右侧为蓝色港湾国际商区，左侧是二十一世纪大厦。被现代都市包围的亮马河在光影中桥体呈现出未来科技感，两旁的步道和绿荫被彩色灯带勾勒出轮廓，小船如同在灯河中漂浮，水光交融璀璨夺目。桥下的立柱上有两双机械眼在互动交流着，似乎在用它们自己独特的视角，展望属于亮马河的光影视界。

　　沿着河流向前行驶来到安家楼路桥，远远就看见这里水雾弥漫美不胜收，似梦似幻的雾气在激光的漫射中，随着音乐的节奏跳动闪耀呈现出梦幻般的画面，在风与光的作用下，就如同秋天清晨被阳光反射着的雾气，像个顽皮的精灵施展魔术，挥动着奇幻的纱幕，让周围恍如仙境美轮美奂。

游船移动，景观不断变化。安家楼路桥底的立柱是由不规则的镜面拼接而成的，6个立柱两两相对整齐排列，随着光影流转交叉反射着光束仿佛进入了一个时空隧道，银色的镜面和彩色的光柱充斥眼前。在这里我们游走于现在与未来，寄情于现实与梦想。晃荡的船只往前来到退水渠桥，桥南与桥北都建设了颇具特色的光影艺术装置。桥北矗立着写着"亮马河"3个大字的灯牌，旁边是一台播放着影像的唱片机，喇叭上的画面随着音乐节奏的起伏而变化，画面上是飞舞的蝴蝶，它的名字是留声，"蝶语风吟，隽永留声"；桥南是空灵唯美的光影阵列表演——"蝶舞"，两岸的草坪上停歇着巨大的彩蝶，它们发着光在音乐声中缓缓扇动翅膀，好像下一秒就要飞向天空。这一瞬间充满生机的春天在眼前呈现，有花朵散发清香，也有枝丫破土而出。

再往前是朝阳公园的荷花湖，湖上矗立的北湖桥将湖面一分为二，桥身被缤纷变换的灯光点亮，为黑夜增添一份色彩。桥旁是设计新颖的朝阳明珠——中心岛贝壳剧场，剧场的造型是一颗躺在蚌壳中的璀璨珍珠，珍珠上绚丽多彩的影像代表了始末轮转、生生不息的美好意境。北湖桥与贝壳剧场交相辉映，在宁静祥和的荷花湖里共同绘制了一幅自然和谐的共生画卷。至此夜游步入尾声，远处的岸边有三三两两的行人，或嬉戏打闹或流连驻足，静静向前的小船如划破了一池碎银，使河面向外波动。

船只停靠在蓝色港湾码头，这场沉浸式的演艺和游船体验结束了，"染映东西两岸的绿水，承载风雨沧桑星尘万象"。城市因水而生，因水而兴。亮马河国际风情水岸的"朝花溪拾"打造了颇具特色的夜间景观新模式，它带给游客"轻舟夜赏亮马河"的美好体验。同时，在这个项目的设计中始终贯穿环保低碳理念，光影秀全部选用环保节能的灯具，多运用散弱光铺陈手法使光线指向水面或散逸于天空，让我们能舒适地欣赏美景。游船选择了绿色无污染低噪声的电动船，船身可变的灯光设计以及时尚的造型，本身也成为亮马河上一道独特的风景线，船行缓缓似有似无，宛若在无声的夜梦中穿行，编织着光影新世界。

夜景如画，灯带映照水岸，河畔高大建筑纷纷点亮，跨河桥变幻着不同的色彩，岸边灯光和河中倒影互相映照，共同描绘着美丽的京城夜色。

游船在暮色中起航，一路行经命运共同体广场、中日交流中心以及二十一世纪大厦等地标建筑，最终驶入朝阳公园荷花湖。我们到达了本次航程的终点，但依然意犹未尽。

亮马河在灯光的映衬下变得格外绚丽，如梦似幻，都市光影与京城河流共舞，春夏秋冬的四季之美似乎都在水波中闪动。

大运河
森林公园

水波温柔处有密林繁花

文　小欧

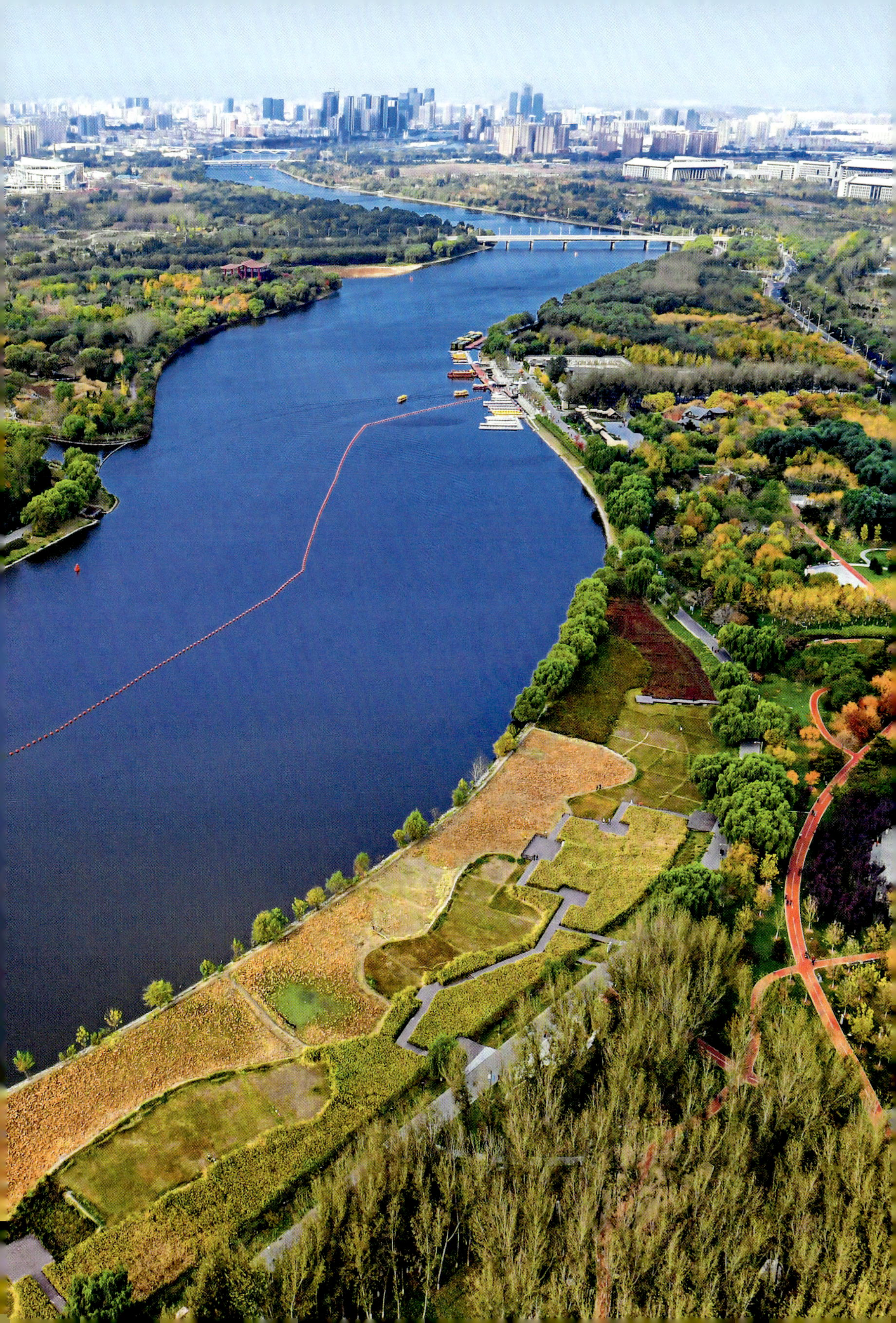

如果在日常生活起居的周边有一条河,那么我们对"附近"的理解一定会有些不同。

曾经有一段时间,当我很想与大自然贴近的时候,我就去往大运河森林公园。周末起得足够早,骑行将近一个小时,就到达了公园的核心地带。

清晨的运河,让人感受到的美,不是某棵树、某段水域、某片野花所散发的局部之美,而是属于它们所形成的一个整体。当从主路进入运河沿岸,耳边那永不间断的车河的噪声,忽然被一种广阔的寂静所取代。向东方凝望过去,整个城市被一种淡淡的有着光亮的蓝色晨雾所笼罩。天光微明,地平线处开始有了一线红霞,而这层红霞上方的天空,还是均匀的青紫色。接着,这一大片青紫慢慢地被稀释、溶解,变成了灰蓝、灰白,红霞却越来越浓烈,太阳忽地从这混沌的青红中腾升而起,远处的楼层成了黑色的轮廓和剪影,装饰着天际线,顺着光,建筑也都被染上了一抹暖红——这个时候,会发自内心地感慨,几乎没有什么比在这旷远的运河边目睹一次日出更值得

的事情了。

　　接下来的晨间，运河两岸浓荫的柳树、槐树，呈现出的绿意是一种柔和水润的绿。大运河缓慢流淌，与蓝天相映，像一条蓝色的没有尽头的绸带。积云聚拢得多起来，以肉眼可见的速度移动着，也投在河水上。所见皆是清透的光，映在河面、桥洞、路边金光菊的花蕊上。这样的晨间寂静显得稀有而难得，流连于此，人会觉得精神饱足，心神舒畅。

　　有时还能看到许多的水鸟。在春天和秋天的两季候鸟迁徙季里，运河里来的鸭类尤其多。冰雪消融的时节，除了一冬都在这里的绿头鸭、小䴘䴘，普通秋沙鸭、花脸鸭、赤膀鸭、罗纹鸭、鹊鸭也相继飞来了，白秋沙鸭、斑嘴鸭、凤头潜鸭在湖心岛附近游来游去。有水的地方，就意味着有食物的来源，这里是它们在漫长迁徙旅途中短暂停留休憩的补给站。而树林里，有珠颈斑鸠、大斑啄木鸟、白头鹎等藏身在密叶间。它们分明在提醒我，这个城市不仅仅属于人类，也属于许多野生动物，它们的家园就与我们相邻，我们不应该忽视它们。

有时候，即使我没有时间去，想着不远处有这样一条缓缓流淌着的清澈的河，心里也是踏实的。这让我感到"附近"没有消失。"消失的附近"是人类学家项飙提到的概念，他说，由于网络的发达和各种技术的腾飞，我们对"附近"的概念逐渐模糊，我们的时间由原来的线性整体变成了一种碎片式的分割，我们会追求一种及时性，我们对生活中的"附近"，也就是生活的关注会降低。

大运河就是我的"附近"。确切地说，这里是京杭大运河在北京通州区的一段。在北京地图上，向东看过去，沿着运河，两岸像绣上了细细的绿线，那是郁郁葱葱的树影。运河也改变了城市的肌理，周围现在渐渐发展成了城市副中心。大运河森林公园就位于大运河北端张家湾镇与潞城镇交界处，夹运河而置，河道全长约8.6公里，水面的宽度达到了200米。这里保留着两处古代湿地，河岸林荫也很宽阔，植有200多种树，恢复并延续着古代运河的风貌。

古时这里的样貌是什么样的呢？北京市通州区文物管理所原所长周良先生曾经考据，在《通州区行政区划地图》上，大运河周边明明白白地标有4座以"林""树"为名的村庄，即运河左岸的"儒林"（原名儒家林）、"陈桁"（原名陈家桁）、"萧林"（原名萧家林）和右岸的"榆林庄"。"榆林庄"榆树很多，青黄不接的时节是四周穷人捋榆钱用以充饥的救荒树。"陈家桁"初名也称作"陈家林"，因为此处林密，树的主干长得直且匀称，是建房用作檩条的好材料，也是远近闻名。

这4个村庄，都是古代运河经常冲决堤岸之处。为护漕保运，明朝派官吏于易决口处附近植树造林，以备及时就近满足护岸堵口所用大批木材的需要，并加以防火防盗的管理，渐成一村落，就以负责造林和管理的官吏姓氏为名。这些村庄的名

字见证了通州大运河段两岸曾经有着一片片人造树林的历史。运河两岸栽植树木的传统至明、清仍然被继承，通州大运河两畔，始终有繁茂的密林保漕护岸。

如今的大运河森林公园设计者是北京园林设计研究院原副院长檀馨。通州运河宽阔的河水和堤岸，在北京独一无二。因此，大运河森林公园也体现了"以绿为体，以水为魂，林水相依"的理念，在两岸设计了六大景区，由北至南依次是潞河桃柳、月岛闻莺、丛林活力、银枫秋实、明镜移舟以及高台平林，再现了大运河古已有之的林木风貌。

野趣在这里处处可见。从南门进去，公园里有许多高大的白皮松、油松、国槐等乔木，间杂着冬青卫矛、金叶女贞这些小灌木。林下的野花一季一季地也多有变化，春天，遍地的蒲公英、二月兰开得灿烂欣荣。运河是整个公园的中心，两岸景观依河而建，柳树的枝条在岸边摇曳，倒映在河中，整条运河宛如一幅美丽的画卷。近河处也有山桃、海棠、紫叶李、榆叶梅、丁香等开花的树，迎春花、棣棠和连翘这些灌木长成低矮的一道绿篱。

夏天是伴随着水边千屈菜、黄菖蒲灵秀的小花而来的，盛夏的荷花、睡莲开在湿地中。芦苇荡湿地是大运河森林公园最有特色的景观，一片翠绿，生机盎然。曲折起伏的木栈道纵横交错，嵌在湿地之中，隔一长段距离，又有可休息望远的观景平台。这里就是丛林活力景区的"风行芦荡"。

古代通州有"文昌阁十二景"，其中有一景叫"风行芦荡"，留下了"舫依芦荻千层白""两岸芦花一钓船"这些优美的诗句。"风行芦荡"不仅再现了昔日运河"两岸芦花一钓船"的景致，丰富的水生、湿生植物也营造出了一幅现代的湿地自然图景。这里是一个大自然共生的网络。湿地是一个小型的相对稳定的生态系统，芦苇能够净化水质，多种蛙类、鸟类和鱼类在这里栖息繁衍。

秋天，水岸边和园内道路两边时常有一丛丛石竹、金光菊、大花金鸡菊、紫苜蓿、草木樨。芦苇长到2米多高，行走在其间，人都几乎被隐藏，只能透过金黄的苇叶隐约看见两侧景色。秋天是金黄色的，骑行在运河河畔，看着阳光在下午和黄昏之间的层层变幻，最后落日盛大的光辉，将整片河道点染得宛若熔金。

这是一片令人珍惜的水域，也是北京城东部一个巨大的"绿肺"。大运河森林公园以及附近的城市绿心森林公园、潮白河湿地公园等绿色空间，成为了动物们的天堂。北京城市副中心爱鸟会时常联合大运河森林公园以及像猫盟CFCA这样的公益组织，在这里举办"大运河自然观察课"。这里有水，有树，有滩，有农田，可以说是融合了华北农田、疏林、湿地、草地等多种典型生境类型的真正的天然公园。而它又不仅仅是个公园，更是一个野生动物的安身之地。孩子们会在这里认识到：北京真正的自然，长得是什么样的。

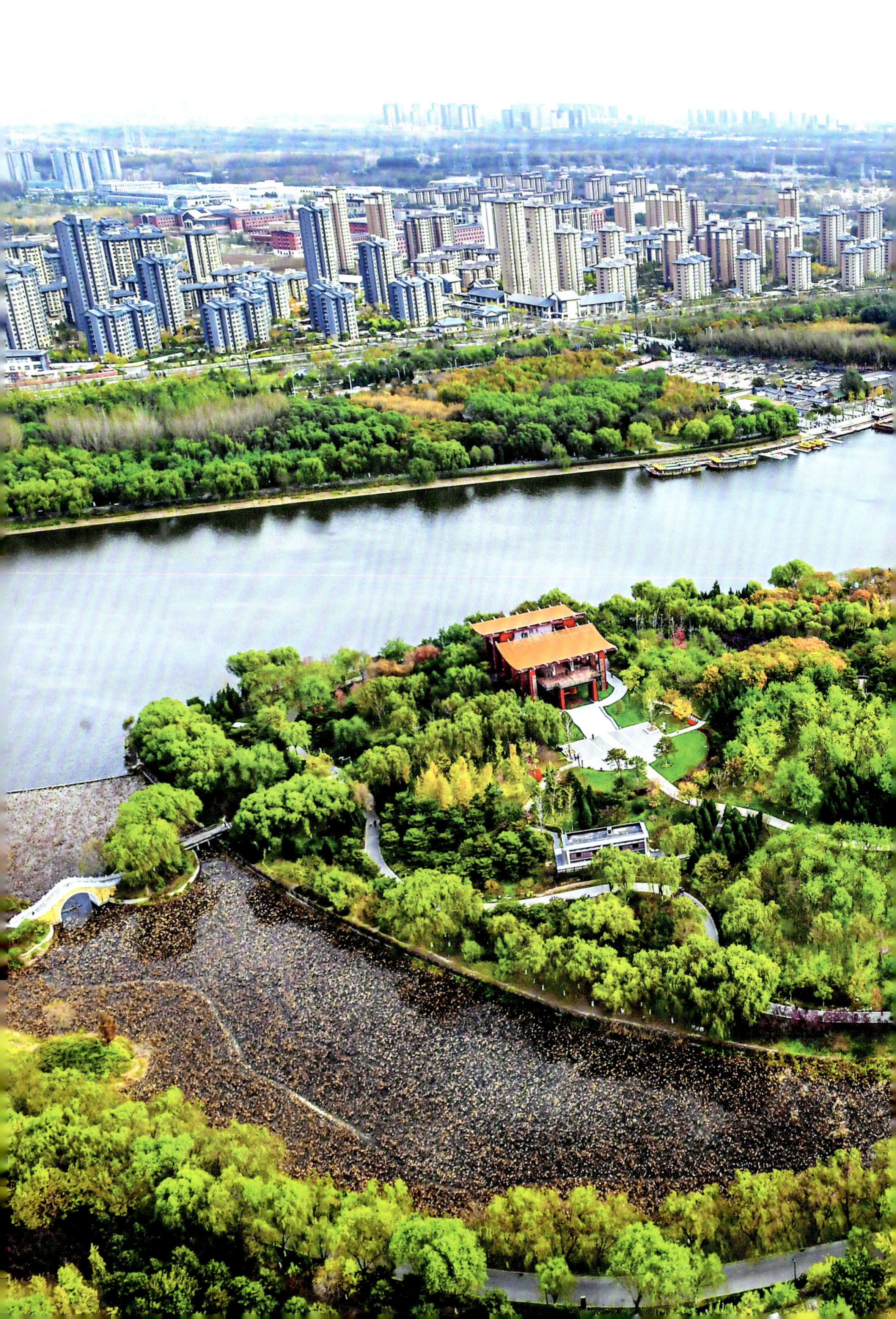

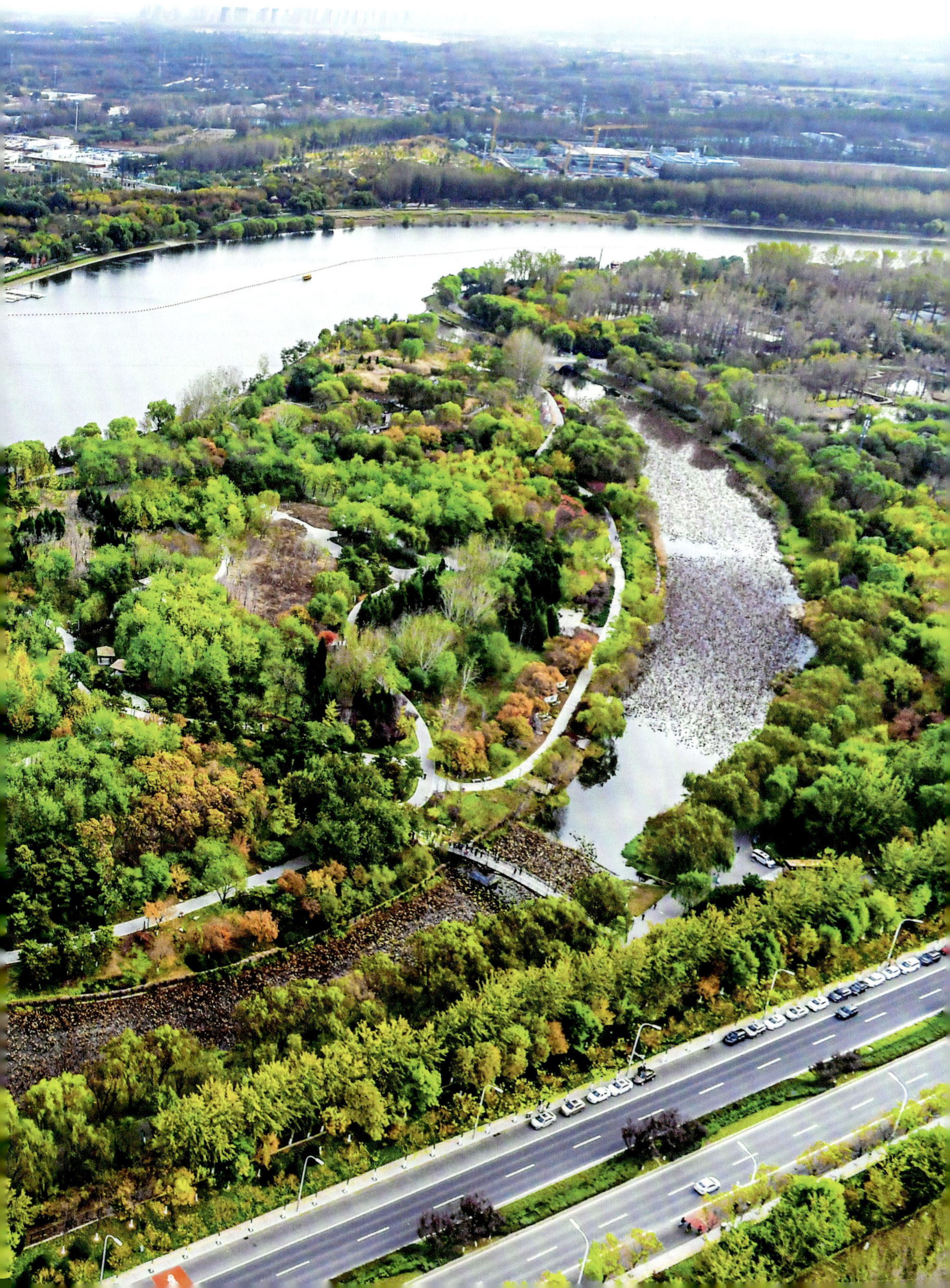

绿心公园

感受四季轮回的时间之美

文　王毅

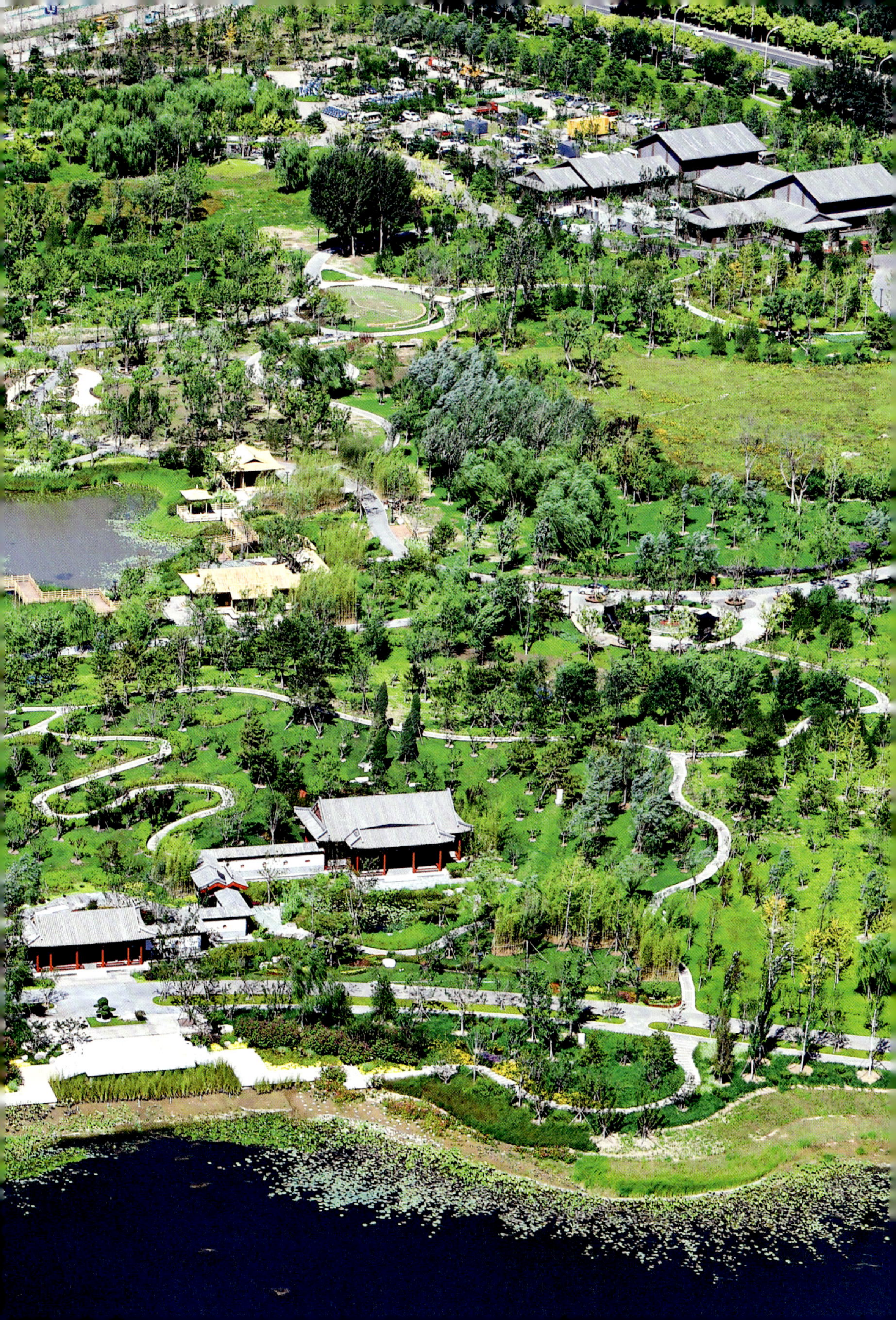

先民对于自然从敬畏到认识，从害怕躲避到掌握规律，逐渐达到了天人合一的和谐境界，也逐渐形成了传承千百年的农耕文明。北京的很多公园都有四时之美，春花秋月，荷风梅雪。而最直接地以季节更替、岁月轮转为主题的公园，莫过于天、地、日、月4坛了。如今北京又多了一个了解节气、四季、时代的好去处——北京城市绿心森林公园。

打开副中心的规划图，能够清楚地看到，城市绿心是在北运河与六环路的交叉点上。绿色的六环路是创新发展轴，蓝色的大运河是生态文明带。蓝绿交汇，带动发展，绿心公园的位置得天独厚。这块绿宝石一样的公园建成之后，会有4个颐和园那么大；即使是2020年9月底开园的一期只有593万平方米，也有两个朝阳公园大小。郊野公园能为游客提供健步骑行的开阔场地以及比城区公园丰富的自然野趣。而在绿心公园里，人们还能沿着五角星形状的园中步道，细细体会二十四节气的自然知识和附着了时光包浆的深厚历史文化。

星形步道的一周是5.5公里，二十四节气环布在公园的星形园路两侧。一圈走下来便如同走过了一年，四季轮回，生生不息。星形步道的设计非常用心，不仅让人们在走路骑行的时候，有左转有右转，有方向的变化，更是用星形表示，人类对时间的认知，就是从日月星辰的隐耀升落开始的。所以体会"绿心"公园，也可以从"绿星"步道开始。新疆民丰曾经出土过一片织锦护臂，上面用锦线织出"五星出东方利中国"的字样。这表明了古人很早就开始观测天文，了解天体的运行规律。太白、岁星、辰星、荧惑、镇星等5颗星星，在日出前同时出现在东方，是罕见的天象，古人把这视作吉祥的象征。五星聚合一般要几十年甚至上百年才出现一次。在中国大地上

能够观测到这种天象，上一次是1921年，下一次则可能会是2040年。

　　想讲述星星的故事，可不仅仅是火星叔叔马丁、400年前的都敏俊，中国的故事更加光芒闪耀。

　　中国是世界上最早进入农耕生活的国家之一，农业生产要求有准确的农事季节，古人观测天象非常精勤，所以古代天文知识有极大的发展。昼夜交替为一"日",月相盈亏循环为一"月",而"年"的概念,则是来自庄稼成熟,《说文》里面就解释:"年,熟谷也。"日积月累,岁月流转,先民把日子过得也越来越精细。在商代和西周前期,一年只有春秋两季,后来才出现了冬夏四时;节气也是先有了春分秋分、冬至夏至的二分二至,慢慢才在长期的生产实践中逐步认识了物候规律,把一年分为了24个节气。

沿着绿星一路走过24个林窗,可以在节气环的石雕上,看到描述每个节气物候的文字。文字之外,周边的环境也是根据不同节气栽种的不同植物,再点缀以景观小品,人们能够全身心地体会到节气变化,季候更迭,天人合一。比如大雪节气区种的是松树,正所谓:欲知松高洁,待到雪化时。而知春小亭的区域,则寓意着东风送暖,春水解冻,水鸟先知春意到;走到荷花水淀就知道是在夏季,葭苍丹柿彰显的是金秋丰收的盛景。

在《史记·天官书》里曾经讲:"辰星之色:春,青黄;夏,赤白;秋,青白;冬,黄而不明。"四时星辰的颜色都大不相同。牡丹粉、松霜绿、苔绿、佛手黄,四季植物的颜色变化,也还原出了时间的秩序。行走绿星步道上、身处草木间,感受季节流变,这不仅是中国传统智慧的一脉传承,更是生活体认感悟的古今相通。

岁月流淌，时代变迁。几十年前，这里是通州区重要的工业区，是化工厂、造纸厂、铝业公司集聚的地方，如今变成了生态公园、城市绿心。东方化工厂曾经是北京东南部重要的工业企业，在全国的丙烯酸及酯类产品生产行业中，堪称规模最大、品种最全、质量最优，是当时通州区乃至北京市的利税大户。在世纪交替的几十年里，工厂提供了产品，也提供了就业岗位，更在一定范围内形成了某种集体文化。当工厂拔地而起的时候，人们看到了富裕的希望；当工厂被绿地取代的时候，人们享受了美好生活。留下来的工业遗址承载着几代人的回忆，讲述着时代的变迁。

工业遗址也是公园中很值得打卡的地方。现在来到绿心的人们可能不熟悉东方化工厂或是通州区的历史，但是人们的记忆里或许留有改革开放之初的印象。二八车、红豆冰棍、黑白电视、平房杂院，粗茶淡饭间涌动着对未来的期待，空气中也弥漫着跃跃欲试的冲劲，那是一种春风吹拂带来的萌动。转眼几十年过去，迅猛发展的城市也该缓一缓脚步好好收拾收拾生活环境了。化工厂、铝业公司、造纸厂，都完成了它们的历史使命，退出舞台、退出城市，让渡给绿地公园，这样的谢幕，优雅而美丽。

走过一年的节气轮回，看过几十年的产业兴衰，在绿心公园，还能感受到千年的历史沉淀。公园坐落在大运河畔，数百年来运河水浇灌了两岸的稻谷庄稼，运输了南北的木材砖瓦。

即使是工厂企业当初的选址，也是依托了运河的排污净化功能。只不过人类的发展，让运河贡献了太多，承载了太多。在工业遗址景区旁边，公园特意保留了运河故道，疏浚清理之后，架设石桥，建起码头，最大限度还原运河的特色景观。当然园内的河道只是涓滴细流，略具意味而已。真正宽广的大运河在公园北侧日夜流淌，安静的时候似乎能听到隐隐水声，感受到古老的运河在轻身健体吐故纳新之后的清新畅快。

2020年9月刚刚开园的城市绿心森林公园很年轻，千百年的历史文化很厚重。但是在这里，轻灵与厚重相得益彰，古朴与生机交相辉映。人们可以在游览漫步的状态下追古思今，也可以在感慨历史变迁之后，依然有放松的心情。

城市绿心森林公园的美，附着了时间的力量，是时间之美。

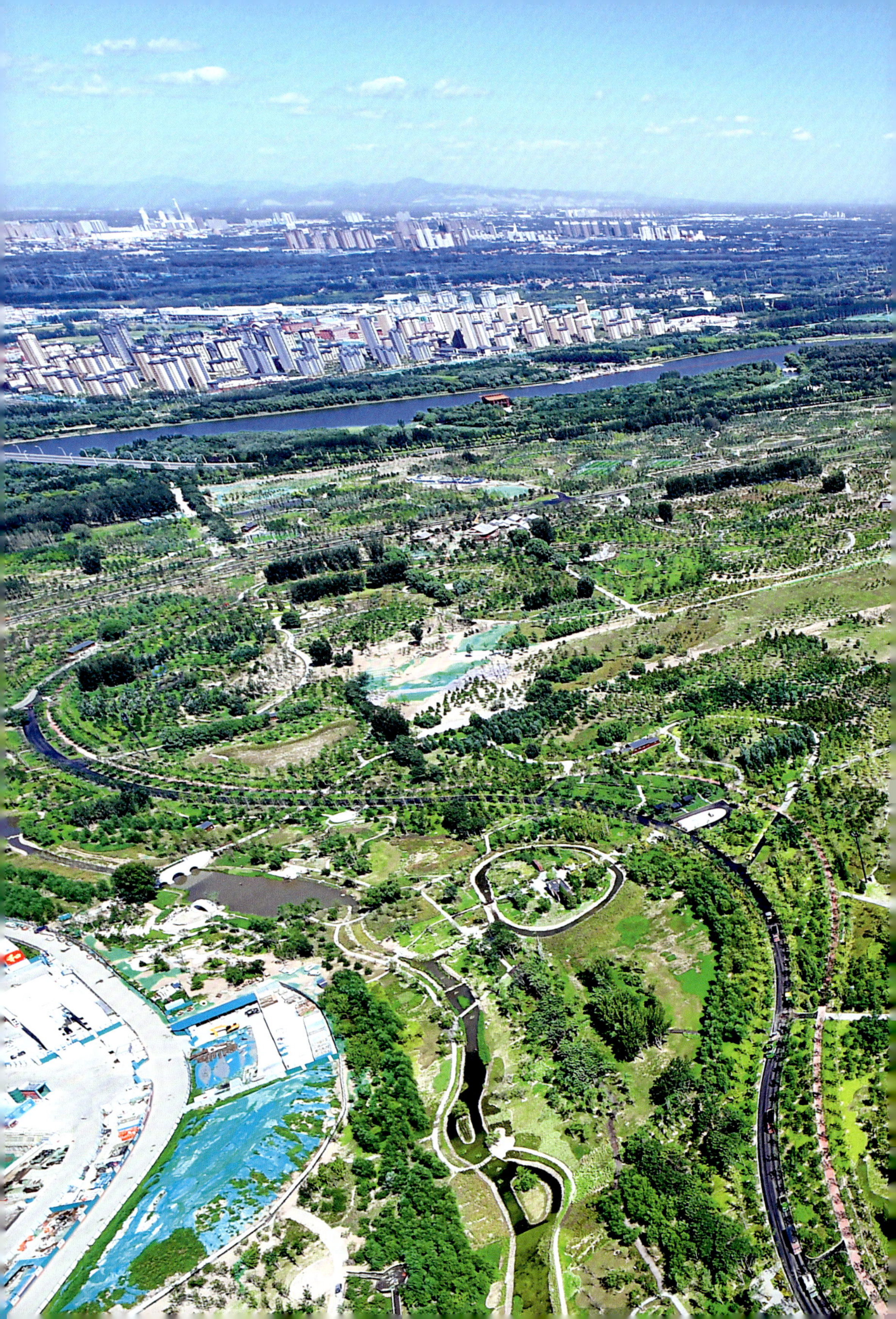

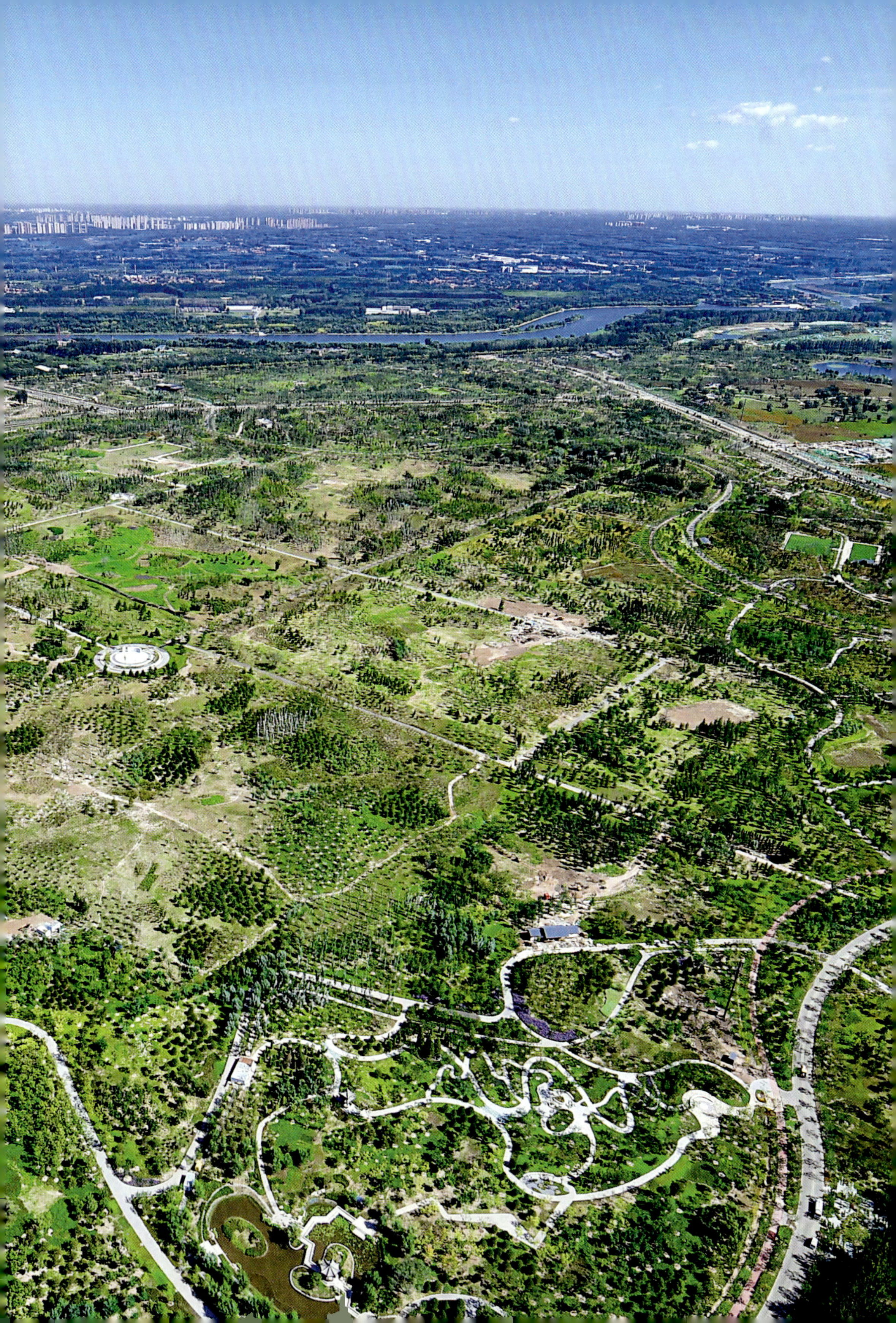